모바일 RPG 기획 작법서

최주홍 지음

※ 드리는 말씀

- 이 책에 기재된 내용을 기반으로 한 운용 결과에 대해 저자, 소프트웨어 개발자 및 제공자, 제이펍 출판사는 일체의 책임을 지지 않으므로 양해 바랍니다.
- 이 책에 기재한 회사명 및 제품명은 각 회사의 상표 및 등록명입니다.
- 이 책에서는 ™, ©, ® 등의 기호를 생략하고 있습니다.
- 책의 내용과 관련된 문의 사항은 지은이나 출판사로 연락해 주시기 바랍니다.
  - 지은이: yaznayu@gmail.com
  - 출판사: help@jpub.kr

유저가 모이는 모바일 RPG 기획 작법서

유저가 모이는 **모바일 RPG 기획 작법서**

1쇄 발행 2021년 9월 16일

지은이 최주홍
펴낸이 장성두
펴낸곳 주식회사 제이펍

출판신고 2009년 11월 10일 제406-2009-000087호
주소 경기도 파주시 회동길 159 3층 3-B호 / **전화** 070-8201-9010 / **팩스** 02-6280-0405
홈페이지 www.jpub.kr / **원고투고** submit@jpub.kr / **독자문의** help@jpub.kr / **교재문의** textbook@jpub.kr

편집부 김정준, 이민숙, 최병찬, 이주원 / **소통기획부** 송찬수, 강민철 / **소통지원부** 민지환, 김수연 / **총무부** 김유미
진행 및 교정 · 교열 장성두 / **내지디자인 및 편집** 이민숙 / **표지디자인** 미디어픽스
용지 신승지류유통 / **인쇄** 해외정판사 / **제본** 보경문화사

ISBN 979-11-91600-39-1 (13000)
값 22,000원

차 례

한국콘텐츠진흥원에서 2020년 12월에 발표한 〈2020 대한민국 게임백서〉에 따르면, 2019년 국내 게임 시장 규모는 15조 5,750억 원으로 10년 동안 연평균 9%씩 성장하였다고 합니다. 그중 모바일 게임은 7조 7,399억 원으로 전체 시장의 절반을 차지하였습니다.

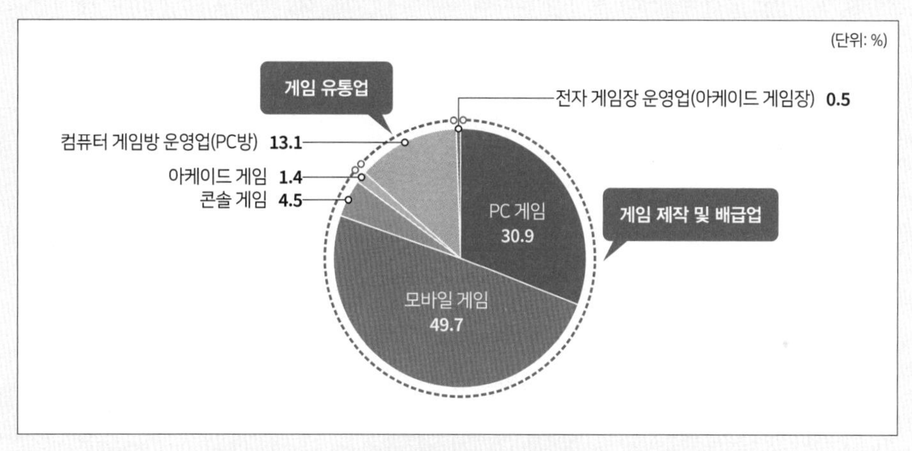

출처: 한국콘텐츠진흥원이 발표한 〈2020 대한민국 게임백서〉

모바일 게임이 이렇게 급속도로 성장할 수 있었던 것에는 여러 원인이 있겠지만, 최근에 중심 트렌드로 떠오른 '모바일 가챠 수집형 게임'의 성공도 큰 영향을 주었다고 생각합니다. 여기서 '가챠'라는 것은 일본의 장난감 캡슐 뽑기 기계에서 레버를 돌릴 때 장난감끼리 부딪치는 소리를 뜻하는데, 현재는 게임에서 캐릭터나 아이템을 재화를 들여 일정 확률로 빠르게 획득하는 시스템을 말합니다. 즉, 이렇게 획득한 보상을 수집해 가며 플레이하는 것을 '모바일 가챠 수집형 게임'이라고 합니다.

이 장르가 성공을 거두게 된 것은 바쁜 현대인이 비교적 짧은 시간 안에 매력적인 보상을 획득할 수 있기 때문입니다. 현대에는 게임뿐만 아니라 넷플릭스, 유튜브, 인스타그램, 페이스북 등 다양한 즐길 거리가 있어 유저의 시간을 차지하기 위한 경쟁이 치열합니다. 따라서 지금보다 놀거리가 부족했던 과거에는 게임을 느긋하게 플레이하면서 재미를 알아나가는 것이 가능했지만, 지금은 최대한 빨리 왜 이 게임을 계속해야 하는지 그 이유를 보여줘야 합니다. 즉, 재미의 중요한 요소인 성장을 빠르게 진행함으로써 게임에서 눈을 떼지 못하게 해야 합니다. 이런 관점에서 본다면 모바일 가챠 게임이 인기를 얻게 된 것은 시대의 흐름이라고도 볼 수 있습니다. 그렇기에 지금도 많은 게임 개발사가 이런 흐름에 맞춰 다양한 모바일 가챠 수집형 게임을 제작하고 있습니다. 저 또한 몇 개의 모바일 가챠 수집형 게임을 개발할 기회가 있었고, 운 좋게도 론칭 및 라이브 서비스까지 진행할 수 있었습니다. 그래서 게임 개발을 통해 얻은 노하우를 관심 있는 분들께 공유하고 싶었기에 이렇게 책을 쓰게 되었습니다.

이 책은 모바일 가챠 수집형 게임을 어떻게 기획하면 되는지, 모바일 게임은 어떻게 만들어지고 어떻게 서비스하면 되는지에 대한 내용을 담고 있습니다. 실제 개발에서 사용되는 콘셉트 및 로직으로 작성되었기에 처음 보시는 분에게는 조금 어려울 수도 있을 듯하여 최대한 쉽게 '게임 플레이 순서'로 작성하였습니다. 가상의 게임 '페브루어리 사가'를 만든다고 가정하고 여러분과 함께 기획해 나간다는 마음으로 만들어 보았습니다.

이 책을 읽고 조금이라도 도움이 되는 분이 계신다면 그걸로 행복할 것 같습니다.

 **김연학**(콤마스튜디오)

전반적으로 가상 게임을 기획하는 형식을 통해 기획 단계별로 설명되어 있어서 흐름을 이해하기에 좋았습니다. 또한, 이 책을 통해 게임을 기획하면서 몰랐던 부분, 혹은 알면서도 잊고 놓치기 쉬운 부분들을 다시 한번 확인할 수 있었고 새롭게 배울 수 있었습니다. 제가 그랬듯이 다른 많은 분에게도 좋은 참고 서적이 되길 바랍니다.

 **김우혁**(비펙스)

국내에서 발행된 다른 책들에 비하여 상대적으로 해설이 잘된 책이라는 인상을 받았습니다. 상세한 설명과 그림, 표, DB 설명, 용어 설명 등 전반적으로 매우 좋았습니다. 또한 '생생현장'이라는 코너에서는 실제 현업에서의 상황을 보는 것 같아 더 몰입이 되기도 하고 최근 동향도 엿볼 수 있어 좋았습니다. 중간중간 상세한 표와 DB 구조를 보여주며 설명하기 때문에 모바일 게임 기획자라면 꼭 한 번은 읽어보기를 추천합니다.

 **김효진**(스튜디오 쥬)

흔치 않은 실무형 게임 기획서입니다. 실제 게임 업계에서 게임을 기획할 때 필요한 요소 A to Z가 모두 담겨 있습니다. 단계별로 로직과 DB 설계까지 포함되어 있어서 실무에 바로 응용해도 무방할 정도의 내용과 구성이었습니다. 게임 기획을 시작하려 하지만 어디서 어떤 식으로 해야 할지 막막한 사람들, 그리고 실무에서 어떤 요소들이 필요한지, 놓친 게 없는지 확인하려는 사람들 모두에게 도움이 될 책입니다.

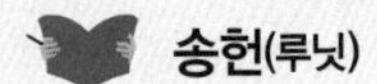

송헌(루닛)

가챠 게임을 기획하는 분들은 물론 가차 게임을 즐기는 분들도 흥미롭게 읽으실 수 있을 것 같습니다. 여러 로직과 DB를 비롯하여 실전에 정말 필요한 세세한 부분들도 자세히 설명하고 있어서 놀랐으며, 개인적으로는 게임 기획에는 관심이 없었지만 '내가 즐기는 게임이 이런 기획을 거쳐서 나왔구나' 하는, 읽는 재미가 상당했던 책이었습니다.

이용균(슈퍼레이지)

모바일 RPG를 처음 만들어 본다면 이 책으로 시작해서 나만의 게임을 만들어가도 좋을 것 같은 책이었습니다. 게임 기획 초보자를 대상으로 하였고, 대략적인 데이터베이스 구조와 아키 타입으로 가볍게 접근해서 향후 뻗어 나갈 수 있는 구성도 좋았습니다. 다만, 구조와 예시만이 아닌, 소개한 구조에 맞춰 실제 사용할 수 있는 정도의 데이터베이스 자료가 좀 더 포함되었다면 해당 데이터를 기반으로 감을 잡기 좀 더 수월하지 않았을까 합니다.

장진영(시프트업)

하나의 모바일 수집형 RPG를 완성하기 위해 기획자가 기본적으로 작업하게 될 것들을 간접적으로 경험할 수 있었습니다. 이미 현업에서 실무를 하는 분들에게는 어찌 보면 당연한 이야기들이지만, 게임 기획자로 취업을 준비하는 분들에게는 큰 도움이 될 것 같습니다.

제이펍은 책에 대한 애정과 기술에 대한 열정이 뜨거운 베타리더의 도움으로
출간되는 모든 IT 전문서에 사전 검증을 시행하고 있습니다.

ⓐ타이틀 ⓑ서버 선택 ⓒ타이틀 이미지(캐릭터) ⓓ시작 버튼

그림 1-1 타이틀 화면

1.1 타이틀

게임의 제목이며, 게임의 의미를 가장 잘 표현할 수 있으면서도 유저가 쉽게 기억할 수 있어야 한다. 되도록 일반 명사를 쓰는 것이 좋으며, 특수한 이름일 경우는 부제를 다는 것이 좋다. 특히 주의할 것은 다음과 같다.

발음이 애매하지 않을 것

'페브루어리 사가'는 '2월의 이야기'라는 뜻이다. 2월의 영어 단어인 February는 이미 많이 알려져 있으므로 헷갈릴 염려가 적지만, 만약 잘 모르는 유저라면 '페'가 '패'인지, '폐'인지 알기 어려울 수 있다. 이러면 검색해서 찾는 것도 힘들기 때문에 유명한 단어가 아니면 발음이 애매한 것은 가급적 피하는 것이 좋다.

이미 있는 이름이거나 부정적이지 않을 것

페브루어리는 2월을 뜻하므로 이 단어 자체에 부정적인 의미는 없다. 그렇다면 남은 것은 이 이름으로 출시된 게임이 현재 있는지 확인하면 된다. 이름이 겹치거나 부정적인 뜻이 있다면 다시 고려해 보는 것이 좋다.

도메인을 확보할 수 있는 이름이어야 할 것

우리나라는 공식 카페가 게임의 홈페이지 역할을 하고 있지만, 외국에서는 별도의 홈페이지를 제작하는 경우도 있다. 타이틀과 동일한 도메인을 홈페이지로 할 수 있다면 훨씬 기억하기 좋을 것이다.

글로벌 이름에 맞아야 할 것

최근에는 글로벌 시장을 염두에 둔 게임이 많이 출시되고 있다. 당연히 외국에서도 문제없이 통하는 이름이 좋다. 페브루어리는 2월을 뜻하는 영어 단어이므로 문제없다. 만약 여의치 않을 경우 외국에 맞는 이름을 별도로 만들어도 되지만, 그렇게 되면 각각 다른 게임이라고 오해받기도 쉽고 광고 배너도 이름에 따라 두 종류씩 만들어야 하는 등 추가 비용이 발생한다.

1.2 서버 선택

게임 서버는 온라인에서 여러 유저가 같은 게임을 할 수 있도록 프로그래밍된 컴퓨터를 말한다. 과거에는 유저가 많지 않았으므로 서버도 적어 선택할 필요가 없었지만, 최근에는 유저가 많아져 서버를 여러 대 두는 경우가 많다. 그러나 서버는 막대한 운영비가 들어가므로 무작정 늘린다고 좋은 게 아니다. 따라서 가입 인원에 맞는 적절한 서버 수가 개발사에게는 매우 중요하다. 참고로, 게임에서 쓰는 서버의 종류는 게임에 따라 다르며 대략 다음과 같다.

데디케이티드 서버

데디케이티드 서버dedicated server는 클라이언트/서버 구조에서 서버가 호스트host 역할만 하는 방식이다. 간단히 말해서 MMORPG 같은 게임에서 쓰는 방식인데, 개발사가 운용하므로 안정적이지만 상대적으로 느리다는 문제가 있다. 운용하는 비용은 많이 들지만, 해킹에 대응하기 쉬워 아직까지 많이 사용되고 있다.

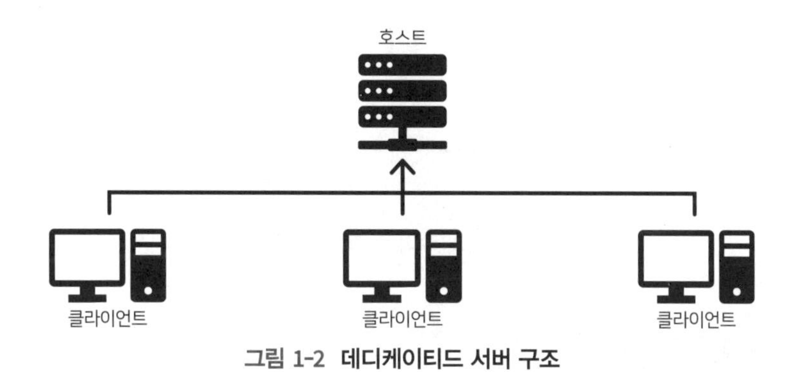

그림 1-2 데디케이티드 서버 구조

리슨 서버

리슨 서버listen server는 유저 한 명이 호스트가 되고 나머지 유저는 클라이언트가 되는 방식이다. 유저가 호스트이므로 매우 빠른 속도로 정보 공유가 가능하지만, 유저가 호스트인 만큼 불안정하며 해킹에 약하다는 단점이 있다. FPS 장르의 게임들이 빠르고 쾌적한 플레이가 가능하지만, 해킹이 판치는 이유가 이것이다.

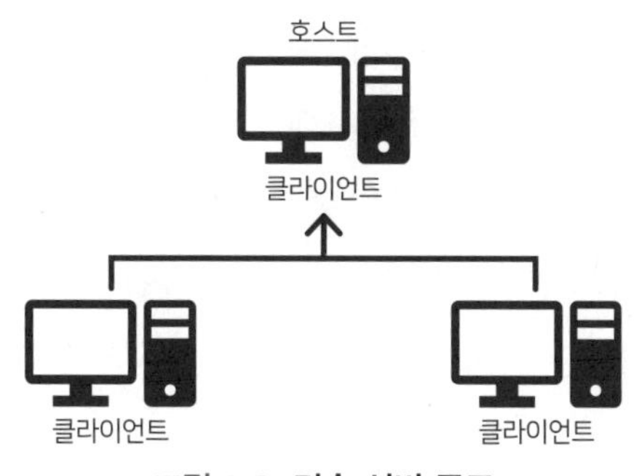

그림 1-3 리슨 서버 구조

피어 투 피어

피어 투 피어peer to peer는 별도의 클라이언트/서버 없이 모두가 클라이언트, 모두가 서버인 방식이다. 적은 수의 유저가 대량의 정보를 주고받는 데 유리하다. 모두가 호스트이므로 리슨 서버보다는 안정적이지만 여전히 해킹에는 취약하며, 많은 수가 접속할 경우 속도가 매우 느려지는 단점이 있다.

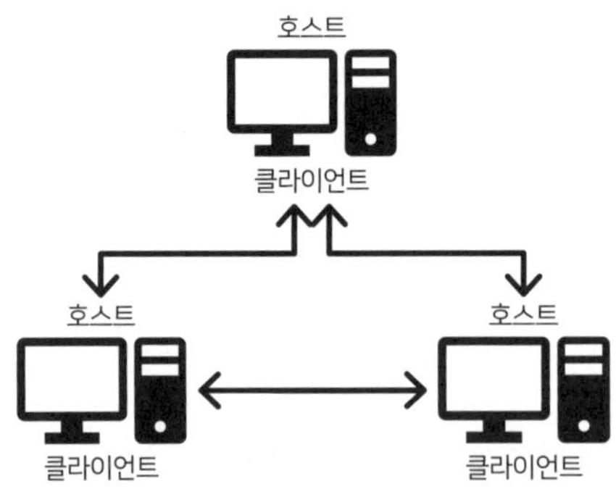

그림 1-3 피어 투 피어 구조

1.3 타이틀 이미지

타이틀 이미지는 게임의 첫인상이므로 매우 중요하다. 게임을 대표하는 이미지를 골라야 하며, 그것이 캐릭터라면 더욱 좋다. 모바일 게임은 단시간에 유저에게 어필해야 하므로 유저가 감정 이입하기 쉬운 캐릭터가 타이틀 화면으로 가장 효과적이기 때문이다. 그 외에 터치 시 화면이 반응하는 등 세심하게 신경 쓰면 좋다.

1.4 START 버튼

타이틀 화면에 시작을 알려주는 버튼이 있으면 게임에 익숙하지 않은 유저도 쉽게 게임을 시작할 수 있다. 만약 없다면 어떻게 시작해야 할지 난감한 유저가 생각보다 많다. 심지어 그림 1.1의 'ⓑ서버 선택'을 눌러 서버 선택 화면으로 들어가는 경우도 있다. START 버튼이 없으면 화면이 더 깔끔하고 세련되어 보일 수도 있겠지만, 유저는 게임을 빠르고 간편하게 즐기길 원한다는 것을 잊으면 안 된다.

생생현장

타이틀은 어떻게 정할까?

▶ 프로젝트 H

프로젝트를 시작하면서 게임 타이틀의 이름을 바로 결정할 수 있다면 개발이 훨씬 편리해질 것이다. 왜냐면 개발에 들어가는 이미지, 코드가 타이틀 이름을 참고하기 때문이다. 하지만 앞에서 예를 든 것처럼 바로 결정하기 힘들기 때문에 임시로 이름을 붙이게 된다. 마치 자동차가 출고되었을 때 잠시 임시 번호판을 달고 다니는 것과 같다. 처음에는 예상되는 콘셉트나 플레이를 고려하여 가장 비슷하게 이름을 정하면 된다. 일단은 영웅들이 이야기를 다룬 프로젝트이므로 영웅HERO의 앞글자인 H를 따서 '프로젝트 H'로 한다.

▶ 히어로HERO

프로젝트 H의 이름으로 프로젝트가 시작되었다. 이제 시나리오를 비롯해 본격적인 개발이 시작될 것이다. 진행될수록 영웅의 등장과 활약은 확실하므로 프로젝트의 이름은 'HERO'로 결정된다. 사내에서는 'HERO 프로젝트'라고 한다. 아직 확정은 아니지만, 최종적으로 정해질 이름은 여기서 크게 벗어나지 않을 가능성이 높다.

▶ 페브루어리 사가FEBRUARY SAGA

론칭 1년 혹은 6개월 전이 되면 실제 사용할 이름을 정해야 한다. 시나리오에서 2월에 태어난 영웅들이 세상을 구한다는 이야기이므로 '페브루어리 사가'로 제안한다. 그러면 발음, 중복 여부, 도메인 등 여러 가지를 조사하여 문제가 없다면 그걸로 결정하면 된다! 프로젝트의 정식 명칭이 되며, 그때부터 내/외부에서 해당 이름으로 불리게 된다.

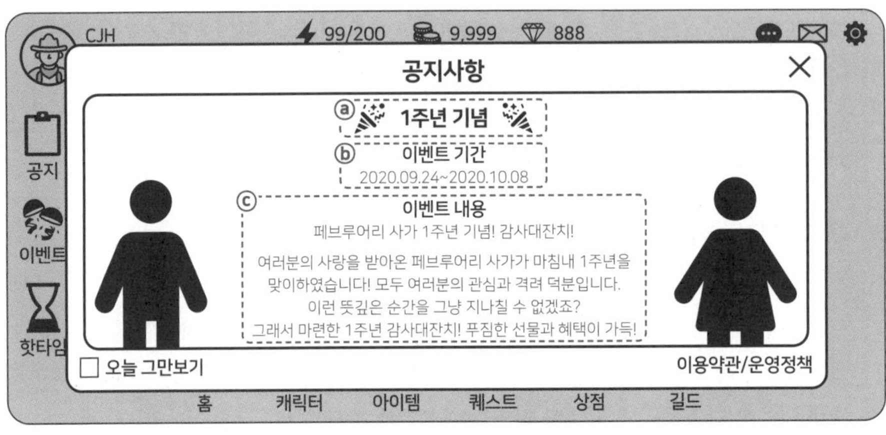

ⓐ공지 제목 ⓑ기간 ⓒ공지 내용

그림 2-1 공지사항

공지사항은 개발사 혹은 퍼블리셔(게임의 론칭, 판매, 서비스, 운영 등을 전문으로 하는 회사)가 유저에게 알려줘야 할 정보를 말한다. 게임을 실행하면 팝업이 떠서 알려주는 형태가 가장 많으며, 공식 카페(또는 홈페이지)에도 올라간다.

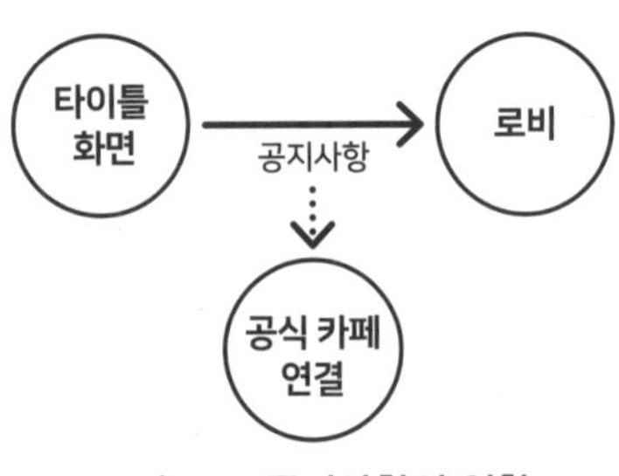

그림 2-2 공지사항의 역할

공지사항은 다음의 세 가지 구성으로 되어 있다.

표 2-1 공지사항의 구성

공지 제목	제목만 봐도 어떤 내용일지 알 수 있도록 직관적이어야 한다.
기간	언제까지 공지가 유효한지 기간을 표시해 놓는다. 만약 시간 단위로 설정된다면 몇 시부터 몇 시까지인지도 보여줘야 한다.
공지 내용	모바일 특성상 긴 문장은 읽기 어려우므로 핵심 위주로 짧고 간결하게 작성한다. 그렇다고 딱딱하게 쓰지는 말고 유저에게 항상 감사한 마음으로 작성한다.

2.1 공지 종류

업데이트 공지

대부분의 공지사항은 업데이트에 관련된 내용이다. 업데이트는 라이브 서비스를 하는 게임이라면 생명과도 같은 것이므로 유저의 흥미를 끌 만한 것으로 재미있고 자세하게 설명해 준다. 주요 업데이트 내용은 던전, 캐릭터, 장비 추가 이외에 레이드, 월드 보스 같은 이벤트 던전 오픈 등이 있다.

이벤트 공지

유저가 게임에 자주 접속하도록 다양한 이벤트가 열리는데, 어떤 이벤트가 언제 열리고 무엇을 해야 이벤트를 달성할 수 있는지 알려준다. 주요 이벤트로는 핫 타임*, 소환 확률 증가, 상점 할인 등이며, 이와 별도로 기념일 이벤트, 상시 이벤트 등이 있다.

사건 및 사고 공지

게임을 서비스하다 보면 각종 사건이나 사고가 발생하기 마련이다. 예를 들어, 상점에서 판매하는 아이템이 데이터 오류로 인해 비싼 가격에 판매되었다면, 이것을 구매한 유저는 바가지를 쓴 것이고 그에 대해 개발사는 유저가 피해를 보지 않도록 처리해 줘야 하는 의무가 있다. 이와 같은 내용을 정리하여 어떤 사건이 어떻게 발생했는지, 그에 대한 개발사의 대처는 무엇인지를 공지한다**.

* hot time: 경험치 혹은 재화 등 일정 시간 동안 보상을 몇 배로 획득하는 이벤트

** 사건/사고가 발생하면 개발사는 최대한 빠르고 정확히 입장을 밝혀야 한다. 그렇지 않으면 유저의 신뢰를 잃게 되며, 한 번이라도 그렇게 되면 성공하기 매우 어려워진다.

개선 및 버그 수정

업데이트에서 중요한 것은 당연히 콘텐츠이겠지만, 그에 못지않게 개선과 버그 수정도 중요하다. 개선은 게임을 더 편리하고 쉽게 즐길 수 있도록 불편함을 없애거나 잘못된 것을 바로잡는 것이고, 버그 수정은 잘못된 로직에 의해 발생한 문제를 정정하는 것이다. 게임이 라이브 서비스되면서 개선과 버그 수정은 반드시 발생하며, 개발사가 이를 얼마나 적극적으로 대처하는가에 따라 서비스의 질이 달라진다.

2.2 공지 양식

공지 양식은 되도록 육하원칙으로 자세히 설명한다. 가령, 그림 2-3과 같이 추석 이벤트로 던전을 돌아 송편을 모아오면 보상을 준다는 이벤트를 공지했다고 할 때 표 2-2와 같이 공지된다.

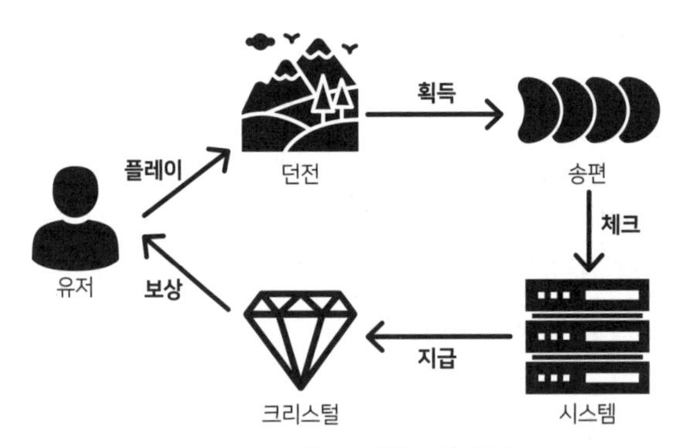

그림 2-3 **추석 이벤트의 흐름**

표 2-2 **공지사항의 육하원칙**

항목	내용
언제	2020.09.28(점검 후부터) ~ 2020.10.12(점검 전까지)
어디서	'스토리 던전'에서 AP(Action Point)를 소모하여 플레이하면서
무엇을	'송편' 10개를
누구에게	'이벤트 시스템'에게
어떻게	갖다 주면 매일 크리스털 150개를 받을 수 있다.
왜	추석을 맞이하여 접속한 유저들에게 푸짐한 보상을 주고 싶어서

2.3 공지 출력 장소

공지는 유저에게 알려져야 의미가 있는 것이다. 개발사가 유저에게 전달할 수 있는 방법은 공식 카페와 인게임*이다.

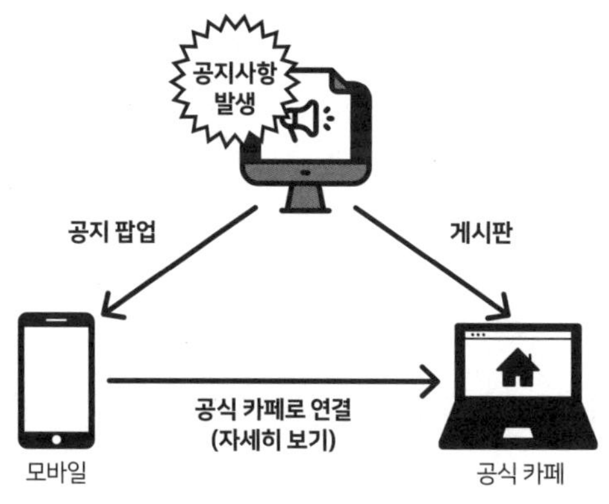

그림 2-4 **공지 출력 장소**

표 2-3 개발사가 유저에게 공지를 전달하는 방법

항목	내용
공식 카페	공지사항 게시판
인게임	공지사항 팝업 화면. 점검 같은 중요한 이슈는 전체 채팅으로도 알린다.

2.4 업데이트 시기

가장 좋은 건 업데이트가 매일 있어서 유저가 접속할 때마다 항상 새로운 무언가가 있는 것이지만, 개발도 사람이 하는 이상 그렇게 하기에는 어려움이 있다. 그래서 개발사마다 개발력을 고려하여 자신들에게 적합한 시기에 업데이트하는데, 대략 2주 사이로 진행된다고 보면 된다.

참고로, 업데이트가 진행되는 시간은 역시 개발사마다 다르지만, 대부분 유저의 접속이 가장 적을 때를 기준으로 한다. 게임마다 다르지만 일주일 중 수요일이나 목요일의

---

* in game: '게임 안에서'라는 뜻이며, 게임 안에서 행해지는 것을 말한다.

새벽 4시쯤*이 보편적으로 유저가 가장 적다.

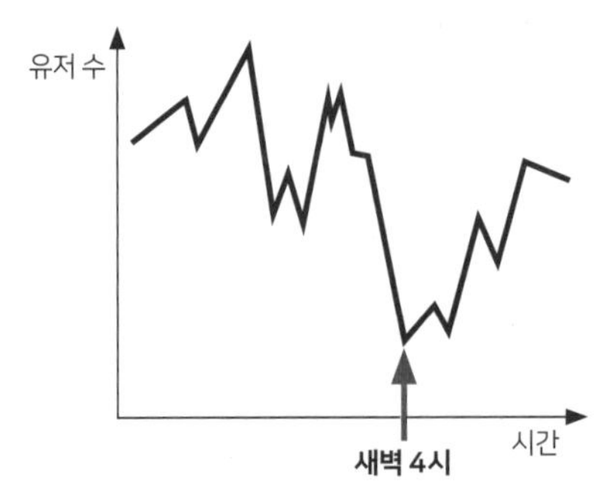

그림 2-5 시간에 따른 유저 수

2.5 공지사항이 게임 시작부터 뜨는 이유

공지사항은 게임에 접속하면 가장 먼저 뜨는데, 그 이유는 두 가지다. 첫째, 중요한 내용이라서 유저에게 가장 먼저 알려줘야 하기 때문이고, 둘째는 그렇게 강제로라도 알려줘야 나중에 혹시라도 모를 문제를 막을 수 있기 때문이다. 게임을 시작하기도 전에 수많은 팝업이 뜨는 이유가 바로 이것이다. 하지만 여러 번 눌러야 하는 유저들의 불만이 많아지자 최근에는 공지사항을 한 번만 띄우고 로비에서 다시 찾아볼 수 있도록 하고 있다.

생생현장

공지 내용은 언제, 어떻게 정할까?

업데이트 내용에 따라

갓 오픈한 경우가 아니라면 일정한 주기로 업데이트를 진행하게 된다. 공지사항에서 가장 많은 내용을 차지하면서 중요한 것은 업데이트다. 그러므로 업데이트 내용에 따라 공지의 내용이 정해지게 된다. 그렇게 메인이 정해지면 이벤트, 사건/사고, 개선사항, 버그 수정 등의 내용이 뒤따르게 된다.

* 반대로, 가장 많은 때는 주말과 공휴일이다.

공지는 업데이트 하루 전에 결정

내용을 빠르게 정할 수 있으면 좋지만, 개발이라는 건 항상 변수가 있으므로 마지막의 마지막까지 내용이 바뀔 가능성이 있는지 확인할 필요가 있다. 공지에 필요한 이미지는 준비할 시간이 필요하므로 적어도 2~3일 전에 정해져서 작업에 들어가야 하지만, 최종 내용은 가장 마지막까지 대기하게 된다. 예를 들어, 밸런스 관련 내용이 공지에 들어가게 된다면, 밸런스는 마지막까지 테스트해서 최적의 값을 찾아내야 하므로 시간이 걸리는 것이다.

공지사항 작성 방법

기획팀원들이 관련 내용을 각자 정리해서 올리면 기획팀장이 이를 취합하여 디렉터에게 보고한다. 디렉터가 승인하면 공지에 필요한 이미지 등을 포함한 리소스가 먼저 제작된다. 만약 공지가 공식 카페 등에도 노출된다면 유저와의 소통을 위해 디렉터가 직접 내용을 작성하는 경우도 있다.

STAGE 03 점검 종류

모바일 게임은 론칭 후에도 콘텐츠를 만들거나 개선, 버그 픽스 등 업데이트를 통해 지속적으로 게임을 발전시킨다. 이처럼 업데이트를 하거나 사건이나 사고가 생겨 처리해야 할 때 게임을 잠시 멈추고 작업을 해야 하는데, 이를 점검이라고 한다.

그림 3-1 점검의 의미

점검에는 정기점검, 임시점검, 긴급점검, 연장점검 등이 있는데, 미리 예측이 가능한 정기점검 외에는 개발사가 의도하지 않은 것이므로 공지가 어려운 것이 현실이다. 점검 공지에서 다뤄야 하는 내용은 다음과 같다.

표 3-1 점검이 갖춰야 하는 내용

언제	2020.09.24 오전 2시부터 오전 6시까지(약 4시간)
왜	게임 안정화 및 업데이트를 위해
점검보상	캐릭터 소환권 1장
주의사항	게스트 계정을 이용할 때 게임 삭제 및 재설치를 하면 계정이 유실될 수 있음

3.1 정기점검

게임이 계속 인기를 끌기 위해서는 새로운 콘텐츠가 추가되고, 불편한 사항은 개선되며, 버그는 끊임없이 수정되어야 한다. 이런 활동은 게임이 서비스되는 중에 실시간으로 업데이트되는 것이 아니라 일정 시간 멈추고 진행하게 되는데, 이를 정기점검이라고 한다.

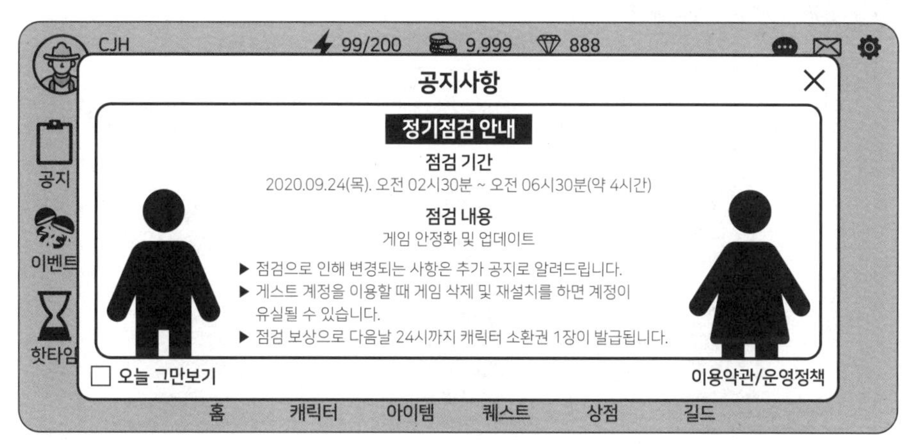

그림 3-2 정기점검

3.2 임시점검

게임을 서비스하다 보면 개발사조차 예상하지 못한 문제가 발생하는 경우가 종종 있다. 자잘한 문제는 서비스 중인 상태로 수정할 수 있지만, 중요한 문제는 점검을 걸어야 할 때가 있다. 이것을 임시로 진행한다고 하여 임시점검이라고 부른다.

3.3 긴급점검

개발사가 예상하지 못한 문제로 점검하는 것은 임시점검과 유사하나, 그 문제가 매우 긴급할 때에는 매우 빠르게 점검이 시작된다. 이를 긴급점검이라고 하며, 주로 유료 재화, 소환확률과 관계가 있다.

3.4 연장점검

점검을 하게 되면 예상 시간을 유저에게 공지하게 되는데, 그렇게 알려준 시간보다 점검이 연장되는 경우다. 대부분 점검 중 예상치 못한 문제를 추가로 발견하는 경우에 발생한다.

3.5 점검 순서

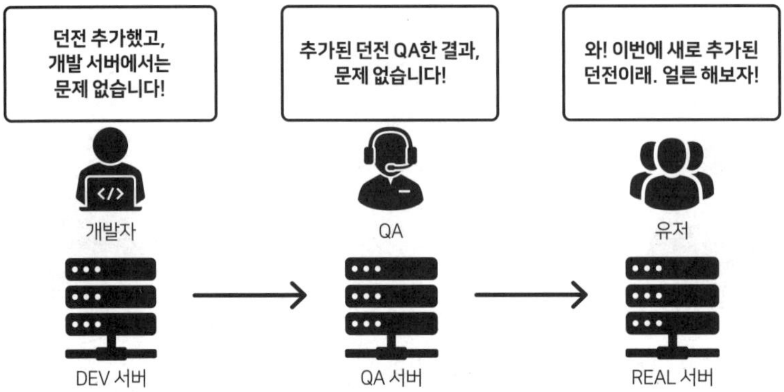

그림 3-3 점검과 배포

점검은 개발팀에서 개발한 내용을 바로 올리는 것이 아니다. 여러 번의 테스트를 거쳐 안전하다고 판단되면 그때 올리게 되는데, 그 과정은 다음과 같다.

표 3-2 업데이트되기까지의 개발 과정

DEV 서버	개발자가 개발 서버에서 콘텐츠로 던전을 개발하고 테스트한다. 개발 서버는 개발 중인 것들이 섞여 있으므로 게임이 중지되거나 튕기는 등 다양한 버그가 함께 있다. 던전 플레이가 재밌도록 실시간으로 값을 고쳐가며 테스트하기 때문에 매우 불안정하다. 여기서 일단 던전이 돌아가는 게 확인되면 더 안정적인 서버로 옮긴다.
QA 서버	QA(Quality Assurance)를 전문적으로 하는 서버로, DEV 서버보다 훨씬 안정적이다. QA 테스터들이 집중적으로 테스트하며, 여기서 모든 버그를 찾아내고 밸런스까지 완벽하게 맞춰야 한다.
REAL 서버	QA 서버에서 테스트가 종료되면 드디어 유저가 플레이할 수 있는 리얼 서버로 배포된다. 그렇다고 바로 유저에게 오픈되는 건 아니고 몇 시간 동안 이 환경에서 또다시 테스트가 이루어진다. 최종적으로 문제가 없는 것이 확인되면 마침내 오픈되어 업데이트가 종료된다. 만약 오픈 전에 문제가 발견되면 연장점검이 되고, 오픈 후 발견되면 임시점검 혹은 긴급점검이 된다.

3.6 점검 내용과 보상

점검 시간을 기다려준 유저에게 감사의 의미로 보상을 주는 경우가 있는데, 보상 수준은 내부적인 규정을 바탕으로 상황에 따라 증감이 있다. 보통은 점검의 중대함, 손해를 본 유저의 수, 점검 시간에 비례하여 증가한다.

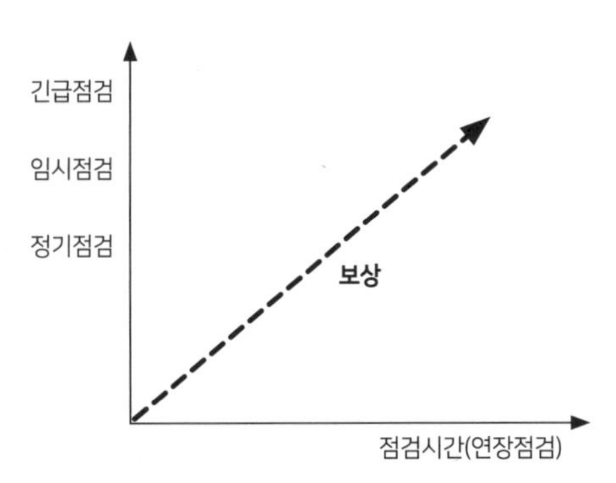

그림 3-4 점검 시간에 따른 보상 증가량

표 3-3 점검 종류와 보상

점검 종류	점검 내용	주요 보상
정기점검	신규 던전, 신규 캐릭터, 신규 모드, 신규 아이템, 버그 수정, 불편한 점 개선 등	크리스털 100개*
임시점검	텍스트 오류, 아이콘 깨짐 현상, 필살기 연출이 안 나오는 문제 등	크리스털 3,000개
긴급점검	유료 모델 가격이 잘못 표기된 문제, 소환확률 버그, 다수의 유저가 게임에서 튕김, 서버 불안정 등	크리스털 5,000개

* 크리스털 2,700개로 10연속 소환 1회 할 수 있는 양으로 가정

생생현장

점검은 어떻게 할까?

▶ 정기점검하는 방법

정기점검은 언제 어떤 이유로 하는지 정해져 있으므로 큰 이슈가 없다면 프로그램팀장의 주관하에 진행하게 된다. 기획과 그래픽 부서 역시 정기점검이 언제 하는지 알고 있으므로 그에 맞춰 필요한 것을 준비한다. 기획팀장과 그래픽팀장이 업데이트 준비를 마치면 프로그램팀장이 내용에 문제가 없는지를 확인한 후 정기점검을 시작, 업데이트를 진행한다.

▶ 임시점검과 긴급점검

임시, 긴급, 연장점검은 갑자기 결정되는 것이므로 개발팀에게는 매우 긴장되는 일이다. 이것을 얼마나 잘 대처하느냐에 따라 개발팀의 실력과 라이브 서비스의 퀄리티가 결정된다. 게임에 문제가 발생하면 먼저 이것이 어느 정도 중대한지를 파악한다. 프로그램팀장이 먼저 확인하며, 필요한 경우 기획이나 그래픽 부서로 넘기거나 같이 확인한다.

▶ 서버를 멈출 것인가?

문제를 확인한 결과가 중대하지 않다면 서버를 멈추지 않고, 즉 점검 없이 수정한 후 다음 업데이트 시에 반영하고, 중대하다면 임시점검에 들어간다. 임시점검은 점검 시간을 유저에게 미리 공지하고 최대한 빨리 준비하여 진행한다. 만약 문제가 매우 중대하고 긴급을 요한다면 유저에게 공지함과 동시에 점검을 거는데, 이것이 긴급점검이다. 이 점검이 발생하는 경우는 주로 비즈니스 모델과 관련된 것이며, 이때는 거의 모든 개발자가 발칵 뒤집히게 된다. 디렉터는 물론이고 대표까지 점검이 언제까지 되는지, 문제가 해결되는지에 대해 촉각을 곤두세우고 있으므로 담당자 입장에서는 여간 스트레스를 받는 게 아니다. 만약 정해진 시간까지 문제를 해결하지 못하면 점검이 연장되며, 이것을 연장점검이라고 한다. 연장점검은 최대한 빨리 끝냈으면 하는 희망에 예상 시간을 비교적 짧게 공지하지만, 생각대로 되지 않는다면, 즉 문제가 생각보다 커서 시간을 계속 까먹게 된다면 연장이 연장을 불러오는 최악의 상황에 직면할 수 있다.

업데이트는 게임이 라이브 서비스를 하고 있는 이상, 장기적인 생명력을 갖기 위한 필수 요소이므로 매우 중요하다. 단적으로 말해서 게임을 오픈하기 전까지 개발하는 게 전반전이라면, 라이브 서비스는 후반전이라고 볼 수 있다. 업데이트 내용은 개발사마다 다르지만, 대부분은 캐릭터, 콘텐츠, 이벤트, 그리고 개선과 버그 수정으로 이뤄진다.

표 4-1 업데이트 종류

캐릭터	플레이를 이끌어 나가는 유저의 분신. 캐릭터를 성장시켜 어려운 던전을 클리어, 좋은 보상을 얻어 더욱 성장하는 흐름의 중심에 있다.
콘텐츠	스토리 던전, 무한 던전, 레이드, 월드 보스 등 던전이나 전투에 관련된 것뿐만 아니라 신규 장비, 옵션 등 유저가 즐길 수 있는 모든 것을 말한다.
이벤트	유저의 접속을 유도하는 이벤트이며, 설날, 추석 등 기념일에 근거한 이벤트와 룰렛 돌리기, 주사위 굴리기 등 아무 때나 할 수 있는 상시 이벤트로 구성된다.
개선/버그 수정	서비스를 하다 보면 불편한 부분이나 버그가 발생하게 된다. 이것을 개선하고 버그를 수정하는 것도 중요한 업데이트다.

4.1 캐릭터 업데이트

게임이 시작되면 유저는 캐릭터를 조작하여 플레이하게 된다. 이야기를 듣고, 전투하고, 성장시키는 과정을 겪으면서 캐릭터는 유저의 분신이 된다. 이처럼 소중한 존재는 많을수록 좋으므로 모바일 가챠 RPG에서 캐릭터의 비중은 매우 높다. 그렇기에 신규 캐릭터가 업데이트된다고 하면 유저의 관심이 쏠리게 되며, 이는 곧 매출로 연결된다.

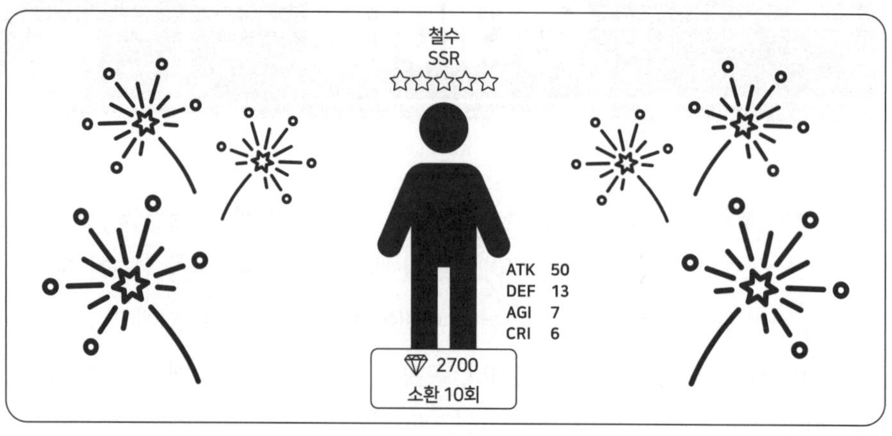

그림 4-1 캐릭터 소환

캐릭터 업데이트 핵심

① 외모가 매력적이어야 한다.
② 강해야 한다.
③ 고유의 스토리를 갖고 있어야 한다.
④ 기존에 나온 캐릭터를 바보로 만들지 말아야 한다.

캐릭터 업데이트 핵심 ① — 매력적인 외모

유저는 가장 먼저 겉모습을 보고 선택하므로 매력적인 외모는 반드시 필요하다. 그래픽이 뛰어난 게임이 성공할 가능성이 높은 이유가 여기에 있다. 그래픽 퀄리티가 높지 못하다면 최소한 개성이 있거나 기존에 보지 못했던 캐릭터이어야 한다.

>> 캐릭터 업데이트 핵심 ② — 강력함

전투에서 매우 잘 싸울 수 있어야 한다. 유저는 캐릭터를 감상용으로 수집하기보다는 전투에 활용하여 승리하고 보상을 받기 위해 구매하는 경우가 많다. 특히 이는 모드가 추가될 때 중요한데, 예를 들어 레이드 보스가 독을 쓰면 레이드 주인공은 해독을 쓸 수 있어야 한다.

>> 캐릭터 업데이트 핵심 ③ — 스토리

캐릭터 고유의 스토리가 있다면 유저가 감정이입을 하기 쉬워진다. 다만, 유저가 스토리를 잘 안 읽는 경우가 있으므로 캐릭터 고유의 던전을 구현, 거기서 스토리를 풀어나가면서 보상으로 캐릭터 성장에 필요한 보상을 주는 것이 트렌드다.

>> 업데이트를 위한 캐릭터 개발

업데이트해야 한다고 아무 캐릭터나 제작해서 올리면 안 된다. 캐릭터 제작은 개발사에서 가장 많은 노력과 자원이 들어가기 때문에 신중해야 한다. 또한, 주요 BM*이 캐릭터에 몰려 있을 가능성이 높으므로 더더욱 유저가 필요한, 그러면서도 구매 욕구를 자극할 만한 캐릭터를 제작해야 한다. 캐릭터 제작 방법은 보통 다음과 같다.

표 4-3 업데이트를 위한 캐릭터 개발 요소

구분	내용
기획	유저들의 플레이 성향과 요구를 충족시켜 줄 캐릭터들을 기획한다. 뒤에서 다룰 메타**를 이끌어 나가거나, 기념일에 맞추거나, 레이드 같은 모드를 위해 만드는 등 목적은 다양하다.
원화	기획된 내용을 바탕으로 유저가 좋아할 만한 디자인을 그려낸다. 여러 번의 퇴고 끝에 최종 그림이 결정된다.
모델링 애니메이션	원화를 바탕으로 모델링, 애니메이션 등 실제 게임에서 돌아갈 수 있는 리소스로 만들어낸다.
기획 개발	그래픽에서 리소스를 만들 때 기획에서는 캐릭터의 스테이터스, 스킬 등 전투에서 활약할 수 있는 값을 설정 혹은 개발한다. 또한, 게임에 따라 고유의 매력적인 스토리를 부여하는 경우도 있다.
테스트	캐릭터가 게임에 올라가 플레이가 가능하면 여러 번의 테스트를 통해 버그는 없는지, 값은 적절한지 지속해서 확인한다.

---

* Business Model: 수익 모델. 게임에서 돈을 벌 수 있는 요소를 말한다.

** META(Most Effective Tactic Available): 가장 효과적인 전략

캐릭터 종류와 수량

업데이트할 때마다 적어도 2~4명 정도가 추가된다. 신규 캐릭터는 레이드, 월드 보스, PvP Player versus Player, 스토리 등 새로운 캐릭터가 필요한 콘텐츠에 의해 추가되며, 주인공과 그에 대항하는 적 보스 혹은 PvP에서 새로운 전투 방식을 가진 캐릭터로 전투의 판도를 바꾸고자 하는 콘셉트로 작업된다. 시기에 따라 업데이트되는 캐릭터 종류는 다음과 같다.

표 4-4 콘텐츠와 개발 기간

관련 콘텐츠	기간(개월)	수량	내용
PvP	2~3	1	최신 메타를 이끌어 나갈 캐릭터
레이드	1~2	2	레이드의 보스, 보스를 공략할 주인공
월드 보스	1~2	2	월드 보스 모드의 보스, 보스를 공략할 주인공
스토리 던전	2~3	1	스토리의 중심이 되는 캐릭터
무한 던전	2~3	1	무한 던전 공략에 좋은 캐릭터
이벤트 던전	1~2	1	이벤트의 주인공 캐릭터

캐릭터 업데이트 시의 주의점

유저가 캐릭터를 구매하는 이유는 전투에서 활약할 것을 기대하는 부분이 매우 큰데, 이것이 다음에 업데이트된 캐릭터 혹은 시스템에 의해 상대적으로 약화된다면 유저는 개발사를 더는 믿을 수 없게 된다. 즉, 구매한 캐릭터가 언젠가 약해질 것이라는 것을 유저도 알고는 있지만, 그것이 너무 빨리 찾아오면 배신감을 느껴 게임 이탈로 연결될 가능성이 높다는 것이다. 유저에게 캐릭터를 판매하였다면 일정 기간 활약할 수 있는 시간을 반드시 줘야 한다.

4.2 콘텐츠 업데이트

콘텐츠는 유저가 플레이하며 즐길 거리를 뜻한다. 이야기가 펼쳐지는 스토리 던전이나 다른 유저와 싸우는 PvP, 독 대미지를 감소시켜 주는 독 저항의 반지 등 거의 모든 것이 콘텐츠에 해당되며, 이것이 새로 업데이트되어 올라갈 때 점검이 이루어진다. 게임의 생명성이 지속되기 위해서는 끊임없는 콘텐츠 업데이트가 필수다. 캐릭터 업데이트가 유저의 플레이 요소 선택을 넓혀주는 거라면, 콘텐츠 업데이트는 플레이가 이뤄지는 공간을 넓혀주는 것이다.

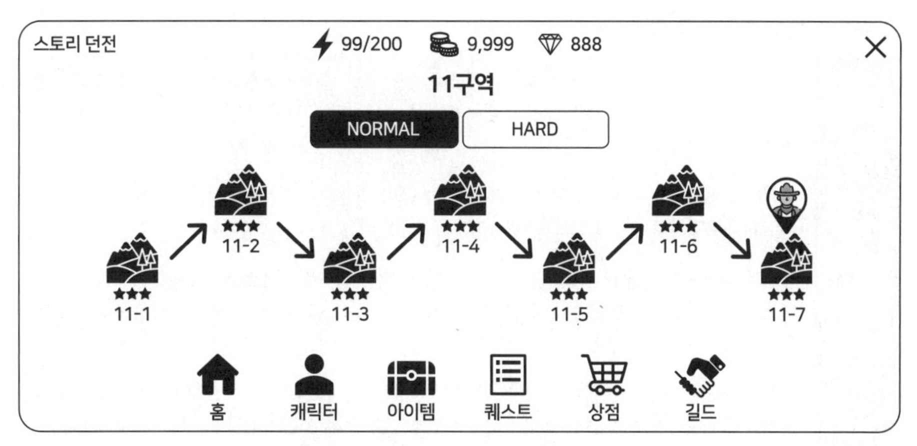

그림 4-2 스토리 던전

4.3 이벤트 업데이트

이벤트는 자체적인 콘텐츠는 없지만 간단한 플레이를 통해 보상을 얻을 수 있도록 하여 유저가 지속해서 게임에 접속하도록 만드는 장치다.

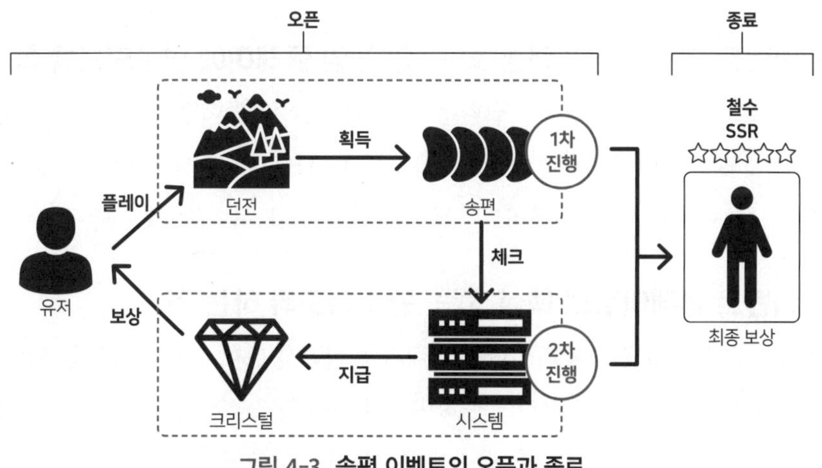

그림 4-3 송편 이벤트의 오픈과 종료

물론, 없어도 게임을 즐기는 데에는 문제가 없지만, 이벤트가 있고 없고의 차이는 매우 크다. 즉, 이벤트가 게임을 반드시 성공시키는 건 아니지만, 모든 성공한 게임에는 좋은 이벤트가 있었다. 이벤트는 보통 다음과 같은 구성으로 되어 있다.

표 4-5 이벤트의 진행 과정

오픈	이벤트가 영구적으로 있는 게 아니라면 한정된 기간으로 열리고 닫힐 것이다. 언뜻 보면 간단한 것 같지만, 라이브 서비스에서 오픈과 종료는 매우 중요하다. 이벤트가 언제 어떻게 오픈되는지 반드시 설정되어야 한다.
1차 진행	이벤트의 조건을 만족하기 위해 유저가 먼저 뭘 해야 하는지 정의한다. 송편 모으기 이벤트의 경우, AP를 소모하여 송편을 모으는 것이 여기에 해당한다.
2차 진행	유저가 첫 번째 조건을 만족했으면 그 후에 무엇을 해야 실제로 이벤트를 클리어하는지 알려준다. 위에서 송편을 모은다고 했는데, 그것을 10개 모아야 보상으로 교환이 되면서 첫날 미션이 클리어된다는 것이 여기에 해당한다.
종료	이벤트 종료는 단순히 이벤트의 끝만 알려준다고 끝나는 게 아니다. 진행되던 이벤트에서 획득한 아이템이나 재화가 있을 경우, 이를 어떻게 처리할지도 정의해야 한다. 송편 모으기 이벤트에서는 송편을 그냥 다 버리는 것으로 처리할 것인지, 골드로 환산해 줄 것인지가 해당된다.

이벤트 업데이트의 핵심 ① — 매일 접속하도록 하는 것

게임에서 제일 중요한 것은 유저가 다시 접속하도록 만드는 것이다. 이벤트는 그것을 위해 존재한다고 봐도 된다. 따라서 어떻게 하면 재접속을 할 것인가에 대해 고민해야 한다. 현재 가장 많이 쓰이는 방법은 매일매일 보상을 주는 것이다.

이벤트 업데이트의 핵심 ② — 인 게임 플레이에 연관되도록 할 것

접속했다고 보상만 주는 것으로 끝나는 게 아니라, 기왕 들어왔으니 플레이를 한다면 더욱더 많은 보상을 얻을 수 있다고 유도한다. APAction Point(던전을 플레이하기 위해 지불하는 재화의 일종) 소모도 좋고, 각 모드를 플레이하도록 하는 것도 좋다.

이벤트 업데이트의 핵심 ③ — 완수하도록 하는 것

이벤트를 위해 며칠 접속하고 만다면 원래의 목적을 충분히 이루지 못하는 것이다. 이벤트를 시작했다면 끝까지 하도록 하여 재접속률을 올리는 것이 필요하다. 보통은 최종 보상을 마련하여 유저를 끝까지 포기하지 않도록 격려한다.

>> 기념일 이벤트

기념일을 맞이하여 열리는 이벤트를 말한다. 한 해 동안 설날, 추석 등 여러 기념일이 있는데, 이를 바탕으로 이벤트를 만든 것이다. 주로 기념일과 관계된 아이템, 예를 들어 설날에는 떡국, 추석에는 송편 등을 모아오면 보상을 주는 방식이다. 이런 아이템 모아오기 이벤트는 게임 플레이를 통해서만 얻을 수 있으므로 유저에게 플레이를 시키는 효과를 얻을 수 있다. 우리나라의 경우, 게임에서 기념 이벤트로 활용하는 한 해 동안의 기념일은 다음과 같다.

표 4-6 월별 이벤트

월	기념일	내용
1월	신정, 설날	떡국 모으기 이벤트
2월	발렌타인 데이	초콜릿 모으기 이벤트
3월	3.1절/화이트 데이	독립열사 아이템 모으기 이벤트
4월	식목일	나무 키우기, 나뭇잎 모으기 이벤트
5월	어린이날	5월5일 크리스털 5,000개 보상 이벤트
6월	현충일	무궁화 모으기 이벤트
7월	제헌절	제헌절 기념 이벤트
8월	광복절	태극기 모으기 이벤트
9월	추석	송편 모으기 이벤트
10월	개천절/한글날	한글 자음 모아서 문장 완성하기 이벤트
11월	(기념일 없음)	상시 이벤트로 대체
12월	크리스마스	산타의 선물 이벤트

이제 예시로 9월 추석을 소재로 기념일 이벤트를 하나 만들어 보자. 이벤트는 기본적으로 유저의 재접속을 유도하기 위해 만들어지지만, 접속한 김에 플레이까지 하고 나가도록 한다면 더욱 좋다. AP의 소모가 좋은 예가 될 수 있다. 이 두 가지를 콘셉트로 잡아보면 다음과 같다.

추석맞이 송편 이벤트

1. 유저의 재접속을 유도한다.
2. AP를 소모시킨다.

가장 먼저 떠오르면서 간단히 구현할 수 있는 것은 AP를 소모하는 플레이를 할 때 특수 아이템을 얻고, 그걸 가져오면 좋은 아이템과 교환해 주는 것이다. 이를 바탕으로 플레이 방법을 구성해 보자.

추석맞이 송편 이벤트 – 플레이 방법

1. AP를 소모하여 플레이할 때 확률적으로 송편을 얻는다.
2. 하루 10개를 모아오면 크리스털 보상을 얻을 수 있다.
3. 10일 동안 꾸준히 목표를 달성하면 통합 보상으로 5성 SSR(Super Special Rare) 캐릭터를 준다.
4. 매일 게임이 리셋되는 시간에 하루 할당량을 못 채우면 리셋된다.

간단해 보이는 룰이지만, 최대한 재접속시키고 AP를 소모시키려는 의도를 엿볼 수 있다. 예를 들어, 1번과 4번은 송편을 최대한 적게 주려는 것으로 플레이를 많이 하도록 유도하는 것이며, 2번은 보상을 하루 단위로 줌으로써 매일 접속하도록, 그리고 3번은 통합 보상까지 줘서 이벤트 클리어에 욕심이 나도록 유도하고 있다. 이처럼 간단한 이벤트에도 여러 장치가 숨어 있음을 알 수 있다. 이를 바탕으로 기획 DB를 구성하면 다음과 같다.

DB Event – 기본적인 이벤트 정의

Id	이벤트 번호
Type	이벤트 종류(1 = 아이템 수집, 2 = 주사위, 3 = 룰렛)
Open	이벤트가 시작되는 날짜와 시간(2020-10-10-04-00-00)
End	이벤트가 종료되는 날짜와 시간(2020-10-24-04-00-00)
Event_Item_Id	이벤트에 필요한 아이템
Event_Item_Count	아이템을 몇 개 획득해야 클리어인지
Event_Item_Icon	이벤트 아이템 아이콘 이미지
Event_Day	이벤트가 며칠짜리인지

DB Event_Day_Reward – 이벤트 종류별로 진행 날짜와 보상을 정의

Event_Id	이벤트 번호
Event_Day	이벤트를 보상받는 날짜 순서(0 = 최종보상, 1 = Day 첫 번째)
Reward_1_Type	날짜별 보상 종류
Reward_1_Id	날짜별 보상 번호
Reward_1_Count	날짜별 보상
Ap	AP를 얼마나 소모했는지
Pct	그에 따른 아이템 획득 확률(예 AP를 10 소모하면 나올 확률이 10%)

DB Event_Ap – AP의 소모량으로 아이템을 획득할 확률을 정의

Ap	AP를 얼마나 소모했는지
Pct	그에 따른 아이템 획득 확률(예 AP를 10 소모하면 나올 확률이 10%)

위 내용으로 UI를 기획하면 다음과 같다.

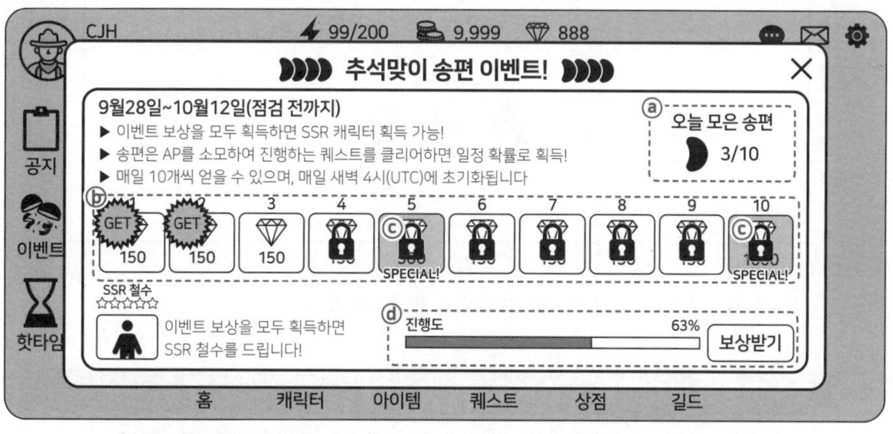

ⓐ오늘 획득한 것에 대한 보상 획득 ⓑ매일 보상 ⓒ특수 보상 ⓓ진행 마일리지

그림 4-4 추석맞이 송편 이벤트

이 그림에서 'ⓒ특수 보상'은 유저가 중간에 포기하지 말고 계속 힘내라고 5일차마다 제공되는 보너스 보상이다. 특별한 시스템은 없고 보상 양만 늘렸다. 이제 이벤트 로직을 알아보자. 먼저 오픈과 종료 로직이다.

로직 추석맞이 송편 이벤트 – 오픈 및 종료

1 오픈 시기가 되면 이벤트 시작

　1.1 로비 좌상단에 이벤트 아이콘 생성

　1.2 터치하면 이벤트 창 팝업

　1.3 ☒ 버튼 혹은 화면 밖을 터치하여 종료

2 종료 시간이 되면 이벤트 종료

　2.1 로비 좌상단의 이벤트 아이콘 삭제

　2.2 인벤토리의 송편 아이템 삭제

이와 같이 할 경우 이벤트가 끝나면 그간 열심히 모은 송편은 사라지게 된다. 만약 송편 모은 것에 대해 보상을 해주고 싶다면 다음과 같이 한다.

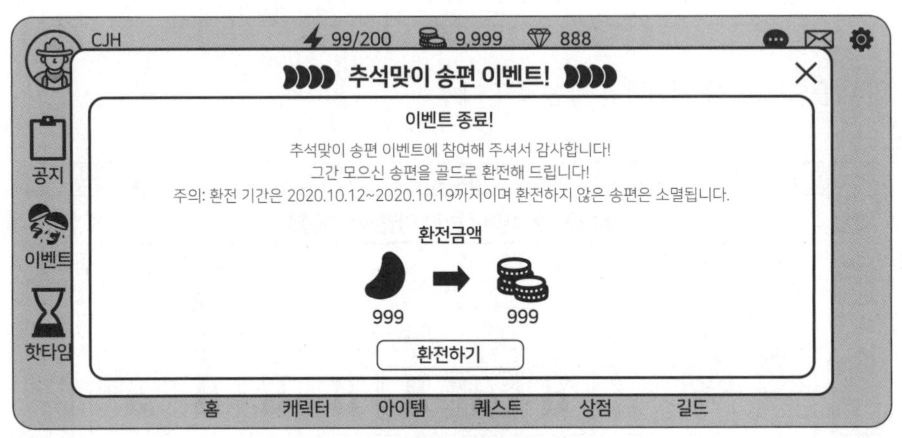

그림 4-5 추석맞이 송편 이벤트 환전

로직 추석맞이 송편 이벤트 – 송편을 골드로 환전

1 이벤트 종료 후 이벤트 아이콘이 환전 아이콘으로 변경됨

2 환전 아이콘 터치

　2.1 그간 모은 송편을 골드로 환전해 주겠다는 안내 팝업

　2.2 송편을 골드로 환전하여 저장

　　• 환전 공식: 송편 수 = 골드 금액

이제 본격적으로 추석맞이 송편 이벤트를 알아보자.

로직 추석맞이 송편 이벤트 – 송편 획득하기

1 아무 던전에서나 AP를 소모

2 확률에 의해 송편을 획득하여 저장

3 송편을 획득할 때마다 아래의 사항을 체크. 단, 게임이 리셋된 후부터 다음 리셋까지의 수량임

3.1 송편을 하루 할당량만큼 모아 보상을 이미 받은 경우
- 해당 없음

3.2 송편을 할당량만큼 모았지만 보상을 아직 받지 못한 경우
- 오늘 모은 송편 [보상받기] 버튼 활성화

3.3 송편을 할당량보다 적게 모은 경우
- 오늘 모은 송편 [보상받기] 버튼 비활성화

송편을 필요한 만큼 획득하였으면 매일 보상을 얻을 수 있다.

로직 추석맞이 송편 이벤트 – 보상 받기

1 송편을 하루 할당량만큼 모음

2 오늘 모은 송편 [보상받기] 버튼 활성화

2.1 터치하여 당일 보상 획득

2.2 [보상받기] 버튼 비활성화

2.3 당일 보상에 'GET' 표시

2.4 마일리지 10% 증가

이벤트는 유저가 매일 접속하도록 하루마다 리셋되고 있다. 유저는 매일 접속할 때마다 다시 송편을 모아 보상을 받도록 한다.

로직 추석맞이 송편 이벤트 – 하루 리셋

1 하루마다 특정 시간에 게임이 리셋됨

2 오늘 모은 송편 [보상받기]를 통해 보상을 받았을 경우

2.1 송편이 초기화되고 처음부터 다시 카운트(인벤토리 송편은 유지)

2.2 다음 날짜 보상 활성화

3 오늘 모은 송편 [보상받기]를 통해 보상을 못 받았을 경우

3.1 송편이 초기화되고 처음부터 다시 카운트(인벤토리 송편은 유지)

매일 보상을 주고 있지만 그래도 이벤트가 끝날 때 최종 보상이 있다면 마지막까지 최선을 다하고 싶은 생각이 들 것이다.

추석맞이 송편 이벤트 – 마일리지 보상

1 마일리지가 모두 쌓임

2 최종 [보상받기] 버튼 터치

 2.1 최종 보상 획득

 2.2 [보상받기] 버튼 비활성화

상시 이벤트

상시 이벤트는 기념일 이벤트 열기가 애매한 상황, 예를 들어 기념일이 끝난 지 얼마 안 됐는데 이벤트를 꼭 열어야 하거나, 기념일이 없는 등의 상황을 대체할 수 있는 이벤트다. 추가로, 콘텐츠가 열리기 전(레이드나 월드 보스 등) 유저가 성장할 수 있도록 보상을 주기 위해서 여는 경우도 있다.

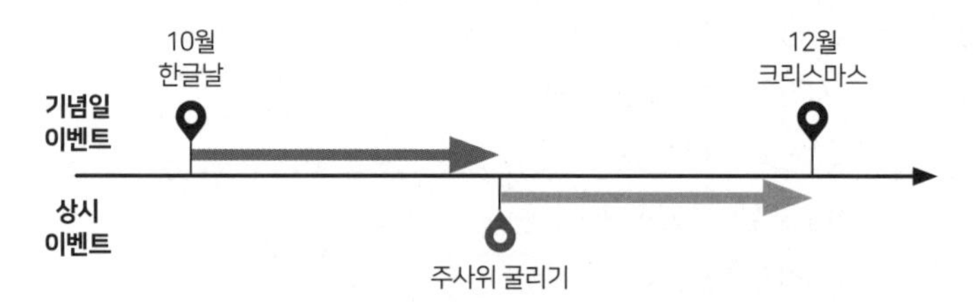

그림 4-6 기념일 이벤트와 상시 이벤트의 교차 발생

대표적인 상시 이벤트는 다음과 같다.

표 4-7 상시 이벤트 종류

핫 타임	일정 시간 동안 경험치나 재화를 몇 배 이상 얻을 수 있다. 유저가 많이 접속하는 시간대에 발생한다.
주사위 굴리기	AP를 소모하여 획득한 주사위를 굴려 말을 앞으로 진행시킨다. 말이 도착하는 위치마다 보상이 있으며, 완주하면 특별 보상을 얻는다.
룰렛 돌리기	AP를 소모하거나 PvP를 하는 등 룰렛을 돌리기 위한 퀘스트를 완수할 때마다 룰렛을 한 바퀴 돌려 멈추는 곳의 보상을 획득한다.
성장 이벤트	캐릭터를 레벨업, 강화, 진화, 초월 등 성장시킬 때마다 보상을 얻는다.

(표 계속)

표 4-7 상시 이벤트 종류

출석 이벤트	28일짜리가 아닌, 8일 정도의 짧은 출석 이벤트로 단기간에 많은 유저를 확보하거나 대규모 업데이트를 앞두고 유저의 관심을 끌기 위함

여기서는 주사위 이벤트를 예로 들어보겠다.

주사위 이벤트

1. 유저의 재접속을 유도한다.
2. 다양한 모드를 플레이하도록 한다.

위에서 기념일 이벤트인 추석맞이 송편 이벤트에서는 AP의 소모를 목표로 했다면, 주사위는 PvP, 무한 던전, 탐험 등 다양한 플레이를 유도한다. 이처럼 이벤트는 중복되지 않는 고유의 목표가 있으면 좋다.

표 4-8 주사위 획득 콘텐츠

구분	PvP	무한 던전 플레이	탐험하기
주사위 개수	5	5	5

위 내용을 바탕으로 UI를 설계하면 다음과 같다.

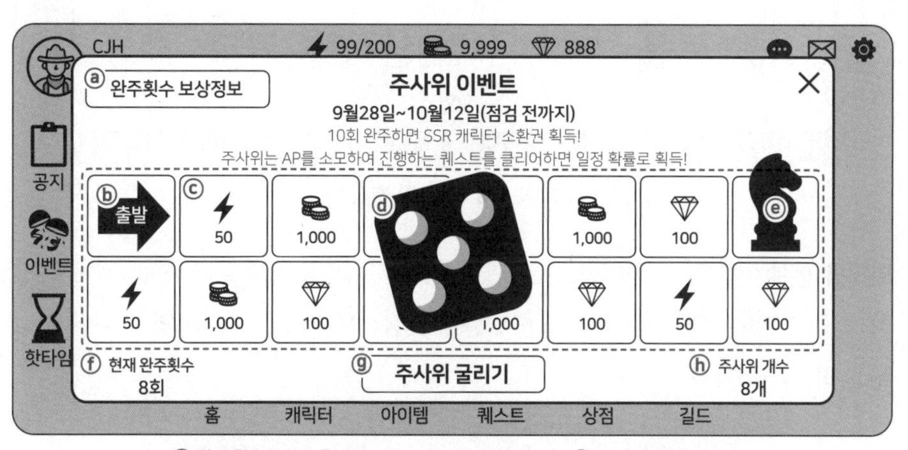

ⓐ완주할 때마다 추가로 얻는 보상에 대한 안내 ⓑ말이 출발하는 곳
ⓒ말이 도착하면 얻는 보상 ⓓ주사위를 굴리는 모습 ⓔ말 ⓕ몇 번 완주했는지
ⓖ버튼을 눌러 주사위를 굴림 ⓗAP를 소모하여 획득한 주사위 수량

그림 4-7 주사위 이벤트

상시 이벤트 역시 기념일 이벤트처럼 유저의 재접속 및 플레이를 유도하므로 콘셉트는 동일하다. 플레이 방법은 다음과 같다.

주사위 굴리기 플레이 방법

① AP를 소모하여 플레이할 때 확률에 의해 주사위를 얻는다.
② 주사위를 굴려 말을 이동시킨다.
③ 말이 도착하는 곳의 보상을 획득한다.
④ 완주횟수가 일정 수를 넘을 때마다 추가 보상을 획득한다.

추석맞이 송편 모으기 이벤트보다는 간단하다. AP를 소모하여 주사위를 모으는 것은 같지만 매일 리셋되어 모아 놓았던 송편이 없어지거나 하는 일은 없다. 이벤트 기간에 주사위만 충분히 모은다면 여러 번 회차를 돌려 좋은 보상을 얻을 수 있다.

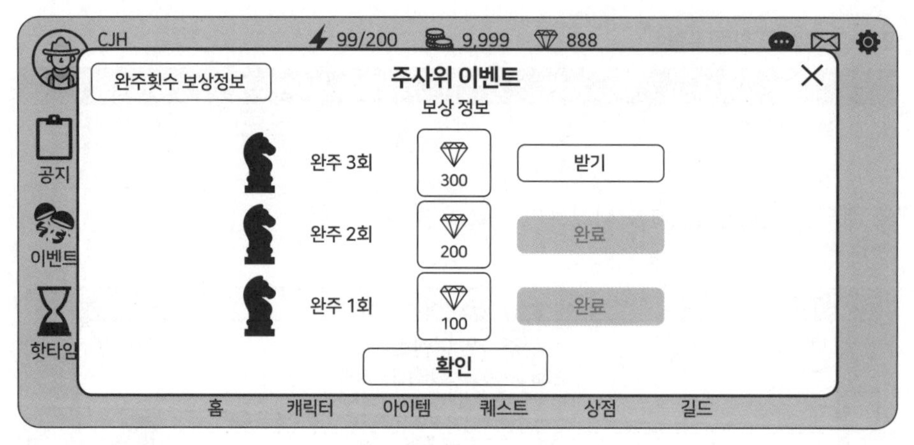

그림 4-8 주사위 결과

이처럼 상시 이벤트는 기념일보다는 가벼우면서 부담 없이 즐길 수 있는 것이 특징이다. 기획 DB는 앞에서 다룬 이벤트 관련 것을 사용하면 된다. 이제 주사위 굴리는 로직을 알아보자.

주사위 이벤트 – 주사위 굴리기

1. [주사위 굴리기] 버튼을 눌러 주사위를 굴림
2. 주사위의 눈만큼 말을 이동함
   - 2.1 주사위의 눈이 남은 칸보다 클 경우 마지막 칸을 지난 후 처음부터 남은 눈만큼 진행한다.
3. 마지막 칸에 도착 혹은 지나게 되면 '1회' 올라간다.

보상을 획득하는 방법은 다음과 같다.

주사위 이벤트 – 주사위 굴리기 보상

1. 말이 도착한 칸의 보상을 획득한다.
2. 완주할 때마다 보상을 추가로 받는다.

주사위 이벤트 역시 재접속을 유도하지만 추석맞이 송편 모으기가 정해진 수량의 보상을 받는 반면, 주사위는 유저가 열심히 한다면 주사위를 돌린 만큼 보상을 얻을 수 있어 개인차가 크다*.

이벤트 기간

업데이트가 2주마다 이뤄진다면 이벤트도 그에 맞춰 2주간으로 진행된다. 그렇다고 2주가 되었을 때 칼로 자르듯이 끝나지는 않는데, 그렇게 하면 달성하지 못한 유저들이 꽤 발생하기 때문이다. 이벤트의 의도는 유저에게 자주 접속해서 게임을 즐겨 달라는 것이지, 시험을 보듯 정확히 시간을 체크하는 게 아니기 때문이다. 그래서 1주 정도의 유예 기간을 추가로 제공한다.

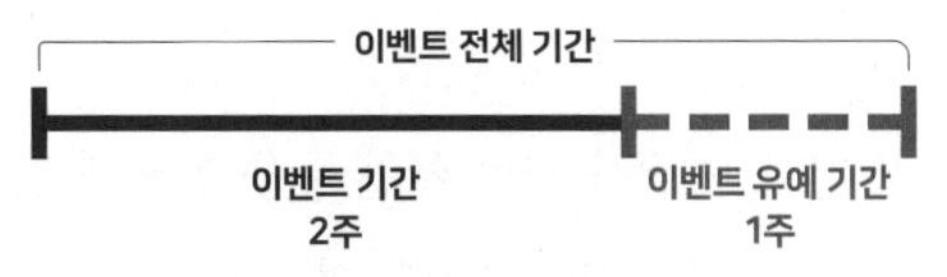

그림 4-9 이벤트 기간과 유예 기간

* 물론, 콘텐츠는 한정되어 있으므로 밸런스를 위해 하루에 얻을 수 있는 주사위의 양은 최대치가 정해져 있다.

4.4 업데이트의 연속성

라이브 서비스에서 가장 중요한 것은 한번 들어온 유저가 게임에서 떠나지 않도록 붙잡는 일이다. 이를 위해서는 마치 엊그제 론칭한 것처럼 끊임없는 업데이트로 관심을 끌어야 한다. 다음과 같은 서비스 일정으로 진행할 때 유저 이탈을 최소화할 수 있다.

표 4-9 업데이트 연속 배치

구분	2주	2주	2주	2주
콘텐츠 업데이트	레이드	월드 보스	이벤트 던전	스토리 던전
이벤트 업데이트	주사위 이벤트	룰렛 돌리기	성장 이벤트	출석 이벤트

4.5 개선과 버그 수정

게임을 서비스하다 보면 개선사항과 버그가 끊임없이 발생한다. 이것을 얼마나 빠르게 처리해 줄 수 있는가가 개발사의 역량이라고 볼 수 있다.

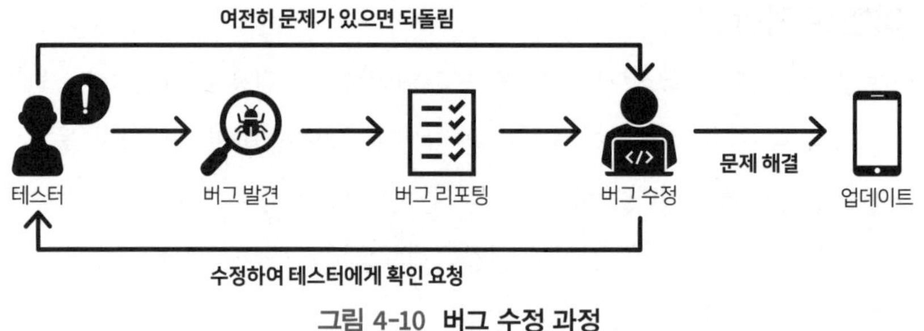

그림 4-10 버그 수정 과정

개선사항

공식 카페를 통한 유저 건의, 개발사 내의 확인 등을 통해 불편한 사항을 개선하여 유저가 쾌적하게 게임을 즐길 수 있도록 한다. 예를 들어, 퀘스트 보상을 한 건 한 건 받던 것을 일괄로 받게 해줄 수 있게 하거나, 퀘스트를 바로 하러 갈 수 있게 내용 옆에 [바로가기] 기능을 만들어 준다든가 하는 것이다.

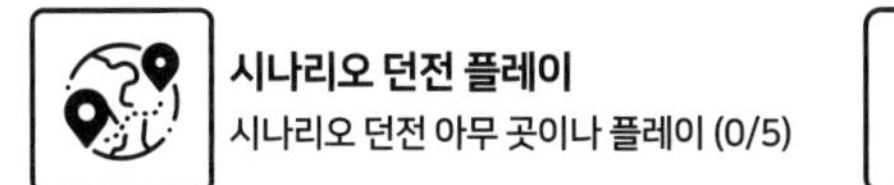

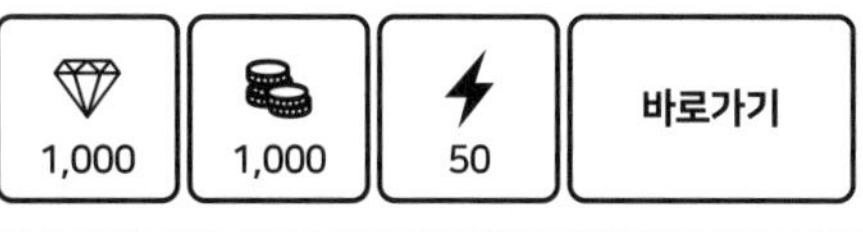

그림 4-11 퀘스트 바로가기

버그 수정

게임에서 버그가 발생하였을 때 이를 수정하여 업데이트한다. 주로 QA에서 일정 양식에 따라 버그를 리포트하면 개발사에서 확인, 수정하는 과정을 거친다.

표 4-10 버그 티켓

버전	QA_1.01
날짜	2020.10.10
발견자	Panda
담당자	CJH
중요도	A급
제목	퀘스트 [바로가기] 버튼이 실행되지 않는 문제
내용	모든 퀘스트의 [바로가기] 버튼을 눌러도 해당 퀘스트 장소로 이동하지 않음
첨부파일	퀘스트바로가기안됨.mp4
상태	확인 중
코멘트	퀘스트 Trigger_Id 번호와 Shortcut 번호가 서로 맞지 않아 발생하는 문제 같습니다. 이번 업데이트 전까지 테스트해 보겠습니다.

생생현장

이벤트는 어떻게 기획할까?

다른 게임의 이벤트를 분석

이벤트에서 가장 중요한 것은 유저가 접속하도록 유도하는 것이다. 이를 위해서 기획팀은 타 게임들, 그중에서도 특히 상업적으로 성공한 게임들의 이벤트를 분석한다. 어느 부분에서 접속하고 싶으며, 개발 분량은 얼마나 되는지, 공식 카페에서의 반응은 어떤지 등을 확인한다. 이벤트 분석이 끝나면 모여서 우리 게임에는 어떤 이벤트가 어울릴 것인가에 대한 논의를 거쳐 기획서를 작성한다.

이벤트는 기간 한정으로

이벤트가 항상 열려 있는 것보다는 기간 한정으로 좋은 보상을 주는 것이 재접속 욕구를 더욱 불러온다. 기간은 보통 2주에서 3주가 되는데, 이벤트 시작 시각과 종료 시각을 명확히 하지 않으면 문제가 생길 수 있다. 앞서 다룬 공지사항에는 이벤트 역시 들어가는데, 공지사항과 다른 이벤트 시기는 유저에게 혼란을 가져와 종국에는 개발팀이 사과하고 추가 보상을 해야 하는 경우도 있다.

개발이 바쁠 때는 이번에 업데이트할 것이 무엇인지 개발자들끼리도 공유가 안 될 때가 있다. 개발팀 내에서도 이런 경우가 발생하는데, 퍼블리셔와의 공유는 더욱 문제가 될 수 있다. 패치 노트patch note는 이런 문제를 해결하기 위해 업데이트에 관련된 내용을 한곳에 모음으로써 공유를 정확하고 신속하게 한다. 만약 공유가 가능한 엑셀 문서나 구글 스프레드시트로 작성했다면 이것을 개발팀 전원에게는 물론 퍼블리셔에게도 공유한다.

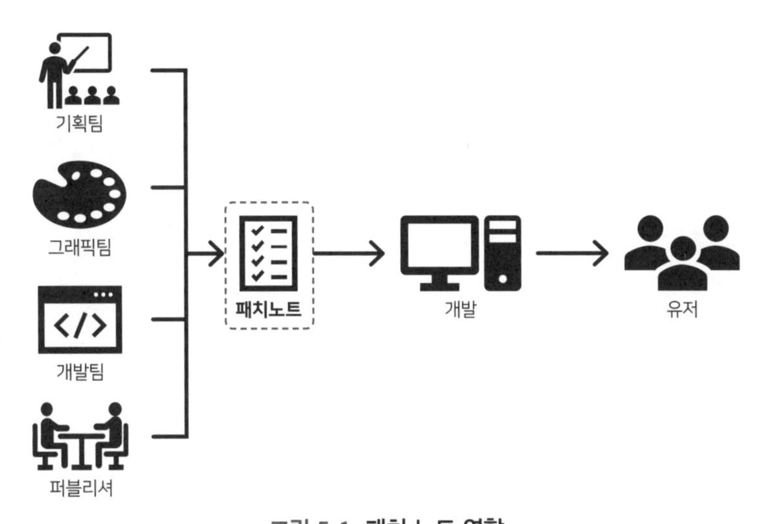

그림 5-1 패치 노트 역할

5.1 패치 노트 구성

엑셀 문서로 만들었다면 여러 시트로 구성할 수 있을 것이다. 다음의 시트 순서가 개발에 편리하다.

표 5-1 패치 노트 구성

메인	업데이트할 내용의 핵심을 모아서 보여주는 페이지
히스토리	지금까지의 업데이트 노트를 모아서 링크를 제공. 지난 업데이트 때 무엇을 했는지 확인하기 위함
넥스트	다음 업데이트는 무엇을 할지 간략하게 작성
DB 체크	이번 업데이트 때 어떤 기획 DB가 올라가는지, 담당자는 누구이고 값이 제대로 확인되었는지를 표시
관련 자료	던전, 레이드, 신규 캐릭터, 아이템 등 업데이트될 내용에 대한 것을 각 시트를 생성하여 작성함
상점	새로 추가되거나 갱신되는 상품에 대한 정보를 작성
퍼블리셔 피드백	문서를 보고 퍼블리셔가 주는 피드백을 모아 놓은 곳

5.2 패치 노트 메인 내용

패치 노트의 첫 시트는 메인으로서 주요 내용을 모두 다룬다. 해당 항목의 내용을 자세히 알고 싶다면 링크를 눌러 해당 시트로 이동한다.

표 5-2 패치 노트 내용

타이틀 화면	업데이트할 때마다 타이틀 이미지가 변경된다면 어떤 이미지로 바뀌는지를 알려준다.
캐릭터	업데이트되는 캐릭터들 리스트와 정보를 알려준다.
콘텐츠	던전, 모드 등 새로 추가되거나 업데이트되는 콘텐츠의 정보를 보여준다.
이벤트	기념일, 상시 이벤트 등 이벤트 정보를 알려준다.
상점	상점에서 어떤 상품이 새로 판매되는지, 갱신되는지를 알려준다.
개선/버그	업데이트에 적용될 개선 사항이나 버그를 작성한다.

패치 노트의 메인 시트에 항목을 적었다면 그에 따른 세부 요소를 채워야 한다. 주로 언제 시작해서 언제 끝나는지에 대한 내용이 필요하다.

표 5-3 패치 노트 시작과 종료

시작일/시작시각	메인에 작성된 항목들(타이틀 화면 등)이 언제 시작하는지
종료일/종료시각	메인 항목들이 언제 종료되는지
점검 여부	메인 항목의 업데이트가 반드시 점검을 통해서만 업데이트될 수 있는지
기획 여부	메인 항목을 기획했는지
QA 여부	메인 항목에 대한 QA가 진행되었는지

위의 내용을 바탕으로 '타이틀 화면 변경'으로 예를 들어보면 다음과 같다.

표 5-4 패치 노트의 타이틀 변경 내용

타이틀 화면	시작시각	종료시각	점검 여부	기획 여부	QA 여부
SSR 철수로 변경	2020-10-02-04-00	2020-10-16-04-00	필수	해당 없음	해당 없음

생생현장

패치 노트는 어떻게 만들까?

▶ 누구나 접속 가능한 곳에 생성

패치 노트는 업데이트에 대한 내용을 담고 있으므로 누구나 쉽게 어디서나 접속이 가능한 곳에 작성되어야 한다. 특히, 퍼블리셔 같은 개발팀 외부 조직에서도 접근이 가능해야 하므로 구글 문서나 SVN$_{\text{Subversion}}$, 레드마인 같은 것이 쓰인다. 예를 들면, 기획팀장이 회사 계정을 이용하여 구글 스프레드시트를 생성한다. 공지사항, 업데이트, 콘텐츠 등의 시트를 생성하여 다음 업데이트에 필요한 내용을 간략하게 작성한다. 이후 관련자들에게 문서를 공유한 후 회의를 통해 앞으로의 작성 방향에 대해 논의한다.

▶ 패치 노트는 누구나 쓸 수 있다

노트 작성은 주로 기획자들이 하지만 원칙적으로는 팀원 중 누구라도 작성 및 확인을 할 수 있다. 업데이트가 끝나자마자 다음 업데이트를 위해 미리 써두는 것이 가장 좋은데, 내용을 미리 확인할 수 있으면 그래픽팀과 개발팀에서 무엇을 준비해야 하는지 명확히 알 수 있기 때문이다. 예를 들어, 기획자들이 시트마다 업데이트 내용을 적어두면 그래픽팀에서는 어떤 리소스가 언제까지 필요한지를 확인하고, 개발팀에서는 구현 내용을 다시 한번 확인한다.

▶ 패치 노트에서 중요한 것

내용도 중요하지만 최신 정보로 계속 갱신하는 것이다. 일하다 보면 개발에 집중해서 정보 갱신에 소홀해지는 경우가 많은데, 패치 노트는 바로 다음 업데이트에 대한 내용을 담고 있다고 팀원들이 믿고 있으므로 갱신이 제때 되지 않으면 오래된 정보를 믿고 잘못된 작업을 하는 경우가 발생한다. 그렇기에 기획팀장은 기획자들에게 패치 노트를 계속 확인하도록 요청해야 한다.

출석 체크는 유저가 게임에 매일 들어오도록 유도하며, 특별한 일이 없다면 게임을 시작하고 맨 처음, 그것도 매일 보게 되는 이벤트다.

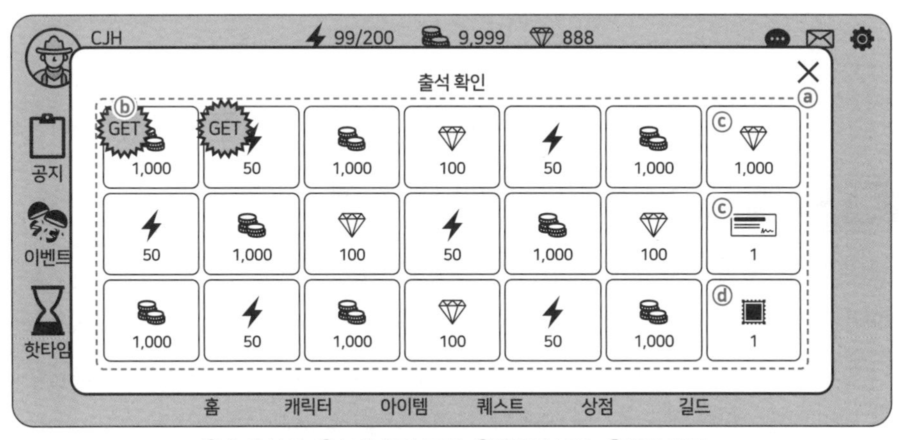

ⓐ출석 보상 ⓑ보상 획득 표시 ⓒ일주일 보상 ⓓ최종 보상

그림 6-1 출석 체크

위의 내용을 바탕으로 기획 DB를 구성하면 다음과 같다.

DB Daily_Reward – 매일 출석할 때마다 획득하는 보상

Day	몇 번째 보상인지
Reward_1_Type	보상 종류
Reward_1_Id	보상 번호
Reward_1_Count	보상 수량

DB Config – 특정 그룹에 속하기 어려운 값들을 모아서 정의

Reset_Time	게임 리셋하는 시간

출석 체크 팝업과 획득 로직은 다음과 같다.

로직 출석 체크 – 팝업 및 보상 획득

1. 게임이 리셋된 후 최초 접속
2. 출석 체크를 자동으로 팝업
3. 유저가 화면 아무 곳이나 터치
4. 보상 획득
5. 출석 체크 팝업 종료

6.1 출석은 날짜가 아닌 횟수로 체크한다

출석이라는 단어만 봤을 때는 날짜로 체크해야 할 것 같지만 그렇지 않다. 날짜로 하게 될 경우 유저가 접속하지 못하는 날의 보상은 받지 못하여 출석부에 구멍이 나기 때문이다. 출석 체크 이벤트를 하는 것은 유저가 정말 출석하는지 체크하겠다는 게 아니라 자주 접속하도록 유도하는 것이므로 유저에게 상실감을 주지 말아야 한다. 따라서 출석 횟수로 확인하는 것이 바람직하다. 이렇게 하면, 가령 유저가 21일에 접속해서 출석 체크 후에 개인 사정으로 22일, 23일 접속하지 못하다가 24일에 접속해도 22번째에 체크가 이뤄진다.

한 가지 더 이유를 말하자면, 글로벌 서비스를 하게 될 경우 각국의 시간이 서로 다르기 때문에 이를 맞추기가 매우 힘든 것도 있다.

6.2 좋은 보상은 마지막에 준다

좋은 보상은 출석 횟수 한 줄이 채워질 때마다 배치한다. 가령, 한 줄이 7회 출석이라면 7번째에 배치된다. 그러면 왠지 그간의 노력을 보상받는 것 같아 기분이 좋다. 그리고 정말 좋은 보상은 최종 횟수에 배치하여 유저가 끝까지 출석을 완료하고자 하는 기분이 들게 해야 한다.

6.3 보상으로 캐릭터나 아이템은 금물

출석 보상을 잘 살펴보면 대부분 골드, 크리스털, 경험치 등 재화 종류인 것을 알 수 있다. 보상으로 캐릭터나 아이템이 잘 지급되지 않는 이유는 게임의 인플레이션 때문이다. 캐릭터와 아이템의 가치가 서비스 시작 이후 뒤로 갈수록 하락하기 때문에 유저에 따라서 기뻐하지 않을 수 있기 때문이다. 물론, 재화도 인플레이션 영향을 받지만 이때는 재화량을 올려주면 간편하게 해결된다.

생생현장

출석 체크는 어떻게 만들까?

▶ 출석 체크에서 중요한 것은 보상

게임에 접속할 때마다 보상을 주는 시스템을 기획하는 것은 어려운 일이 아니다. 문제는 '어떤 보상을 얼마나 줘야 유저가 만족할 것인가, 그러면서도 게임의 밸런스를 해치지 않을 것인가'라는 것이다. 출석 체크는 항상 출력되는 이벤트이다 보니 유저가 당연한 것으로 받아들이기 때문에 유저가 좋아할 만한 보상을 충분히 주는 것이 어려운 것이다.

▶ 개발하기

먼저, 담당 기획자가 출석 체크 시스템을 기획한다. 언제 출력되는지, 보상은 어떻게 획득하는지, 언제 갱신되는지 등이다. 이제 보상으로 넘어가서, 처음 오픈했을 때 유저가 접속하는 것을 시뮬레이션하여 가장 필요하다고 생각되는, 그러면서도 계속 줘도 밸런스를 크게 해치지 않는 보상을 배치한다. 1차로 분배했다면 일주일, 한 달, 3개월, 6개월, 1년 등 시간에 따른 보상량을 시뮬레이션한다. 문제가 없다고 생각되면 시스템으로 구현한다.

STAGE 07 로비

로비는 유저가 게임을 시작하고 사실상 처음으로 도착하는 곳이다. 호텔 로비에 카페, 안내 데스크, 엘리베이터 등 모든 것이 모여 있고 어디로나 갈 수 있는 곳인 것처럼 게임 로비도 모든 곳으로 갈 수 있다. 즉, 로비에서 게임의 정보를 얻고 원하는 플레이를 바로 실행할 수 있는 것이다.

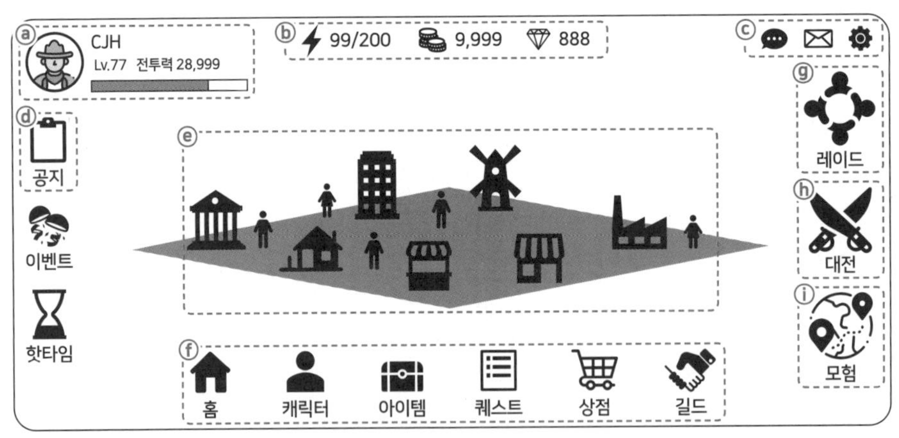

ⓐ유저 정보 ⓑ재화 ⓒ채팅/메일/옵션 ⓓ공지/이벤트 ⓔ마을 ⓕ메인 메뉴 ⓖ모드 ⓗPvP ⓘ모험

그림 7-1 로비

표 7-1 로비 구성 요소

유저 정보	게임을 플레이하는 유저의 정보를 보여준다. 유저 레벨, ID, 칭호 등이 포함된다.
재화	AP, 골드, 크리스털 등 게임을 플레이할 때 필요한 재화를 보여준다. 모드별로 필요한 재화는 모드에 들어갔을 때 추가로 보여준다.
채팅/메일/옵션	채팅은 다른 유저와 대화하는 것, 메일은 유저에게 오는 소식, 옵션은 게임의 설정을 조절한다. 이처럼 부가적인 메뉴는 비교적 손이 가지 않는 우측 상단에 배치한다.
공지/이벤트	유저에게 알려줄 소식
핫 타임	현재 발동되고 있는 이벤트를 강조하고 싶을 때 표시
마을	게임에 따라 마을 혹은 캐릭터 등 강조하고 싶은 것을 보여준다. 마을이 있으면 유저 재접속을 유도하는 건설이나 채취 시스템이 들어간다.
메인 메뉴	캐릭터, 아이템, 퀘스트, 상점, 길드 등 중요한 메뉴를 배치한다.
레이드	레이드, 월드 보스 등 한정된 기간에 열리는 특별 모드
PvP	다른 유저와 실력을 겨룬다.
모험	스토리 던전, 요일 던전, 무한 던전, 탐험 등 던전을 모아 놓은 곳이다.

7.1 로비 구성

로비의 메뉴 배치는 특성에 따라 다르다.

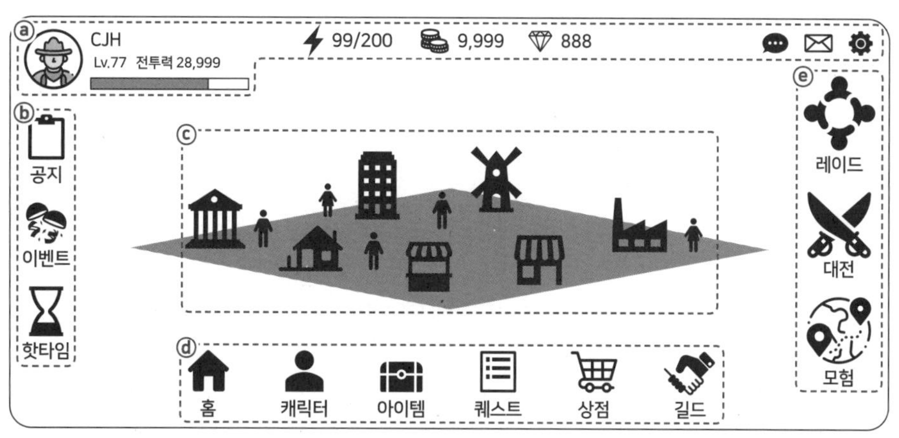

ⓐ유저 정보와 관련된 것 ⓑ공지나 이벤트 ⓒ플레이 관련 ⓓ메인 메뉴 ⓔ비정기 모드나 전투

그림 7-2 로비 영역

유저에게 필요한 정보는 크게 유저 본인에 대한 것, 게임에 대한 것 두 가지로 나눌 수 있는데, 게임마다 다르지만 전자는 좌상단에, 후자는 우하단에 배치하는 것이 보통이다. 아무래도 게임에 대한 정보가 더 중요하므로 양손으로 파지했을 때 오른손으로 터치하기 좋은 것을 우하단에 배치한 것이다.

생생현장

로비는 어떻게 만들까?

기획 초안 만들기

타 게임을 분석한 후 가장 비슷한 게임의 로비를 A4용지에 그려본다. 우리 프로젝트에 필요 없는 아이콘은 삭제하거나 교체한다. 레이드 같은 상시 모드가 아닌 것이 팝업되는 공간을 고려하여 우측은 비워 둔다. 그렇게 로비를 몇 가지 타입으로 만들어 본 후 괜찮다고 생각되면 파워포인트 등으로 아이콘을 배치하여 실제 게임처럼 만들어 본다.

기획팀에 공유한다

로비 기획안을 세 가지 정도 만들었다면 우선 기획팀에 공유한다. 팀원들의 의견을 들은 후 수정하여 기획팀장이 컨펌, 개발팀과 그래픽팀, 디렉터가 함께 확인한다. 최종 결정된 로비를 개발팀이 더미 리소스로 먼저 구현해 본다. 로직에 문제가 없고 잘 돌아가는 게 확인된다면 그때부터 아이콘 등 실제 그래픽 리소스를 제작하여 교체한다.

STAGE 08 유저 정보

유저가 게임을 시작하기 위해서는 계정이 필요한데, 이런 정보를 한데 모은 것을 유저 정보*라고 한다. 이 정보가 있는 게임이 있고 없는 게임이 있는데**, 이렇게 차이가 있는 이유는 게임에 직접적으로 영향을 주는 부분이 다른 콘텐츠에 비해 적기 때문이다.

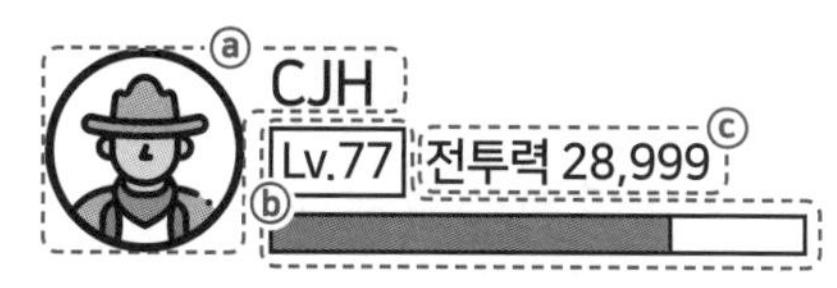

ⓐ유저 아이콘과 ID ⓑ유저 레벨 ⓒ전투력

그림 8-1 유저 정보

표 8-1 유저 정보 구성 요소

항목	설명
유저 아이콘	계정 정보만 있으면 심심하므로 유저 아이콘을 내세운다. 계정 주인의 프로필 사진인 경우도 있지만, 대부분은 게임 내 존재하는 캐릭터들 중 유저가 마음에 드는 걸 선택한다. 대표하는 이미지 이외의 실제적인 효과는 없다.
유저 ID(닉네임)	유저가 게임을 생성할 때 사용한 ID를 보여준다. PvP나 레이드 등 유저를 인식해야 할 때 필요하다.
유저 레벨	유저가 게임을 하면서 얻은 경험치가 일정량이 될 때마다 오르는 값이다. 유저 레벨이 높을수록 게임을 많이 했다는 뜻이며, 일부 콘텐츠에서 제한적으로 활용된다.
전투력	전투력은 유저가 대표 파티로 사용하는 캐릭터들(혹은 아이템)의 합산 전투력이다. 유저가 얼마나 강한지를 알 수 있다.

* 정확히는 유저의 정보가 아니라 유저가 만든 계정의 정보여서 '계정 정보'라고 하는 것이 맞지만, 통상적으로 '유저 정보'라는 표현을 더 많이 쓴다.

** 모든 게임은 계정 정보를 당연히 갖고 있다. 다만, 이것을 겉으로 보여주면서 콘텐츠처럼 활용하는 게임이 비교적 적다는 뜻이다.

8.1 유저 계정과 ID와 닉네임

유저가 게임에 가입하기 위해서는 주민등록증처럼 고유의 인식 번호를 받을 필요가 있다. 이것이 계정이다. 이것은 유저당 1개뿐이므로 절대 겹칠 일이 없다. 이것을 눈에 보이는 문자로 한다면 그것이 ID가 된다. ID가 중복되면 새로 생성하지 못하는 이유가 이와 같다.

닉네임은 계정이나 ID와 관계없이 유저가 게임 내에서 사용하는 이름 그대로의 별명이다. 과거에는 닉네임조차 중복이 허락되지 않았지만, 최근에는 다른 유저와 겹쳐도 상관없게 되어 있다. 이미 계정으로 유저 구분이 되기 때문에 닉네임 정도는 유저가 쓰고 싶은 것을 자유롭게 쓸 수 있게 할 수 있다.

8.2 유저 레벨

유저 레벨의 가장 큰 특징은 유저의 성장 기준을 잡을 수 있다는 것이다. 이것은 게임 밸런스와 게임 수익에 있어서 의미가 매우 크다. 예를 들어, 유저가 새로운 캐릭터를 얻었다고 가정하자. 유저는 얼른 강하게 만들어서 전투에서 이기고 싶을 것이다. 그래서 대부분의 게임은 캐릭터를 바로 강하게 만들 수 있는 장치가 있다. 여기서 비즈니스 모델BM이 매우 크게 작용한다. 즉, 좋은 캐릭터를 얻고 빠르게 성장시키는 것은 모바일 가챠 게임의 중요한 BM이라고 할 수 있다. 그런데 이 말인즉슨, 돈만 있으면 성장을 매우 빠르게 할 수 있다는 것이고, 이것은 멀리 볼 것도 없이 게임의 수명을 단축시키는 결과를 가져온다. 아무리 돈을 버는 게 중요하다고는 하지만, 개발사는 유저가 게임을 즐겨주길 바라므로 성장을 제어할 필요가 있다. 만약 유저가 플레이할 때마다 경험치를 얻어 레벨을 올린다면, 그리고 그것이 BM과는 직접적인 연관 없이 순수하게 플레이로만 레벨을 올린다면 하나의 기준이 될 수 있다. 즉, 유저 레벨의 콘셉트는 다음과 같다.

유저 레벨

1. 유저가 캐릭터 경험치(exp)를 얻으면 유저 레벨의 경험치도 동일하게* 오른다.
2. 유저 레벨의 경험치가 일정량이 될 때마다 유저 레벨이 오른다.
3. 유저 레벨이 오를 때 콘텐츠가 오픈된다.

이를 바탕으로 기획 DB를 짜면 다음과 같다.

DB **User_Level – 유저 레벨**

Level	유저 레벨
Exp	경험치 획득량
Reward_1_Type	보상 종류. 유저 레벨이 오를 때마다 보상을 준다.
Reward_1_Id	보상 아이디
Reward_1_Count	보상 수량

DB **Config – 특정 그룹에 속하기 어려운 값들을 모아서 정의**

Open_Level_Story_Dungeon	스토리 던전을 오픈하는 유저 레벨
Open_Level_Daily_Dungeon	요일 던전을 오픈하는 유저 레벨
Open_Level_PvP	PvP를 오픈하는 유저 레벨
Open_Level_Guild	길드를 오픈하는 유저 레벨

유저 레벨의 콘텐츠 제어

유저 레벨은 콘텐츠가 언제 열리는지를 제어한다.

표 8-2 유저 레벨의 콘텐츠 제어

유저 레벨	관련 콘텐츠	내용
1	스토리 던전	처음부터 스토리 던전을 플레이할 수 있다.
5	요일 던전	요일 던전이 오픈되며 성장에 필요한 재료를 요일별로 구한다.
10	PvP 모드 오픈	게임에 익숙해져서 PvP까지 플레이할 수 있게 된다.
30	길드 생성 가능	모든 콘텐츠를 익혔고 다른 유저와의 커뮤니케이션을 시작한다.

* 캐릭터 경험치와 유저 레벨 경험치를 동일하게 하는 이유는 굳이 따로 해야 할 이유가 없기 때문이다.

스토리 던전은 유저가 처음부터 플레이하면서 이야기를 즐기게 된다. 동시에 기본 플레이를 익히게 된 후 성장 재료를 얻을 수 있는 요일 던전을 플레이한다. 이렇게 PvE 플레이에 익숙해지게 되면 다음은 다른 유저와 싸우는 PvP가 오픈된다. 모든 콘텐츠를 즐겨봤다면 마지막으로 다른 유저와 길드를 구성함으로써 커뮤니티까지 완성하게 된다.

유저 레벨의 콘텐츠 제어 기준

유저가 어느 레벨에 이르렀을 때 콘텐츠를 오픈할 것인가에 대한 기준이 필요하다. 예를 들어, 1시간 플레이해야 유저 레벨 1을 올릴 수 있다고 가정하면, '5시간 정도 플레이해야 게임에 익숙해져서 요일 던전을 플레이할 수 있다. 그러니 유저 레벨이 5가 되었을 때 요일 던전을 오픈하자'와 같이 정할 수 있다. 그런데 여기서 문제는 무엇을 기준으로 '5시간이면 익숙해질 것이다'라고 생각하는가다. 이것은 개발사마다, 게임마다 기준이 각각 다르다.

플레이 타임별 유저 상태

개발사에서는 플레이 타임에 따른 유저의 상태를 최대한 파악하고 있어야 한다. 그래야 어느 시기에 어떤 이벤트를 벌여서 유저 이탈을 막을지, 어느 부분까지는 유저를 무조건 플레이하도록 만들지를 정할 수 있다.

표 8-3 플레이 타임별 유저 상태

플레이 타임	내용
3분	게임의 첫인상은 3분 이내에 결정된다. 쉴 새 없이 이벤트 혹은 전투를 몰아쳐서 유저를 몰입하도록 한다. 아직 들어온 지 얼마 안 되었으므로 이탈은 적은 편이다.
30분	첫 전투가 끝나고 스토리 던전 일부를 플레이할 시간이다. 유저는 전투 패턴을 파악하기 시작했으며, 스토리도 조금은 진행한 상태다. 전투 혹은 스토리 둘 중 하나라도 만족하지 못한다면 이탈이 본격적으로 시작된다.
1시간	1시간이나 플레이했다는 건 그래도 게임에 관심이 있다는 것이다. 이때부터 이탈률이 많이 줄어들어 안정세에 접어들기 시작한다.
2시간	PvE(Player versus Environment) 콘텐츠는 모두 한 바퀴 돌았으며, 그 외 시스템들도 어느 정도 숙지하고 있는 상태가 된다. 초급과 중급 유저는 이때쯤 게임 접속을 종료하며, 별다른 문제가 없다면 다음에도 접속한다. 하지만 그 확률은 의외로 높지 않다.
6시간	하드코어 유저로 갈리는 시간이다. 게임의 모든 시스템을 플레이해 봤고 이해하고 있다. 대부분의 게임이 이때쯤 PvP 및 길드 등 최종 콘텐츠를 오픈한다.

레벨업 타이밍

첫 번째 전투가 끝나면 무조건 유저 레벨업이 이뤄져야 한다. 그래야 플레이한 것에 대한 보상이 빨리 이루어져 계속하는 재미가 있기 때문이다. 이처럼 첫 전투, 첫 던전 클리어 등 처음으로 무언가를 했을 때 혹은 플레이한 지 얼마 되지 않는 시간에 레벨업을 계속 몰아쳐서 플레이할 콘텐츠를 해금하거나 제공하는 것이 중요하다.

표 8-4 레벨업 타이밍

유저 레벨업	유저 레벨업이 되는 사건	이벤트
2*	첫 전투 클리어(첫 번째 스테이지)	레벨업 보상
3	두 번째 전투 클리어	캐릭터 강화 메뉴 오픈
4	네 번째 전투 클리어	장비 강화 메뉴 오픈
5	일곱 번째 전투 클리어	요일 던전 오픈

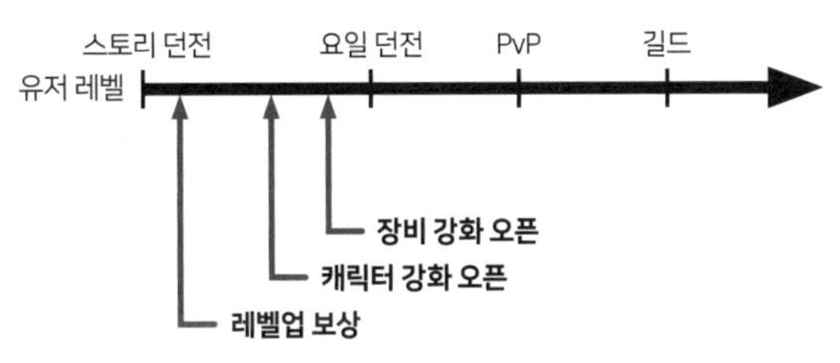

그림 8-2 **유저 레벨업에 따른 콘텐츠 오픈**

레벨이 오르는 밸런스

게임을 플레이할수록 획득하는 경험치의 양이 증가하게 된다. 그래서 경험치에 비례하여 레벨이 오르면 결국 유저 레벨이 빠르게 오르게 된다. 물론, 그렇게 한다고 해서 콘텐츠가 빨리 오픈되는 것 외의 문제가 생기는 건 아니지만, 유저 레벨이 만렙이 되면 게임을 떠나고 싶어하는 유저도 있기 마련이다. 그래서 대부분의 게임은 유저 레벨을 포함, 성장 곡선을 다음과 같이 뒤로 갈수록 더욱 많은 경험치를 요구하도록 설계하고 있다.

* 게임을 최초로 시작하면 유저 레벨 1부터 시작하므로 레벨업하면 2가 된다.

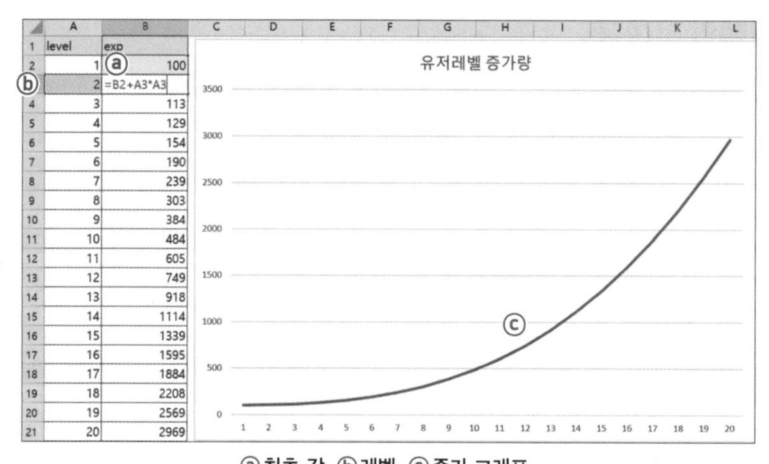

ⓐ최초 값 ⓑ레벨 ⓒ증가 그래프

그림 8-3 레벨이 오르는 밸런스

- level과 exp 항목을 만든다.
- level은 20까지 설정해 본다.
- exp에 경험치를 넣는다. 우선, ⓐ와 같이 최초 값은 100을 넣는다. 적당히 경험치를 받아서 기분이 좋을 값을 설정하면 된다. 1은 너무 적으니 안 되고 10~100 정도면 적당하다.
- ⓑ의 level 2부터는 공식을 적용한다. level 1부터 공식을 적용하지 않는 것은 최초 값은 예외이기 때문이다. 유저가 무조건 레벨업을 해야 하는 값이므로 예외로 한다. 물론, 처음부터 공식을 적용해도 문제는 없다.
- 처음에는 레벨업이 빠르게, 뒤로 갈수록 더디게 하려면 ⓒ와 같은 그래프가 되어야 한다. 그래서 공식은 ⓑ와 같이 설정하였다.

8.3 전투력

유저 레벨은 유저가 얼마나 많이 플레이했는지를 보여주지만, 그래서 꼭 강하다고 볼 수 있냐고 한다면 그건 아니다. 많이 플레이한 것과 캐릭터가 강한 것이 반드시 비례하지는 않기 때문이다. 그래서 개발사는 PvP 같은 콘텐츠를 위해 유저가 얼마나 강한지를 다른 유저에게 알려줄 필요성을 느꼈고 그에 따라 전투력을 계산하였다.

전투력은 유저가 현재 선택한 파티원들의 강함을 보여주는 수치로, 전투력이 높을수록 전투에서 승리할 가능성이 높다. 이것은 PvP나 어려운 던전 입장 시 추천 전투력을 알려줌으로써 유저가 헛되이 도전하는 것을 막아주기도 한다.

그림 8-4 전투력 비교

전투력 계산하기

전투력은 캐릭터, 스킬, 장비의 스테이터스를 모두 합한 값이다. 이제 실제 값을 넣어 보자. 예를 들어, 각 스테이터스 값이 다음과 같다고 가정해 보자.

표 8-5 스테이터스

구분	HP	ATK	DEF	AGI	CRI
캐릭터	100	2	3	4	5
스킬	0	6	7	8	9
장비	0	10	11	12	13

※ 스테이터스 약어는 166쪽의 '표 22-3 캐릭터 스테이터스'를 참고하세요.

표 8-5의 내용으로 전투력을 계산하면 다음과 같다.

표 8-6 전투력 계산

구분	합산	전투력 합
캐릭터	100 + 2 + 3 + 4 + 5 = 114	114
스킬	6 + 7 + 8 + 9 = 30	30
장비	10 + 11 + 12 + 13 = 46	46

캐릭터가 아무런 장비나 스킬을 갖고 있지 않은, 순수한 그 자체만으로는 전투력이 114가 된다. 물론, 캐릭터가 스킬을 갖고 있을 가능성이 높으므로 114 + 30 = 144가 캐릭터의 실제 전투력이라고 볼 수 있다. 만약 운이 좋아 장비까지 장착하고 있다면 추가로 46이 더해져 144 + 46 = 190이 된다*. 즉, 캐릭터가 스킬도 갖고 있고 장비도 장착하고 있다면 전투력은 190이 되는 것이다.

스테이터스에 계수 넣기

하지만 앞의 내용을 토대로 전투력을 계산하면 실제 강함을 표시하기에는 애매하다. 캐릭터는 보통 HP가 높은데, 그러면 전투력에 가장 영향을 많이 주는 것은 HP가 되기 때문이다. 그러면 다음과 같은 일이 벌어질 수 있다.

표 8-7 캐릭터 A와 B의 전투력 비교

캐릭터	HP	ATK	전투력
A	85	50	135
B	100	40	140

표 8-7에서 전투력은 A < B이다. 즉, 전투력은 B가 더 세다.

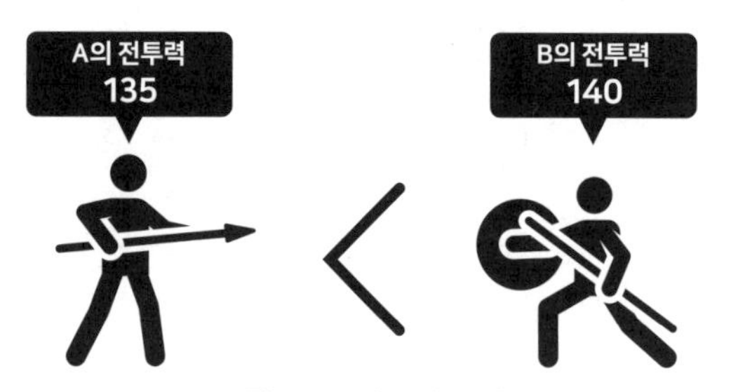

그림 8-5 전투력 표시

그럼 이번에는 둘 사이에 전투가 벌어졌다고 해보자. 각자 2회씩 공격한다고 했을 때 다음과 같이 된다.

---

* 여기서 장비는 한 가지만 계산한 것이며, 대부분의 게임이 머리, 상의, 하의, 신발, 장갑 등 여러 가지를 장착한다는 것을 고려해 보면 그 수량만큼 추가된다.

표 8-8 전투 결과

캐릭터	공격 2회	총 대미지	상대 HP − 대미지	결과
A	ATK(50) × 2회	100	B의HP(100) − A의 총 대미지(100) = 0	B 사망
B	ATK(40) × 2회	80	A의HP(85) − B의 총 대미지(80) = 5	A 생존

분명히 전투력은 B가 더 강한데 실제로 싸워보면 A가 승리한다. 이것은 스테이터스 값을 그대로 전투력에 적용해서 생기는 문제다. 분명히 스테이터스에도 전투에 영향을 많이 주는 것과 그렇지 않은 것이 있다. 따라서 영향력을 계수로 적용할 필요가 있다. 그러면 다음과 같이 된다.

표 8-9 계수에 따른 전투력 계산

캐릭터	HP	HP 계수	ATK	ATK 계수	전투력
A	85	× 1	50	× 2	85 × 1 + 50 × 2 = 185
B	100	× 1	40	× 2	100 × 1 + 40 × 2 = 180

HP와 ATK에 각각 계수를 넣었다. 그 결과, A의 전투력은 185, B의 전투력은 180이 된다. 이것은 위에서의 전투 결과, A가 B보다 강하다는 것과 일치한다. 결국, 스테이터스별로 계수를 넣는 것이 좀 더 정확한 전투력 계산을 위해 필요하다는 것을 알게 되었다.

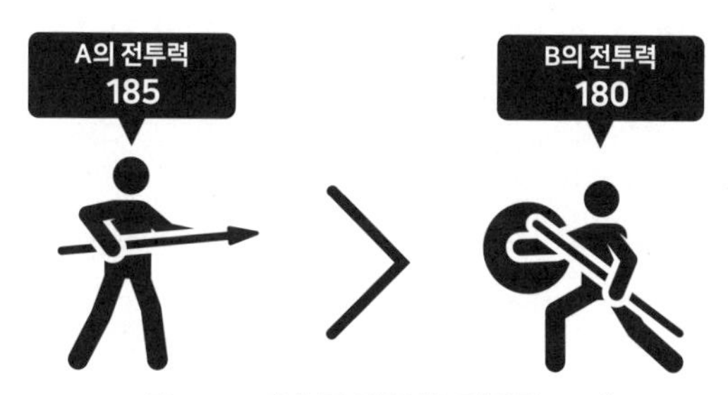

그림 8-6 **계수를 적용한 전투력 표시**

생생현장

유저 레벨은 어떻게 만들까?

▶ 유저 레벨은 예측에서 시작

유저 레벨이 있는 게임이 있고 없는 게임이 있지만 공통으로 해야 하는 건 유저가 게임을 얼마나 즐길 것인가, 그에 따라 캐릭터 레벨, 재화는 얼마나 모을 것인가를 예측해야 한다는 것이다. 이것이 있어야 성장을 조절하면서 콘텐츠를 제공할 수 있다. 즉, 유저의 성장을 예측할 수 있어야 콘텐츠가 끊김 없이 공급되도록 스케줄을 잡을 수 있는 것이다.

▶ 예측하기

하루 플레이 타임에 따라 유저를 크게 라이트, 미들, 헤비로 구분한다. 몇 시간을 기준으로 나누는지는 게임마다 다르지만 보통은 1시간, 3시간, 6시간으로 한다. 이를 기준으로 하루에 1시간 했을 때, 3시간 했을 때, 6시간 했을 때의 캐릭터 성장과 재화 획득량을 예측한다. 엑셀에 시트를 만들어 그래프를 그리면서 하루, 3일, 일주일, 한 달 등 상황이 계속될 때의 누적값을 뽑는다. 이렇게 하면 유저 타입마다 얼마나 성장하고 모았는지를 알 수 있게 된다.

▶ 유저 레벨은 성장의 지표

이렇게 값을 뽑은 후 유저 중 미들 타입을 기준으로 레벨을 설정한다. 예를 들어, 미들 유저가 하루 3시간을 한다고 하면, 개발사에서는 '하루 3시간 동안 얻을 수 있는 재화와 캐릭터 성장을 이 정도로 하자'라고 하면서 설정하는 것이다. 그리고 그것이 유저 레벨 10 정도면 적당하겠다 싶을 때 그에 맞는 경험치를 얻게 되는 것이다. 이런 방식으로 플레이 타임에 따른 유저 레벨 증가가 결정되면 그에 따라 콘텐츠가 오픈되는 순서와 시기가 결정되는 것이다.

모든 게임은 재화가 필요하다. 유저가 플레이한 것을 칭찬해 주기 위해서는 재화를 보상으로 주는 것이 제일 확실하기 때문이다. 유저는 재화를 이용하여 새로운 캐릭터를 소환하거나 아이템을 강화할 수 있다. 재화는 일반적으로 모드마다 존재하며, 적게는 2종부터 많게는 10여 종까지 다양하다.

그림 9-1 재화 종류

표 9-1 재화 역할

AP 행동력	PvE 던전을 플레이하기 위해서는 행동력을 소모하게 된다. 시간에 의해 충전되는 방식이 가장 많다.
골드	가장 흔한 재화로, 대부분의 콘텐츠에서 얻을 수 있고 대부분의 성장에 쓰인다.
크리스털	모든 재화를 통틀어 가장 귀한 재화로, 유저가 현금으로 직접 구매한다. 대부분 캐릭터를 소환하거나 고급 장비를 강화하는 데 필요하다. 최근에는 유료 크리스털과 무료 크리스털로 나누어 상품을 다양화하는 것이 트렌드다.
던전 코인	PvE 던전을 플레이할 때 얻는 재화로, 던전 전용 상점을 이용할 수 있다.
PvP 코인	PvP할 때 얻는 재화로, PvP 전용 상점을 이용할 때 필요하다.
기타 모드 코인	레이드, 월드 보스, 무한의 탑 등 특정 모드를 플레이할 때 얻을 수 있는 재화로, 해당 모드의 상점을 이용할 때 필요하다.

9.1 DB에서 효과적으로 보상을 지정하는 방법

게임을 하다 보면 보상으로 다양한 재화를 받게 된다. 만약 콘텐츠마다 주어지는 보상이 확정이며 앞으로 변할 일이 없다면 다음과 같이 보상의 양만 정의하면 된다.

DB

Stage_Id	Reward
10110	1000

위에서 번호가 10110인 Stage의 보상은 1,000이다. 물론, 그것이 골드인지 크리스털인지는 아직은 모른다. 오직 담당자와 그와 관련된 사람들만 알 수 있을 것이다. 이것은 너무 폐쇄적인 정보이므로 다음과 같이 수정해 보자.

DB

Stage_Id	Gold
312	1000

이렇게 하니 보상이 골드라는 것을 확실히 알 수 있다. 그런데 만약 보상을 골드 말고도 다른 보상을 추가로 더 줘야 할 일이 생겼다면 어떻게 할 것인가? 가령, 크리스털과 던전 코인도 더 줘야 한다면 다음과 같이 제작한다.

DB

Stage_Id	Gold	Gem	DCoin
312	1000	100	500

이제 모든 보상에 대응할 수 있을 것 같다. 하지만 이렇게 하면 콘텐츠마다 보상을 모두 적어 줘야 하는 문제가 생긴다. 물론, 그렇게 하는 것도 방법이지만 이것보다 더 깔끔한 방법이 있다.

DB

Reward_Type	보상 종류	골드, 크리스털, 던전 코인 등 재화뿐만 아니라 캐릭터, 장비, 아이템도 가능
Reward_Id	보상 아이디	보상이 캐릭터, 장비, 아이템 등 재화가 아닌 캐릭터나 물건일 때 그것의 번호(예 캐릭터 ID)
Reward_Count	보상 수량	재화일 때는 액수, 캐릭터, 장비, 아이템일 때는 수량

이렇게 보상 종류를 지정하고 ID와 수량을 기입할 수 있다면 어떤 보상을 주게 되어도 기획팀이 개발팀에 부탁하지 않고 직접 수정할 수 있다. 여기에 맞춰 보상 종류도 다음과 같이 지정하면 된다.

DB

Reward_Type	11	골드
	12	크리스털
	21	던전 코인
	22	PvP코인
	31	레이드 코인
	41	AP

이것으로 다시 스테이지에서 주는 골드 보상을 바꾸면 다음과 같다.

DB

Stage_Id	Reward_Type	Reward_Id	Reward_Count
312	11	0	1000

9.2 재화와 보상의 균형

게임이 진행될수록 재화와 보상은 쌓이게 되는데, 이들을 어디서 얻을지, 그리고 어디서 소비시킬지를 명확히 하는 것이 경제 밸런스의 시작이다. 예를 들어, 골드는 어디서나 얻고 어디서나 쓰는 가장 흔한 재화이기 때문에 가벼워 보일 수 있지만, 사실은 모든 경제의 시작은 AP와 골드에서 시작한다고 볼 수 있다. 우선, AP를 바탕으로 유저의 플레이 타임에 따른 성장을 간략하게 계산해 보자.

로직 AP 획득 및 소비

1 기본량 및 시간 획득

- 1.1 AP는 최초 시작 시 기본으로 10을 갖고 있다.
- 1.2 AP는 3분에 1포인트씩 회복된다.
- 1.3 유저 레벨이 오를 때마다 AP 최댓값이 1씩 증가한다.
- 1.4 유저 레벨은 최대 100까지 증가한다.

2 소비

- 2.1 스토리 던전은 AP를 3 소비한다.

간단히 말해, 게임을 시작하면 AP는 10을 갖고 있는데, 던전을 한 번 플레이하면 −3이 되어 7이 된다. 그런데 3분이 지나면 1포인트 회복되어 8이 된다. 즉, 9분이 되면 3포인트를 회복하여 10으로 돌아온다. 이렇게 AP의 소비와 회복을 알고 있다면 유저가 1시간 혹은 하루 동안 몇 번의 전투를 하고, 그것을 통해 얼마나 성장할지 예측할 수 있다. 우선, 1시간 동안 유저가 몇 번의 전투를 할 수 있는지 계산해 보자.

로직 유저가 1시간 동안 할 수 있는 전투 횟수

1. AP 기본량 10으로 3회 전투
2. 전투 한 번 하는 시간을 평균 3분으로 계산
   - 2.1 3분 동안 1포인트가 회복되므로 결국 전투하는 동안 1포인트가 회복되는 셈
   - 2.2 3회 전투하면 3포인트가 회복됨
3. 즉, AP 10으로 전투하면 주어진 것 3회 + 전투 시간 동안 회복된 것 1회, 도합 4회의 전투를 할 수 있음
4. 4회의 전투는 12분이 걸림
5. 4회의 전투가 끝나면 AP 잔량은 1이며, 다시 전투가 가능할 때까지 6분이 걸림
6. 결국, 최초 4회 전투는 12분이 걸리지만 이후부터 전투 1회를 하기 위해서는 6분씩 기다려야 함
7. 1시간은 60분, 최초 12분을 빼면 48분, 이것을 6분으로 나누면 8회
8. 결국, 1시간 동안 전투는 최초 4회 + 8회 = 12회가 됨

유저는 AP 10으로 출발하여 1시간 동안 전투를 12회 할 수 있다는 것을 알았다. 하지만 여기에 빠진 것이 유저 레벨의 증가와 그에 따른 AP 최댓값의 증가다. 만약 1시간 동안 플레이한 것에 대해 유저 레벨이 5까지 올라간다면 AP의 최댓값도 5가 증가하여 전투를 1회 더 추가되게 된다. 그렇다면 유저 레벨이 1시간 동안 5가 올라간다는 건 어떻게 정하게 된 걸까? 그것은 퍼블리셔와 예측하여 먼저 정하는 수밖에 없다.

로직 AP와 유저 레벨과 플레이 타임

1. 조사에 의하면, 처음 플레이할 때 1시간을 머무는 유저는 내일도 접속할 가능성이 가장 높은 것으로 나타났다.
2. 따라서 처음 하는 유저가 1시간 동안 매우 즐겁게 즐길 수 있도록 유저 레벨을 초반에 많이 올려주면서 콘텐츠를 오픈한다.

3 유저 레벨 3에 캐릭터 강화, 4에 장비 강화, 5에 요일 던전을 오픈한다.

4 따라서 1시간 동안 유저 레벨은 최소 5까지 올라야 한다.

5 참고로, 유저 레벨 증가에 의한 AP 최댓값 증가를 고려하지 않고도 1시간 동안 전투는 12회를 할 수 있다.

6 따라서 12회의 전투 경험치가 유저 레벨을 5까지 올릴 만큼 지급되어야 한다.

그림 8-3에서 유저 레벨 2가 되기 위해서는 경험치 100이 필요했다. 이런 흐름으로 5가 되기 위해서는 129가 필요하다. 누적으로 보면 필요한 경험치는 446이 된다. 이것을 전투 1회당 필요한 경험치로 계산하면 446을 12로 나눠서 약 37이 나온다. 즉, 전투 1회당 보상으로 받아야 할 경험치는 37이 된다.

골드 보상량 계산하기

앞에서 1시간 플레이하는 동안 유저 레벨 5가 될 때까지 전투 1회당 평균 경험치는 37이 필요하다는 것을 알았다. 그렇다면 보상, 그중에서도 가장 흔하면서 중요한 골드는 전투당 얼마나 주면 되는 걸까? 복잡하게 생각할 것 없이 경험치와 비례해서 받게 하는 것부터 시작하면 된다. 왜냐하면 골드는 유저가 고생한 만큼 줘야 하는데, 그것은 경험치도 마찬가지이기 때문이다. 그렇다고 37골드를 주기에는 부족해 보이니 10배로 하여 370골드로 설정한다. 이렇게 하면 유저 레벨 및 캐릭터 레벨이 증가하는 양에 맞춰 골드를 획득할 수 있게 된다.

생생현장

재화를 어떻게 결정할까?

일단, 골드부터 만들고 본다

재화 설정을 할 때 뭔가 거창하게 사전 조사를 한 후에 진행하기보다는 골드부터 만들고 나서 필요에 의해 결정하는 경우가 많다. 왜냐하면 경제의 최소 단위가 필요하기 때문이다. 골드로 먼저 기본값을 잡은 후, 필요에 의해 추가 재화를 만들어낸다.

골드의 기본값

위에서 유저가 플레이해서 얻는 경험치를 골드로 환산하는 방법을 소개했는데, 게임마다 기준값을 정하는 방법은 정말 다양하다. 중요한 것은 뭐라도 일단 기준을 잡고 거기서 다른 플레이에 대한 추가 기준을 잡는 것이 필요하다는 것이다. '골드 3,000은 보석으로 하면 100이고, 던전 코인으로는 200이다' 같은 것이다. 이것은 '1g의 물을 1°C 올리는 데에는 1cal이 필요하다'라는 식이다.

콘텐츠별 기본값

유저 플레이 타임에 대한 골드 기본값을 잡았다면, 이제부터 모드별로 기본값을 잡을 차례다. 시나리오 던전, PvP, 레이드 등 유저가 플레이했을 때 얼마의 골드를 얻을 것인가, 그에 대해 특수 재화(던전 코인 같은)로 환산하면 얼마인가 등이다. 특히, 모드의 경우 해당 모드의 전용 재화가 있다면 골드를 아예 주지 않거나 약간만 줘서 모드의 특성을 강조하는 것이 좋다.

소비 패턴 기획

재화를 줬으면 그걸 사용하게 해야 재화 순환이 일어난다. 이것 역시 플레이 타임을 기준으로 잡는데, 1시간 플레이로 3,000골드를 얻는다면 1시간 동안 필요로 하게 될 재료를 설정하여 그것의 가격을 결정하면 된다.

처음 게임을 시작한 유저에게 꼭 필요한 게임 플레이 방법을 알려주는데, 이것을 튜토리얼이라고 한다. 튜토리얼에서 중요한 것은 전투와 성장이다. 과거에는 중요한 내용이니 자세하게 가르쳐줬지만, 요즘의 유저는 간략한 걸 좋아하므로 핵심만 가르쳐주고 나머지는 유저가 원해서 해당 콘텐츠에 들어갔을 때 짧게 진행되는 방식으로 바뀌었다.

그림 10-1 튜토리얼

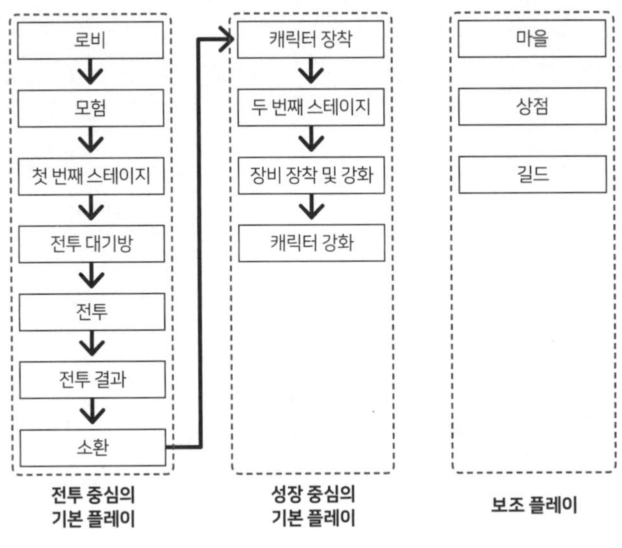

그림 10-2 튜토리얼 구분

중요한 것은 유저에게 어떻게 하면 게임의 핵심을 복잡하지 않으면서도 재미있게 전달하는가다.

콘셉트 튜토리얼 – 역할

1. 어떻게 하면 전투를 시작할 수 있는지 알려준다.
2. 전투하는 방법을 알려준다.
3. 소환하는 방법을 알려준다.
4. 캐릭터, 장비 성장을 알려준다.
5. 튜토리얼을 강제하지 않는다.

10.1 개발 시기

튜토리얼 개발은 이미 프로젝트가 어느 정도 마무리된 상태에서만 시작할 수 있다. 문제는 프로젝트 후반은 바쁘기 마련이므로 시간에 쫓기게 되는데, 그에 따라 정상적인 상태를 넘어서는 상황이 많아* 버그가 많이 발생한다.

* 특정 버튼만 누르도록 강요하거나 단번에 캐릭터 소환이 가능하도록 하는 등 튜토리얼을 위해 초월적인 상황을 자주 만든다.

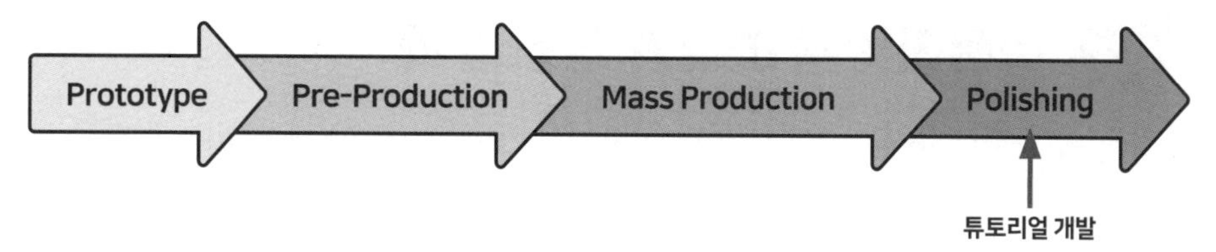

그림 10-3 튜토리얼 개발 시기

10.2 개발 방법

튜토리얼이 꼭 필요한 내용을 모아 우선순위를 지정한다. 각 내용이 자연스럽게 이루어지는지, 너무 밸런스를 파괴하지는 않는지, 유저가 직관적으로 알게 되는지, 지루하지는 않을지 등을 종합적으로 검토한다. 기획이 준비되면 개발팀과 공유한 후에 기획 담당자가 UI 디자이너, 클라이언트 프로그래머와 함께 개발에 들어간다.

표 10-1 튜토리얼 개발 순위

우선순위	구분	내용
1	전투	전투가 가장 중요하므로 제일 먼저 높은 비중으로 알려준다. • 전투의 구성 요소 • 기본적인 공격과 방어 방법 • 전투에서의 승리 방법
2	던전	던전에 어떻게 들어가고 전투하며, 종료 후 무엇을 할지에 대해 알려준다. 던전 플레이, 그중에서도 튜토리얼을 해야 하는 초반에는 스토리 던전이 큰 비중을 차지하므로 이 부분을 세부적으로 알려준다.
3	성장	던전을 돌고 전투하는 방법을 알았다면 이제 성장에 대해 알려줄 차례다. • 캐릭터 소환 • 장비 성장 • 캐릭터 성장 캐릭터가 게임에서 제일 중요하므로 좋은 신규 캐릭터를 얻게 하는 것이 튜토리얼의 핵심이다. 캐릭터를 얻었으면 다시 몇 번의 전투 후 캐릭터 성장으로 넘어간다. 전투 후 보상으로 받은 장비를 장착하면서 장비 성장 튜토리얼이 시작된다. 이후 캐릭터 성장으로 연결되면서 사실상의 주요 튜토리얼이 끝나게 된다.
4	기타	전투, 던전, 성장에 대한 것을 모두 알려준 후 나머지는 유저가 접속하는 분야를 찾아 그때그때 알려주면 된다*.

* 전에는 하나의 짜인 틀처럼 유저가 다른 것을 못 해볼 정도로 튜토리얼이 길었다. 그러다 보니 답답해하면서 이탈하는 유저가 증가했고, 그에 따라 유저가 필요한 부분에만 즉석 튜토리얼이 발생하는 것으로 바뀌었다.

10.3 튜토리얼을 하다가 끊겼을 때

게임을 하다 보면 유저가 예기치 못한 상황에서 게임을 종료할 때가 있다. 갑자기 전화가 오거나, 전철을 얼른 타야 한다거나, 심지어 휴대폰을 떨어뜨릴 수도 있다. 이때 '진행 중이던 튜토리얼은 어떻게 하는가'가 문제다. 가장 쉬운 방법은 튜토리얼을 처음부터 다시 시작하는 것이지만 유저에겐 불편한 일이다. 특히, 튜토리얼이 길고 그것을 거의 다 했는데 끊겨서 처음부터 다시 해야 한다면 이탈의 유혹을 느끼게 된다. 그래서 기획자는 프로그래머에게 튜토리얼을 어떻게 구분할지 알려줘야 한다.

표 10-2 튜토리얼의 구분

구간	내용
1	로비에서 스토리 던전 첫 번째 전투까지 안내
2	전투
3	캐릭터 소환 및 파티원 추가
4	스토리 던전의 두 번째 전투
5	장비 장착 및 강화
6	캐릭터 강화 및 진화

이렇게 하면 튜토리얼을 하다가 끊겨도 해당 구간만 처음부터 다시 하면 된다. 혹은 해당 부분을 이미 진행한 것으로 판단하고 다음 튜토리얼을 시작할 수도 있다. 이와 같이 하는 이유는 튜토리얼 진행 상황을 서버에 일일이 저장해 놓기 힘들고 또 그럴 정도로 우선순위가 높은 플레이도 아니기 때문이다. 유저에게 게임 방법을 가르쳐준다는 중요한 기능이 있지만, 튜토리얼은 한 번 진행하면 다시는 진행할 일이 없다. 그래서 플레이 내용을 클라이언트 선에서 처리하는 것이다.

10.4 로비에서 스토리 던전 첫 번째 전투까지 안내

튜토리얼의 시작은 로비에서 스토리 던전으로 보내는 것부터 시작한다. 첫 번째 스테이지를 터치하도록 하여 전투 시작하는 방법을 알려주는 것은 매우 중요하다. 유저는 게임에서 뭘 해야 할지 모르면 그만두고 싶어한다. 끊임없이 플레이 요소를 제공해서 유저가 계속 플레이하도록 만들어야 한다.

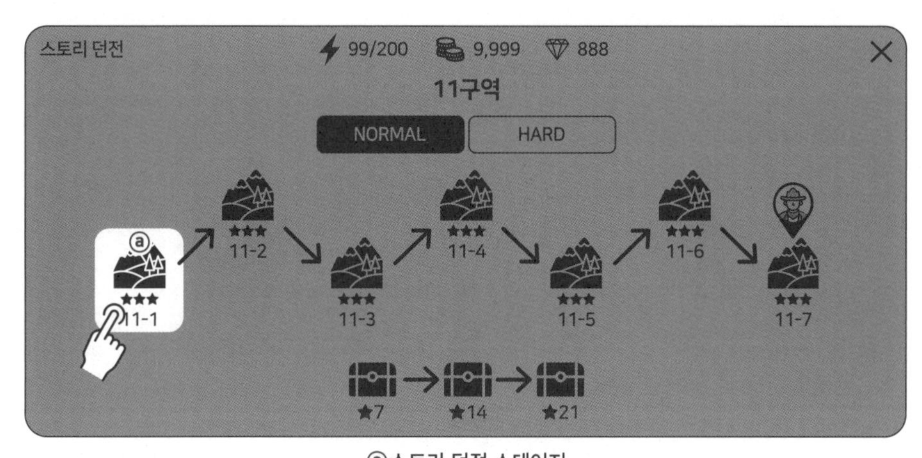

ⓐ스토리 던전 스테이지

그림 10-4 튜토리얼 첫 번째 스테이지

로직 튜토리얼 – 첫 번째 전투 안내

1 로비에서 모험을 터치하도록 강제한다.
  - 1.1 강제할 때는 눌러야 하는 곳을 손가락으로 가리키는 것 외의 화면을 전체적으로 어둡게 보여준다.
  - 1.2 여기서 게임을 종료할 경우, 다시 시작하면 로비가 나타난다.
  - 1.3 모험을 터치하면 거기서부터 튜토리얼을 속행한다.

2 스토리 던전 11구역 11-1을 터치하도록 강제한다.
  - 2.1 여기서 게임을 종료할 경우, 다시 시작하면 스테이지 배열이 나타난다.

3 11-1을 터치하면 전투 대기방으로 입장한다.

4 전투하기를 터치하여 전투를 바로 시작한다.

전투 튜토리얼

튜토리얼에서는 중요한 내용이 많긴 하지만 역시 가장 중요한 것은 전투라고 할 수 있다. 유저가 가장 많이 즐기는 콘텐츠인 만큼 특히 신경을 많이 써야 한다. 전투가 길다면 스테이지별로 나눠서 설명하는 것도 좋다. 예를 들어, 첫 번째 전투에서는 기본적인 공방으로만 쓰러트리고, 두 번째 전투에서는 스킬, 세 번째 전투에서는 필살기나 연합 공격을 알려주는 것이다. 유저가 처음 전투를 접하는 것이므로 등장하는 아군이나 적군이 적은 편이 집중하기 좋다.

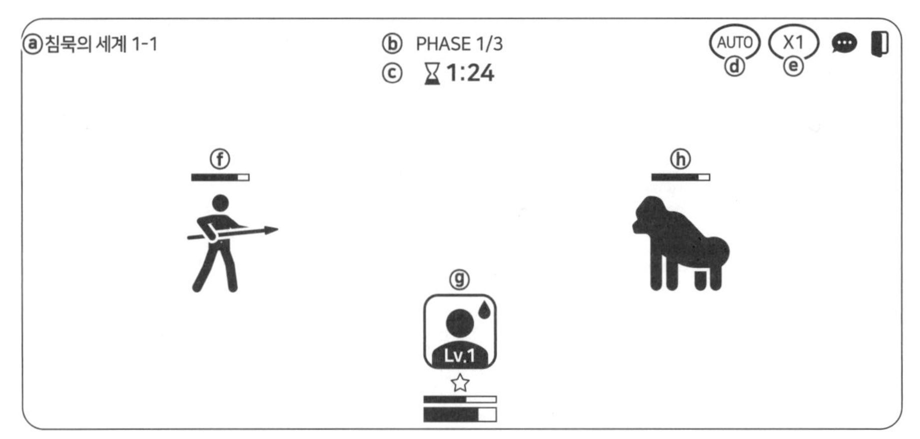

ⓐ스테이지 이름 ⓑ전투 단계 ⓒ전투 시간 ⓓ자동 전투 ⓔ전투 속도 ⓕ아군 ⓖ아군 아이콘 ⓗ적군

그림 10-5 튜토리얼 전투

로직 튜토리얼 – 전투 방법

1. 아군 1~5인, 적군 1~5인으로 배치된다.
2. 아군 혹은 적군이 상대를 기본기(평타)로 자동 공격한다.
3. 기본기로 공격할 때마다 스킬 게이지가 찬다
4. 스킬 게이지가 가득 차면 캐릭터 창을 터치하여 필살기를 쓸 수 있다.
5. 적군이 전멸하면 다음 단계로 넘어가며, 마지막 단계까지 클리어하면 승리한다.
6. 아군이 전멸하거나 전투 시간이 종료되도록 적군이 남아 있으면 패배한다.

전투의 구성 요소

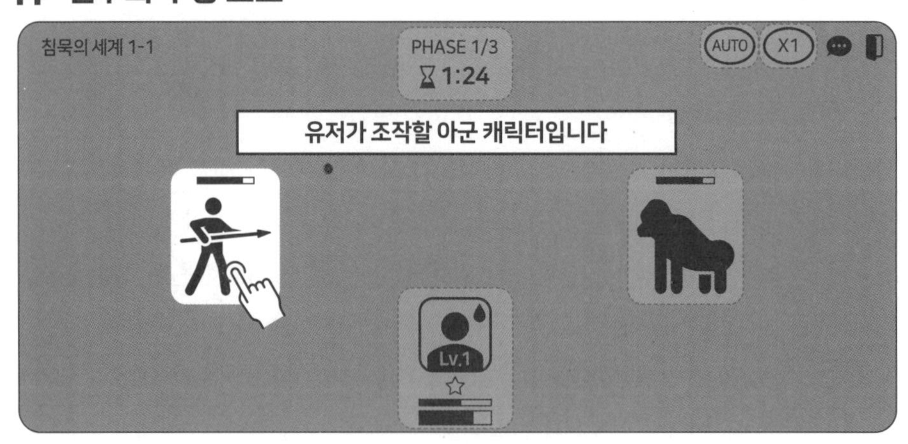

그림 10-6 전투 구성 요소

전투에는 아군과 적군, 서로의 HP, 스킬 아이콘, 속성, 제한 시간 등 화면에 보이는 구성 요소들이 있다. 이것을 하나씩 손가락 아이콘으로 가리키며 어떤 기능을 하는지 알려준다.

표 10-3 전투 구성과 단계

전투 단계 (Phase)	전투를 단계별로 나눠서 할 경우 표시된다. 보통은 3단계까지 구성되는데, 한 단계를 클리어할 때마다 이동하거나 새로 적이 나타나는 등의 잠깐 쉬는 연출이 들어간다. 전투가 길면 유저가 지루해하기 때문에 기분전환을 위해 넣는 경우가 많다.
전투 시간	전투에 5분의 제한 시간을 둬서 그 안에 클리어하지 못하면 패배하도록 하였다. 만약 아군과 적군의 전투력이 비슷할 경우 전투가 무한정으로 길어질 수 있기 때문에 이를 막는 용도로 사용된다. PvP에서는 공격자가 방어자를 시간 내에 이기지 못할 경우 패배한다.
자동 전투 (AUTO)	전투를 자동으로 하고 싶을 때 터치하여 ON 상태로 만들면 된다.
전투 속도	X1, X2, X3 등 전투 속도를 빠르게 올린다. 전투를 자동으로 하고 있다면 배속을 올리는 것이 편하다.
아군 아이콘	아군 캐릭터만 보여도 전투하는 데 큰 문제는 없지만 아군 정보를 아이콘으로 보여줌으로써 좀 더 상세한 정보를 제공할 수 있다. 특히, 몇몇 게임은 특정 조건이 만족되었을 때 아군 아이콘이 반짝이고 이를 터치함으로써 필살기를 사용할 수 있게 해뒀다.

전투의 공격과 방어

이제 본격적인 공격과 방어를 알려준다. 아군이 적군을 공격한 후에 대미지가 들어가는 것을 보여준다. 이후 적군이 아군을 공격하여 기본적인 공방을 알려준다.

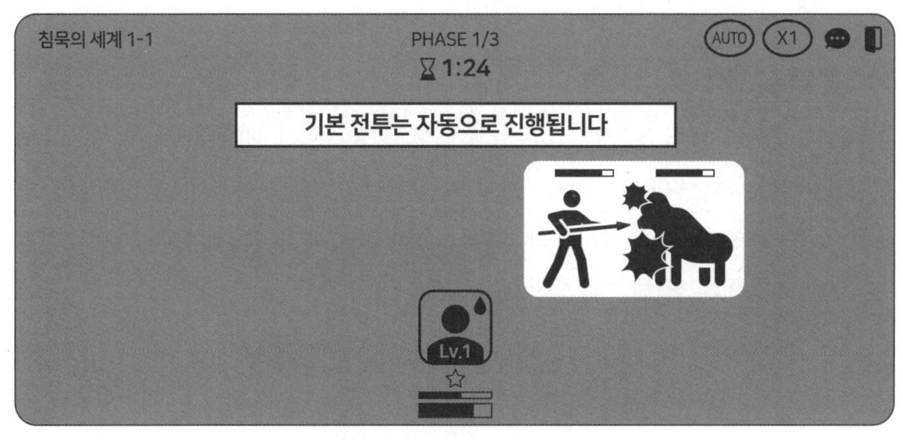

그림 10-7 전투의 공격과 방어

이렇게 몇 번 반복하다가 필살기를 사용하면서 전투를 끝내게 된다. 중요한 건 적군은 아군의 몇 번의 공격에 쓰러져야 하지만, 아군은 절대 쓰러지면 안 된다. 유저는 전투 클리어를 못해 다시 시작하는 것을 매우 싫어하기 때문이다.

그림 10-8 전투 중 아군 공격

로직 튜토리얼 – 전투의 공격과 방어

1. 전투가 시작되면 아군 혹은 적군이 기본기로 자동 전투한다.
2. 기본기로 공격할 때마다 스킬 게이지가 찬다.
3. 스킬 게이지가 가득 차면 화면을 멈추고 캐릭터 창을 터치하도록 한다.
4. 유저가 터치하면 필살기를 사용하여 적군을 공격한다.
5. 적군이 사망하며 전투가 종료된다.

전투 결과

전투가 종료되고 나면 당연히 전투 결과가 나오는데, 이에 대해서까지 세부적으로 설명할 필요는 없다. 다만, 나가는 곳이 어딘지 알려주고 거기를 통해 캐릭터 소환으로 재빨리 연결하는 게 중요하다. 전투가 끝나면 유저가 한번 쉬고 싶을 수 있는데, 그럴 틈을 주면 안 되기 때문이다.

그림 10-9 전투 결과

로직 튜토리얼 – 전투 결과에서 소환으로 보내기

1. 전투 승리 후 결과 화면을 보여준다.
2. [홈] 버튼을 눌러 로비로 가도록 한다.
3. 로비에서 [소환] 버튼을 누르도록 한다.

10.5 캐릭터 소환 및 파티원 추가

캐릭터 소환을 위해서는 일정량의 크리스털이 필요한데, 이것을 제공하는 방법은 두 가지다. 그전의 전투에서 승리 보상으로 제공하는 방법과 이번 소환에 한하여 특별히 공짜로 소환할 수 있게 하는 것이다. 전자보다는 후자가 더 많이 쓰이는 방법인데, 유저는 아무리 공짜로 받았다고 하더라도 기존에 갖고 있던 것을 쓰면 빼앗기는 기분이 들기 때문이다. 그래서 전에 받은 보상 그대로의 상태에서 이번만 공짜로 돌리게 하는 것이 이득처럼 보인다.

또 한 가지 중요한 것은, 일정 수준 이상의 성급 캐릭터 소환이 되도록 해야 한다는 것이다. 유저는 좋은 캐릭터를 뽑았다는 생각이 들면 게임을 포기하기가 어려워진다. 그래서 몇몇 게임은 튜토리얼에 한하여 좋은 캐릭터가 나오도록 조정하기도 한다. 예를 들어, 크리스털 소환 시 3~5성 캐릭터가 나온다면 4성 주인공급 혹은 그에 준하는 캐릭터로 나오게 하는 것이 대부분이다.

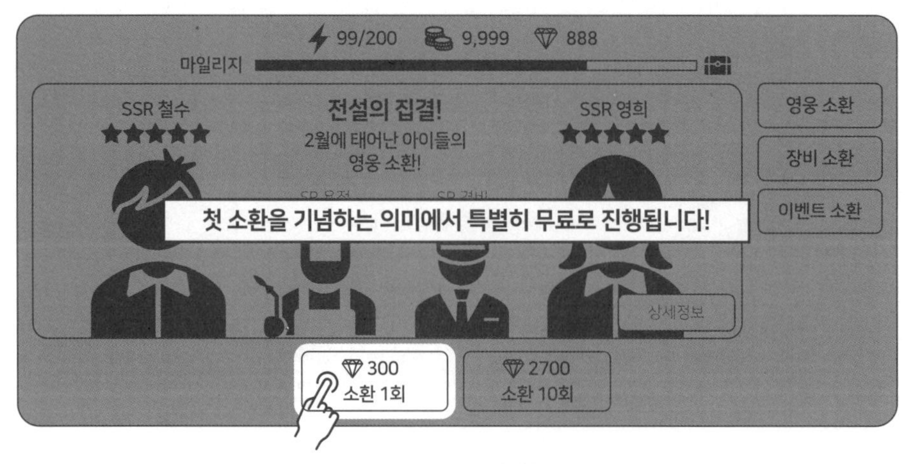

그림 10-10 튜토리얼 소환

로직 튜토리얼 – 소환

1. 소환 화면에서 소환 1회를 강제로 터치하도록 한다.
2. 무료로 1회 소환할 수 있게 크리스털 300개를 넣어준다.
3. [소환] 버튼을 터치하면 튜토리얼용 소환 풀에서 캐릭터를 소환한다.

리세마라

'리세마라'란 말은 리셋 마라톤reset marathon을 줄인 일본어 표현으로, '리셋하는 행위를 마라톤처럼 끊임없이 반복한다'는 뜻이다.

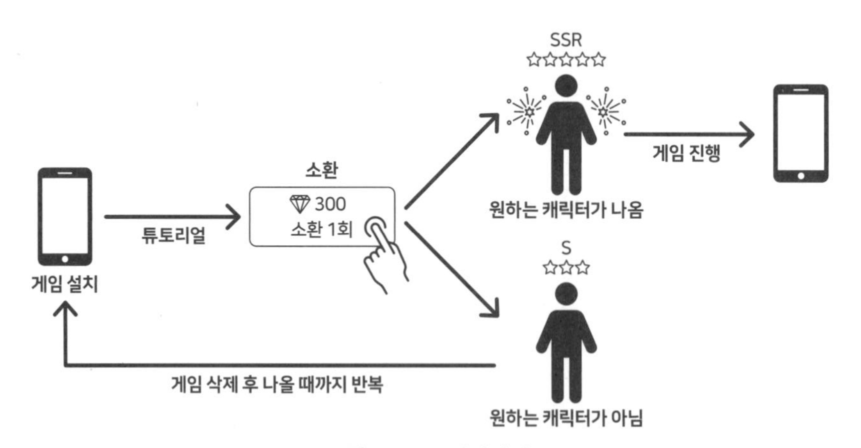

그림 10-11 리세마라

소환 튜토리얼에서 '첫 소환을 기념하는 의미에서 특별히 무료로 진행됩니다.'라는 이벤트가 있다고 앞서 말한 적이 있는데, 소환 직후 게임을 끄고 삭제 후 재설치하면 다시 소환 튜토리얼까지 진행하여 캐릭터를 다시 뽑게 된다. 이렇게 하는 이유는 원하는 캐릭터를 뽑기 위함이다. 이렇게 유저에게 반복시키는 행동을 하게 하는 것은 개발사가 원하는 플레이가 아니기 때문에 최근에는 유저가 원하는 캐릭터가 나올 때까지 소환을 계속하게 해주는 게임도 나오고 있다.

10.6 캐릭터 파티원 배치

새로운 캐릭터를 소환했다면 바로 전투에 사용해 보고 싶을 것이다. 마침 다음 전투에서 파티에 캐릭터를 추가하는 튜토리얼이 발생한다. 원래대로라면 첫 전투에서 캐릭터 추가하는 방법까지 알려줘야겠지만, 그렇게 하면 초반부터 튜토리얼이 몰려 유저가 지루할 수 있으므로 새 캐릭터를 얻은 후로 미뤄지게 된 것이다.

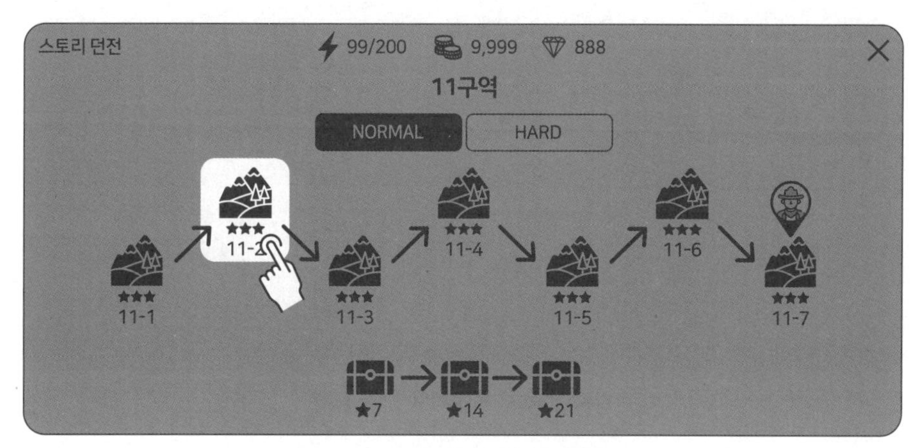

그림 10-12 튜토리얼 다음 스테이지

10.7 스토리 던전의 두 번째 전투

캐릭터 소환 후 유저는 얼른 새로 뽑은 캐릭터를 테스트해 보고 싶은 마음이 들 것이다. 바로 스토리 던전의 다음 전투로 안내해 주면 된다. 만약 첫 번째 전투에서 설명하지 못한 것, 예를 들어 속성 공격이나 상태 이상 등이 있다면 여기서 마저 해주면 된다.

로직 튜토리얼 – 파티원 배치

1. 소환 종료 후 로비로 이동한다.
2. 로비에서 다시 모험을 통해 두 번째 스테이지를 선택하도록 한다.
3. 전투 대기방에서 아까 뽑은 소환 캐릭터를 선택하도록 한다.
4. 파티 창의 빈 슬롯을 터치하여 캐릭터를 배치시킨다.

10.8 장비 장착 및 강화

두 번째 전투가 끝나면 좋은 장비 하나를 얻도록 한다. 이제 장비를 장착하러 아까 파티원을 추가할 때 보았던 캐릭터 정보 창으로 다시 안내한다. 유저는 두 번째 오는 곳이므로 아까보다 익숙할 것이다. 거기서 새로 얻은 장비를 장착시키고, 장착한 김에 강화까지 하도록 한다*.

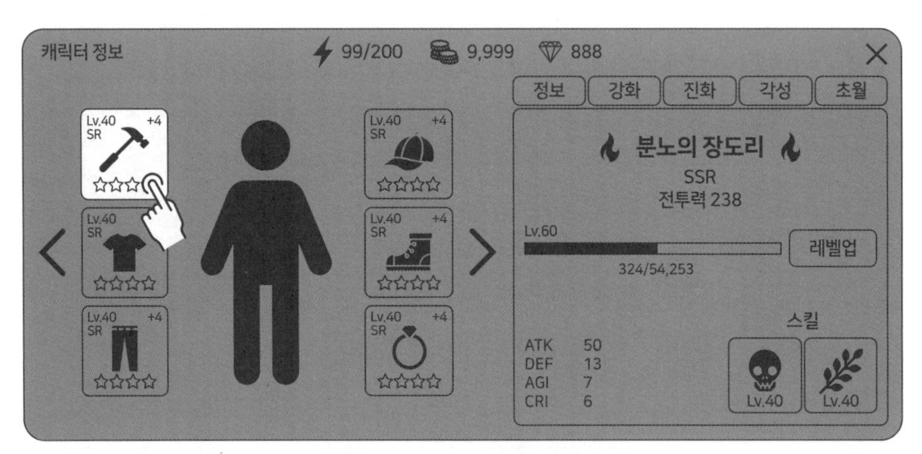

그림 10-13 튜토리얼 장비 장착

장비 장착 및 강화가 끝나면 여기서 일단 튜토리얼이 멈추게 된다. 유저가 어디서 어떻게 전투하는지 이제는 알기 때문이다. 사실, 전투 다음으로 중요한 것은 캐릭터 성장인데, 여기까지 튜토리얼을 연결하면 너무 길어지기 때문이다.

---

* 이 부분은 게임마다 달라서 장비 성장 튜토리얼을 캐릭터 성장에서 다루는 경우도 있다. 어느 쪽이든 유저에게 튜토리얼을 최대한 적게 하면서도 필요한 정보를 전달하려는 건 마찬가지다.

로직 튜토리얼 – 장비 장착

1. 전투 결과 화면에서 로비로 보낸다.
2. 캐릭터 정보 화면에서 전투 결과로 얻은 장비를 장착시킨다.

10.9 캐릭터 강화 및 진화

유저가 어떤 플레이를 하든지 캐릭터 정보를 보러 한 번은 들어오게 되어 있다. 그때 캐릭터 강화 및 성급 진화 튜토리얼을 하게 된다.

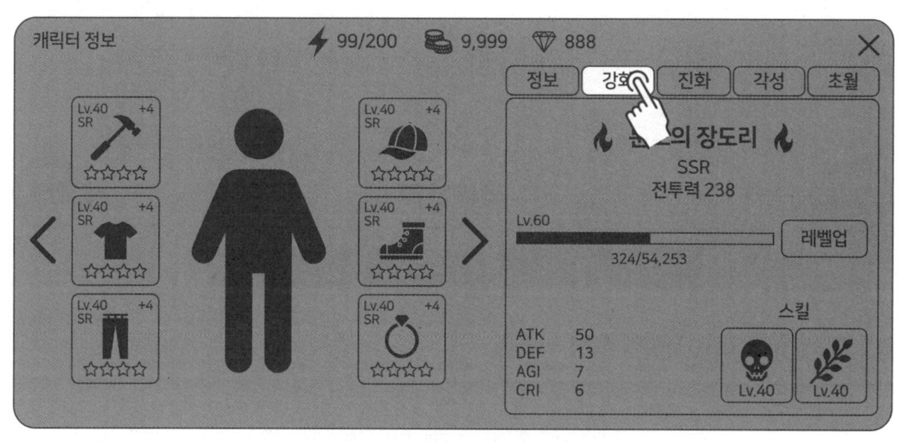

그림 10-14 튜토리얼 캐릭터 강화

캐릭터 성장은 특히 복잡하게 되어 있기 마련인데, 이를 전부 가르쳐 주기에는 무리가 있으니 보통은 레벨업과 관련된 것부터 알려준다. 이후 성장은 후반부에 있어 추가 튜토리얼 없이 유저가 스스로 알게 되는 경우가 많다.

로직 튜토리얼 – 캐릭터 강화

1. 캐릭터 정보 화면에서 [강화]를 누르도록 한다.
2. 첫 강화이므로 강화 재료를 미리 인벤토리에 공짜로 집어넣는다.
3. 공짜 재료를 이용하여 캐릭터를 강화시킨다.

10.10 튜토리얼 제작 시에 주의할 점

가장 주의해야 할 것은 예외사항을 최대한 방지하는 것이다. 가령, 위에서 캐릭터를 강화하는 튜토리얼을 진행해야 하는데, 대상 캐릭터를 유저가 이미 지워 버렸거나 강화 재료를 판매해 버렸다면 문제가 생길 수 있다. 그래서 개발사는 예측하지 못한 상황이 발생하여 게임이 꼬이는 것을 막기 위해 강제적으로 단순하게 진행되도록 만든다. 튜토리얼이 한번 시작되면 빠져나가지 못하고 강제로 진행되는 이유가 여기에 있다. 가장 널리 쓰이는 방법은 유저가 해당 튜토리얼을 시작할 때 대상을 즉석에서 강제 지급하여 그것으로 튜토리얼을 진행하는 것이다. 위에서 강화할 캐릭터도 새로 주고, 강화 재료도 새로 줘서 변수를 원천적으로 막는다.

생생현장

튜토리얼은 어떻게 만들까?

▶ 튜토리얼은 맨 마지막에 제작

콘텐츠 중에 가장 마지막에 제작되는 건 상점이다. 플레이와 재화, 경제가 어느 정도 돌아가야 상점 시스템 및 가격을 정할 수 있기 때문이다. 상점이 끝나면 튜토리얼 제작에 들어간다. 모든 콘텐츠가 확실하게 기능을 해야 튜토리얼이 의미가 있기 때문이다.

▶ 튜토리얼 구상하기

타 게임을 분석한 후 어떤 튜토리얼을 만들지 구상한다. 역시 A4용지에 로비 화면을 중심으로 각 아이콘을 눌렀을 때 어디로 어떻게 보낼지 튜토리얼 중심으로 그려서 연결한다. 즉, 가운데 종이에는 로비가 그려져 있고, 튜토리얼에서 어떤 정보가 나오며, 그래서 아이콘을 누르면 어디로 이동하여 어떤 튜토리얼이 나오는지 나열하는 것이다. 이렇게 하면 튜토리얼의 흐름을 한눈에 볼 수 있고 긴지 짧은지도 대략 알 수 있다.

▶ 기획안 공유

이제 파워포인트나 엑셀로 튜토리얼의 전체적인 내용을 만들어 본다. 이것을 기획팀장이나 디렉터에게 공유하여 피드백을 받는다. 어디를 늘리거나 줄여야 하는지, 튜토리얼이 끝나고 보상은 제대로 받는지에 대해 꼼꼼하게 기획한다.

튜토리얼의 재화 설정

재화를 줬으면 그걸 사용하게 해야 재화 순환이 일어난다. 이것 역시 플레이 타임을 기준으로 잡는데, 1시간 플레이로 3,000골드를 얻는다면 1시간 동안 필요로 하게 될 재료를 설정하여 그것의 가격을 결정하면 된다.

로비는 게임 콘텐츠에 바로 연결되는 메뉴들이 잔뜩 배치되어 있지만, 그렇다고 화면을 모두 가릴 만큼은 아니어서 보통은 캐릭터 혹은 파티원들을 세워놓는다. 그런데 최근에는 캐릭터뿐만 아니라 마을을 보여주는 게임도 많다. 마을이 나오는 이유는 캐릭터가 사는 곳이어서 유저에게 친숙하고, 마을 건설이나 자원 획득을 위한 재접속을 유도할 수 있기 때문이다.

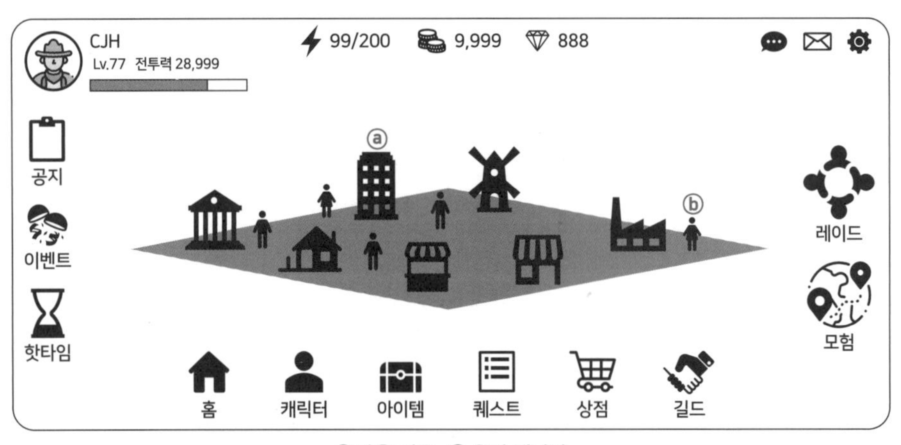

ⓐ마을 건물 ⓑ유저 캐릭터

그림 11-1 마을

마을

1. 캐릭터가 사는 마을을 보여줘서 완성된 세계관을 보여준다.
2. 마을을 건설하는 데 캐릭터와 재화를 소모하게 한다.
3. 건물에서 자원을 생산하여 재접속을 유도한다.
4. 다른 유저의 마을을 돕거나 침공하여 캐릭터를 다양하게 키우도록 하고 커뮤니티 활동을 강화한다.

11.1 마을 플레이 방법

마을 ― 플레이 방법

1. 자원을 소모하여 건물을 건설한다.
   - 1.1 건물 건설 시 메인 건물의 레벨 제한을 받는다.
2. 일정 시간마다 건물에서 재화가 생산되면 터치하여 일괄 획득한다.
3. 건물을 터치하여 레벨을 올릴 수 있다.
   - 3.1 건설 시간이 필요하다.
   - 3.2 크리스털로 즉시 건설이 가능하다.
4. 건물마다 캐릭터를 관리자로 기용할 수 있다.
   - 4.1 캐릭터의 레벨이 높을수록 건물의 보상이 증가한다.

DB Village ― 마을에 대한 기본 정보

Id	건물 번호
Name	건물 이름
Type	건물 종류: 시청, 방앗간, 창고 등
Grade	건물 시작 등급
Start_Level	건물 최초 레벨
Need_Build_Type	건물을 지을 때 필요한 자원 종류
Need_Build_Id	건물을 지을 때 필요한 자원 번호
Need_Build_Count	건물을 지을 때 필요한 자원 수량
Need_Build_Time	건물을 지을 때 걸리는 시간
Need_Build_gem	건물을 바로 지을 수 있는 크리스털 양
Need_Build_Build	건물 지을 때 먼저 지어졌어야 하는 건물

(DB 계속)

Product_Type	건물이 생산하는 보상의 종류
Product_Id	건물이 생산하는 보상의 번호
Product_Count	건물이 생산하는 보상의 수량
Product_Per_Time	건물이 얼마의 시간마다 해당 보상을 생산하는지
Save_Full	건물의 생산 최대치
Size	건물의 크기. 지을 때 땅을 얼마나 차지하는지
ATK	건물의 공격력
DEF	건물의 방어력
HP	건물의 체력
Skill_Id_	건물의 스킬(스킬 테이블에서 참조)

DB Village_Max – 각 건물을 지을 수 있는 최대량

Id	건물 번호
Name	건물 이름
Type	건물 종류
Max	지을 수 있는 건물 최대량

11.2 마을 건물

마을을 구성하는 가장 기본적인 요소다. 유저는 건물을 짓고 여기서 재화를 획득하며 마을을 성장시켜 나가게 된다.

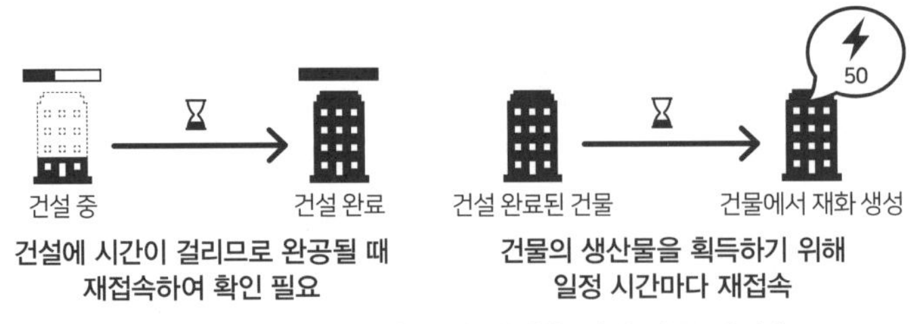

그림 11-2 건물 보상 획득과 건설을 위해 자주 재접속

대표적인 건물은 다음과 같다.

표 11-1 건물의 종류

시청	마을에서 가장 중심이 되는 건물로, 다른 건물의 성장을 제어한다.
방앗간, 광산	재화나 아이템을 생산하는 곳이다.
창고	건물에서 획득한 재화나 보상을 저장한다. 창고가 좁으면 저장을 많이 할 수 없어 시간이 지날수록 손해를 보게 된다.
아카데미, 신전	캐릭터나 장비를 연구, 업그레이드한다.
성벽, 포탑, 감시탑	다른 유저나 NPC의 침공을 막아낸다.

>> 시청

다른 건물의 성장을 제어한다는 건 시청 건물의 레벨만큼만 다른 건물을 성장시킬 수 있다는 것이다. 이렇게 하지 않으면 특정 건물만 크게 성장시킬 수 있는데, 그렇게 되면 다른 건물과 밸런스가 맞지 않아 마을 성장에 문제가 생긴다. 예를 들어, 창고만 잔뜩 성장시켜 봐야 방앗간이나 광산의 생산량이 못 따라오면 창고는 빈 상태가 될 것이다. 반대로, 방앗간을 크게 성장시켜 밀을 많이 생산해도 창고가 작으면 저장하지 못한다. 그래서 성장의 기준이 필요하고 그것을 중심 건물인 시청으로 한 것이다. 그렇다면 반대로 시청만 성장시킬 수도 있지 않을까 싶지만, 보통은 시청을 성장시키기 위해서는 다른 건물들의 일정 이상 성장이 또 필요하다*.

그림 11-3 시청

>> 방앗간과 광산

마을에서 뭔가를 생산하여 유저에게 도움이 된다면 그것을 얻기 위해서라도 다시 접속할 것이다. 게임에는 캐릭터, 아이템, 재화 등 필요한 것이 많으므로 이들 중 적당한 것을 생산한다. 예를 들어, 방앗간에서는 밀, 광산에서는 철광석 같은 것이다.

---

* 유저 레벨의 역할을 마을에서는 시청이 대신한다고 보면 된다.

밀은 빵을 만들 수 있고, 빵은 전투 중 회복약으로 쓸 수 있다. 철광석은 장비를 강화하는 데 사용한다. 방앗간과 광산의 레벨을 올릴수록 생산량이 증가한다.

그림 11-4 방앗간과 광산

창고

밀이나 철광석 등 생산된 것을 보관하는 곳이다. 방앗간이 밀을 생산해도 창고가 부족하면 저장할 수 있는 공간이 적어 많이 획득하기 어렵다. 그래서 방앗간과 함께 창고도 레벨을 올려야 한다. 게임에 따라서 창고가 없는 것도 있는데, 이때는 방앗간이 창고 역할을 같이 하게 된다*.

그림 11-5 창고

아카데미와 신전

밀이나 철광석이 게임에 도움이 되긴 하지만 직접적인 것은 아니다. 아카데미와 신전은 캐릭터와 장비를 성장시키는 곳으로, 유저가 전투할 때 도움이 된다. 이처럼 유저에게 필요한 것을 분야별로 나눠서 건물로 만드는 것이 중요하다.

그림 11-6 아카데미

* 창고가 있는 게임에서 건물을 하나라도 더 짓게 하는 것은 콘텐츠를 늘리기 위함이다.

성벽과 포탑과 감시탑

만약 다른 유저나 NPC의 침략을 받는 콘텐츠가 있다면, 유저가 접속 중이 아닐 때 마을을 지킬 수 있는 건물이 필요하다. 이 건물들은 군대와 같이 생산적인 것은 없지만, 레벨을 올려두면 강력한 적이 쳐들어와도 방어할 수 있다. 만약 방어에 실패하면 마을의 재화가 약탈당한다. 참고로, 예전 게임은 마을을 약탈당하면 계정 주인은 생산물 획득을 할 수 없었으나, 지금은 일정 시간 마을 복구 시간을 거친 뒤 생산물을 획득할 수 있도록 하고 있다.

그림 11-7 성벽

11.3 건설하기

건물이 처음부터 지어져 있어도 되겠지만, 만약 직접 지을 수 있다면 좀 더 애착이 가고, 건물 건축에 대한 자원이나 시간 등이 추가되어 재접속을 유도할 수 있을 것이다. 사실, 가장 많은 재접속을 유도하는 부분이자 캐릭터나 장비 성장 외에 유저가 소비를 하게 되는, 사실상 유일한 콘텐츠라고도 볼 수 있다.

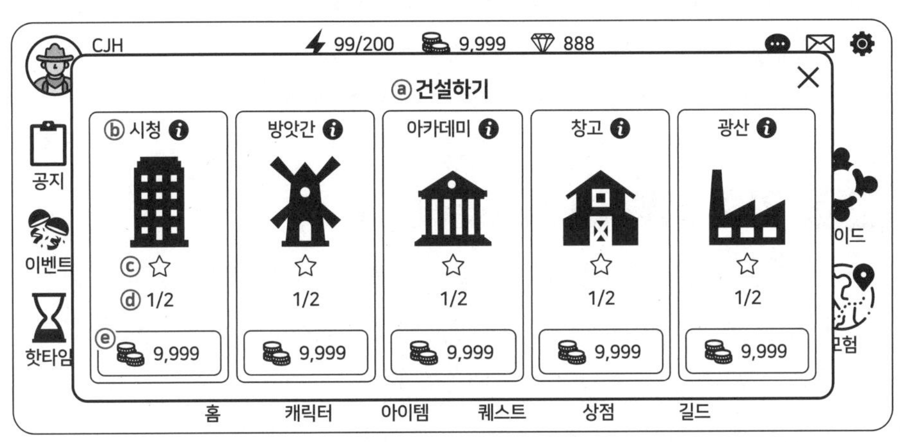

ⓐ건설 메뉴 ⓑ지을 건물 ⓒ건물 등급 ⓓ건물을 몇 개 지을 수 있는지 ⓔ건설 비용

그림 11-8 건설하기

로직 건물 — 건설 순서

1. 건물을 지을 수 있는 땅을 터치
2. 지을 건물을 리스트로 팝업
3. 지을 건물을 선택
   - 3.1 금액, 유저 레벨이 요구량보다 같거나 많은지 체크. 충분하면 4번으로
4. 건물 건설을 시작
   - 4.1 일정 시간 걸림
   - 4.2 크리스털로 즉시 완료 가능
5. 정해진 시간이 지나면 건물 건설 완료

11.4 건설 시 일꾼 동원하기

게임마다 다르지만 건물을 지을 때 일꾼을 동원하는 경우가 있다. 그것은 게임에서 전투에 나가는 캐릭터일 수도 있고, 그냥 전문 건설 일꾼일 수도 있다. 어쨌든 일꾼이 존재하는 이유는 한 번에 많은 건물을 짓거나 레벨업하지 못하게 하기 위함이다. 이미 시청 레벨에 의해 제한받고 레벨업에 재화도 드는데 일꾼까지 필요하게 하는 것은 그만큼 밸런스를 안전하게 만들 장치이기도 하다. 덤으로, 일꾼이 많을수록 동시에 많은 건물을 짓거나 레벨업할 수 있으므로 BM으로도 좋다.

DB Config — 게임 옵션

Village_Builder_Start	건물을 지을 때 동원되는 일꾼의 기본 시작량
Village_Builder_Max	건물을 지을 때 필요한 일꾼의 최대량

11.5 건물 레벨업(업그레이드)

건물은 지어놓고 끝이 아니라 지속적으로 레벨을 올리도록 만들어야 한다. 그래야 유저가 레벨업에 필요한 재화를 소모하면서 레벨업 시간을 기다려주며, 레벨업 후 더 증가한 보상을 받고 기뻐할 것이기 때문이다.

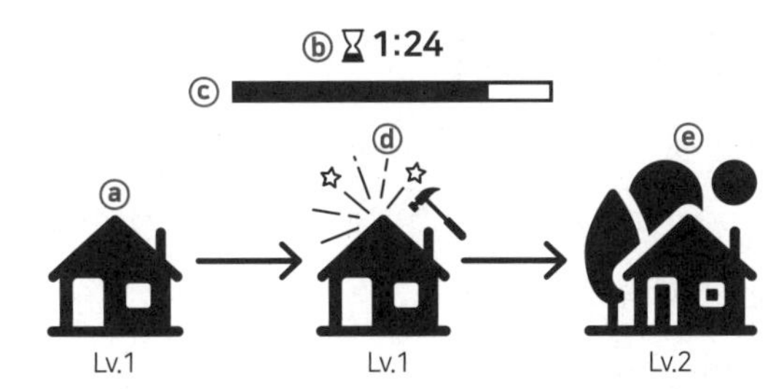

ⓐ레벨을 올리기 전의 건물 ⓑ레벨을 올리기 위한 건설에 걸리는 시간
ⓒ타임 바 ⓓ건설 애니메이션 ⓔ완성된 건물

그림 11-9 건물 레벨업

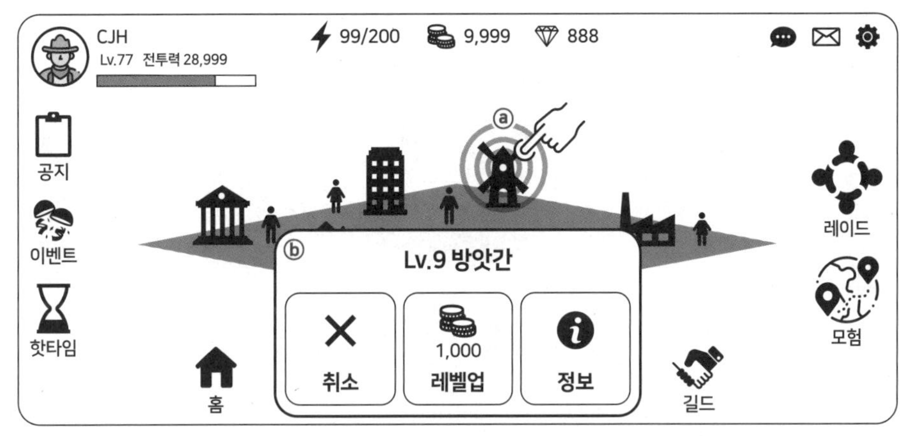

ⓐ레벨업하려는 건물을 터치 ⓑ건물 정보

그림 11-10 건물 선택 및 메뉴

로직 건물 – 레벨업

1 건물 터치

2 건물 메뉴 팝업

3 레벨업 터치

4 재화 소모 후 레벨업 시작

  4.1 레벨업에 걸리는 시간 동안 공사 시작

  4.2 레벨업 중이라도 보상은 획득 가능함

5 일정 시간 후 레벨업 완료

11.6 보상 생산 및 획득

건물에서 중요한 기능 중 하나가 보상 생산 및 획득이다. 이것을 위해 건설 시간을 기다렸다고 봐도 될 것이다. 보상 획득 시 중요한 것은 보상이 매우 눈에 잘 띄어야 한다는 것이다. 그래야 유저가 '이런 좋은 보상을 받는구나'라고 인식하게 되어 건물을 더욱 열심히 관리할 것이다. 또 하나는 간편하게 획득할 수 있어야 한다*. 그래서 한 번에 모두 획득할 수 있도록 하는 것이 좋다**.

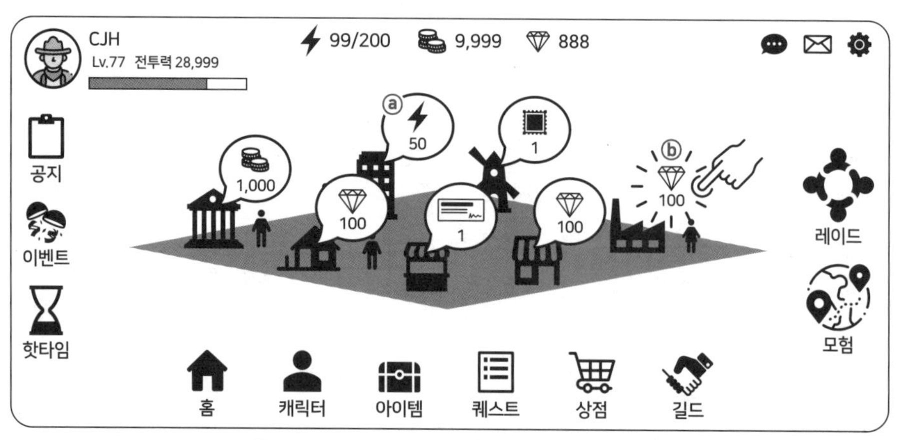

ⓐ 건물에서 생산된 자원 ⓑ 터치하여 보상 획득

그림 11-11 건물 보상

로직 건물 – 보상 생산

1. 건설 종료 혹은 레벨업 후 시간 체크
2. 시간이 완료되면 보상 준비 완료
   - 2.1 아이콘으로 보상 종류와 양 출력
3. 보상 양에 대한 영향
   - 3.1 건물의 레벨

* 각자 획득하고 싶을 수도 있지 않느냐고 할 수 있지만, 마을 보상은 획득해 둬서 나쁠 게 없는, 즉 무조건 갖고 있기만 해도 도움이 되는 재화 종류가 많다. 재화는 특히 인벤토리의 제한을 받지 않으므로 더욱 간편한 회수가 필요하다.

** 별도의 '한 번에 획득' 버튼을 만들거나 화면 터치만 해도 일괄 획득되도록 하면 된다.

로직 **건물 ― 보상 획득**

1 준비 완료된 보상을 터치

2 보상 획득

3 보상을 획득한 순간부터 다음 보상을 위해 건물 시간 체크 시작

11.7 마을 침공

게임에 따라 마을이 침공받는 경우도 있다. 이때 침공해 오는 쪽은 다른 유저 혹은 NPC다*.

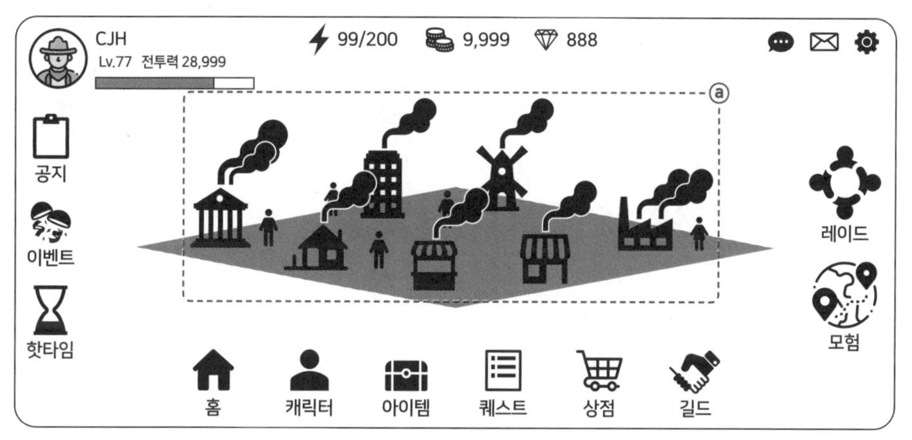

ⓐ마을이 침공당해서 불타고 있는 모습

그림 11-12 마을 침공

로직 **마을 침공**

1 마을 침공 조건

1.1 유저가 접속 중이 아닐 때

1.2 마을이 n시간 이상 동안 침공을 받은 적이 없을 때

1.3 마을의 성장 수준(전투력)이 일정 이상일 때

2 NPC/다른 유저 침공 여부 체크

2.1 NPC와 다른 유저 비율을 정한 후, 어느 쪽이 택해지는지 확률로 선택함

* PvP에서 방어 파티를 설정해 놓으면 다른 유저와 자동으로 전투하고, 결과를 보여주는 것과 같은 원리다.

2.2 선택된 쪽의 전투력을 침공할 마을 전투력 기준 위아래로 일정 범위 안에서 선택

2.3 다른 유저의 전투력은 그 유저가 갖고 있는 마을의 전투력임

3 전투력을 비교하여 마을에 대한 침공을 성공/실패 체크

3.1 마을에 대한 침공이 성공한 경우
- 마을 파괴된 상태(연기 나는 모습)
- 유저 접속 시 3초* 안에 복구됨

3.2 마을에 대한 침공이 실패한 경우
- 유저 접속 시 침공을 방어했다는 축하
- 보상 획득

4 침공/실패에 대한 로그 남김

5 n시간 동안 NPC 혹은 다른 유저에 의한 재침공 없음

로직 마을 침공 – NPC와 다른 유저 중 누가 침략할 것인지를 계산

1 NPC와 다른 유저의 침공 비율

1.1 침공받을 마을의 전투력이 높을수록 NPC보다 다른 유저의 침공 비율을 높이거나

1.2 혹은 항상 동일하게 유지
- 50% vs. 50%라고 가정

2 NPC가 침공하기로 결정

3 침공받을 마을의 전투력이 3,000이라고 가정

4 3,000을 기준으로 ±10% 범위 내에서 NPC의 전투력을 결정

4.1 NPC의 전투력이 3,010으로 결정됨

5 마을 3,000대 NPC 3,010의 전투 시작

5.1 전투 공식으로 계산

로직 마을 침공 – 공격과 방어

1 공격자의 전투력 계산

1.1 공격 파티원 전원의 전투력

2 방어자의 전투력 계산

2.1 방어 파티원 전원의 전투력 + 방어 건물 전투력

★ 3초라고 한 이유는 유저가 기다려줄 수 있는 시간이 3초가 한계이기 때문이다. 복구는 빠를수록 좋다.

3 전투 공식

- 3.1 방어값 = 방어 파티원 전원의 DEF 총합 + 방어 건물의 DEF 총합
- 3.2 공격값 = 공격 파티원 전원의 ATK 총합
- 3.3 마을 피해량 = 공격 능력 – 방어 능력

DB Village_Battle – 침투하는 NPC 혹은 다른 유저의 전투력 범위

Village_Town_BattlePower	침공당하는 마을의 전투력
Village_Attacker_Npc_Pct	침공하는 NPC의 퍼센트
Village_Attacker_User_Pct	침공하는 유저의 퍼센트
Village_BattlePower_Max	공격 대상 마을의 전투력을 상대하는, 침공하는 NPC 혹은 다른 유저의 전투력 최댓값
Village_BattlePower_Min	공격 대상 마을의 전투력을 상대하는, 침공하는 NPC 혹은 다른 유저의 전투력 최솟값

DB Config – 전투력이 얼마 이하이면 침공당하지 않는지, 시간은 얼마인지

Village_BattlePower_Basic	마을의 전투력이 얼마 이하이면 침공당하지 않는지
Village_Cool_Time	침공을 받은 후, 얼마의 시간 동안은 재침공당하지 않는지
Village_Recover_Time	침공당한 후 몇 초 만에 원상 복귀되는지

생생 현장

마을은 어떻게 만들까?

▶ 변화의 흐름

요즘 모바일 RPG에는 마을도 가꾸고 전투도 하는 게임을 흔하게 찾아볼 수 있지만, 불과 얼마 전만 해도 대부분이 전투 위주였다. 하지만 경쟁이 치열해지고 기술력이 올라가면서 다양한 장르의 혼합이 이뤄지기 시작했는데, 그중 현재 돋보이는 것이 마을의 등장이다. 모바일 게임은 유저가 자주 접속해 줄수록 좋은데, 마을을 성장시키는 콘텐츠가 재접속을 유도하는 데 매우 좋기 때문이다.

마을 구현하기

다른 기획처럼 마을 콘텐츠 역시 타 게임을 분석해 둬서 나쁠 건 없지만, RPG뿐만 아니라 타이쿤류도 알아두면 좋다. 중요한 것은 마을과 RPG의 연결을 얼마나 자연스럽게 이뤄내느냐인데, 이 부분이 매끄럽지 못하면 콘텐츠가 따로 놀기 때문이다.

마을과 RPG의 연결

가장 흔하게 생각할 수 있는 것으로, 마을에서 생산된 것을 캐릭터 성장에 쓰고 그렇게 성장한 캐릭터가 전투에서 획득한 것을 마을 성장에 쓰면 될 것 같다. 하지만 이것은 꽤 복잡하고 어려운 문제다. 기획자 입장에서 보면 재화의 순환이 되어 양쪽 콘텐츠 모두 좋아질 것 같지만, 요즘 유저는 복잡한 걸 싫어하는 경우도 많다. 즉, 전투가 어려우면 좋은 보상을 얻기 힘들고 그에 따라 마을 성장도 어려워져 게임을 포기할 수도 있기 때문이다.

유저를 끌어들이는 것이 먼저

따라서 처음 한동안은 마을에서 생산된 것은 마을에서, 전투에서 얻은 것은 캐릭터 성장에서 소비시키는 것이 좋다. 이렇게 각자 돌아가도록 하면 서로의 간섭이 없으므로 부담없이 플레이가 가능하며, 어느 정도 중급 유저 이상이 되었을 때 서로 연계되도록 하면 플레이를 더욱 깊게 할 수 있다.

예전에는 모험이라고 하면 유저가 던전에 입장하여 몬스터를 상대로 전투하고 보상을 얻으며 스토리를 진행하는 것이었다. 그런데 최근에는 던전도 여러 가지가 생기고, PvP 역시 추가되면서 이들을 모아 '모험'이라고 부르는 경우도 있다.

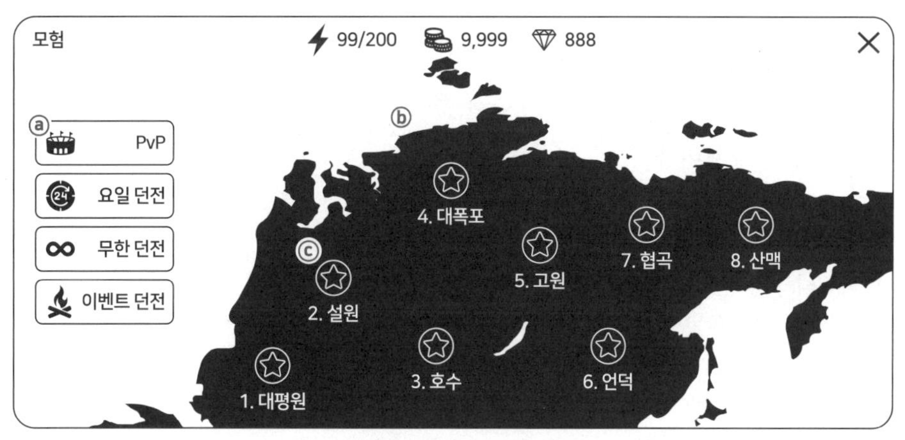

ⓐ던전들 ⓑ대륙 ⓒ모험 지역

그림 12-1 월드

모험을 구성하는 요소는 표 12-1과 같다.

표 12-1 던전의 종류

던전 종류	특징	보상
스토리 던전	게임의 스토리를 알려주며 필수 보상을 준다	경험치, 장비, 아이템 등
요일 던전	캐릭터 성장에 필요한 재료를 요일별로 나눠서 준다. 매일 접속하도록 유도하는 것이 중요하다.	경험치, 골드, 장비, 강화 아이템, 캐릭터 등
무한 던전	유저가 강해진 것을 시험해 볼 수 있는 무제한 모드	재화 위주
이벤트 던전	스토리, 요일, 무한은 고정되어 있으므로 변화를 주고자 이벤트를 벌인다. 이벤트 캐릭터 중심의 짧은 이야기가 진행된다.	이벤트 캐릭터
PvP	강해진 것을 다른 유저와 경쟁해 볼 수 있다.	캐릭터 위주
레이드	매우 강력한 보스를 다른 친구들과 협력하여 쓰러트리고 좋은 보상을 받는다.	캐릭터, 장비, 재화 위주
월드 보스	레이드보다 더 강력한 보스를 다른 유저들과 협력하여 쓰러트리고 좋은 보상을 받는다.	캐릭터, 장비, 재화 위주

12.1 모험이 갖춰야 할 것

유저 플레이의 대부분을 차지하는 콘텐츠이므로 재미를 제공하는 것이 가장 중요하겠지만, 그다음은 유저가 캐릭터의 강함을 확인하고 또 성장시킬 수 있는 재료를 보상으로 줘야 한다는 것이다. 이들이 제대로 작동하지 못한다면 던전이 재미없어지며, 자연스럽게 콘텐츠의 기능을 하지 못해 유저 이탈로 이어진다. 다음은 최소한 갖춰야 할 내용이다.

모험이 갖춰야 할 항목

① 캐릭터의 강함을 확인할 수 있어야 한다.
② 그러면서도 전투는 아슬아슬하게 이기게 해줘야 한다.
③ 간단한 전투부터 복잡한 전투까지 골고루 있어야 한다.
④ 노력한 만큼의 보상이 반드시 있어야 한다.

12.2 던전의 전투 흐름

대부분의 던전이 그림 12-2와 같은 흐름으로 되어 있는 이유는 캐릭터의 강함을 확인하는 것과 그에 따른 보상, 성장, 그리고 상위 던전의 도전이 유저가 논리적이라고 인식하는 순서대로 갖춰져 있기 때문이다.

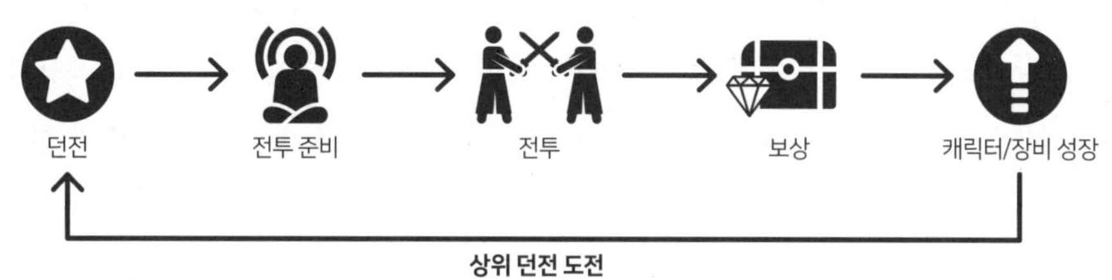

그림 12-2 **던전의 전투 흐름**

예를 들어 도서관에 갔다고 치면, 도서관(던전)에 가서, 어떤 책을 볼지 골라서(전투 준비), 독서(전투)를 하고, 보상(책 내용 습득)을 얻어, 성장(지식 증가)을 하게 되는 것과 동일하다. 이와 같이 유저는 일정한 흐름 안에서 자연스럽게 전투하고 성장하는 과정을 경험할 것이며, 그것이 확장되면 던전뿐만 아니라 게임 전체에 유저만의 익숙한 플레이 패턴을 만들어 낼 것이다.

12.3 플레이 순환

주요 콘텐츠들의 모임은 유저에게 일정한 플레이 흐름을 만들어 주기 마련이며, 이것은 개발할 때 매우 중요한 요소다. 즉, 유저가 접속해서 무엇을 먼저 할 것인가, 이후는 무엇을 할 것이며, 게임을 나가기 직전에는 어떤 것을 할 것인가가 예측되어야 한다.

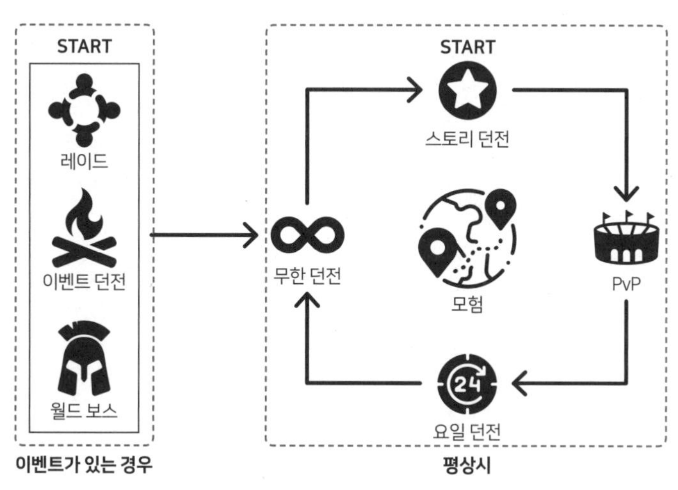

그림 12-3 **플레이의 순환**

그림 12-3에서 평상시라면 유저는 스토리 던전부터 플레이를 시작할 것이다. 왜냐하면 AP를 소모하기 때문에 다른 던전을 돌고 오면 AP가 조금은 회복되어 한 번 더 플레이를 할 수 있기 때문이다. PvP가 두 번째인 이유는 PvP 티켓이 시간당 회복이라면 이것 역시 다른 던전을 돌고 왔을 때 회복되어 한 번 더 할 수 있기 때문이다. 즉, AP나 티켓 등 플레이 횟수가 회복되는 것을 먼저 플레이하고, 횟수만 차감하는 던전은 나중에 하는 것이다. 만약 레이드나 이벤트 던전, 월드 보스처럼 기간 한정으로 오픈되는 이벤트가 있다면 이들을 먼저 한 후 평상시의 던전을 돌게 된다.

12.4 시기별 던전 오픈

게임은 유저가 떠나지 않고 계속 플레이하도록 붙잡아 두는 것이 무엇보다 중요하다. 그래서 다양한 이벤트를 펼치는데, 이것은 던전이라고 예외가 아니다. 항상 새로운 것을 제공하여 유저의 흥미를 끌 수 있도록 해야 하며, 그래서 던전마다 업데이트 시기를 조절하여 항상 새롭게 보이도록 한다. 업데이트 주기를 2주씩 잡았을 때 보통은 다음과 같다.

표 12-2 던전별 오픈 시기

던전	1월 1~2주	1월 3~4주	2월 1~2주	2월 3~4주	3월 1~2주	3월 3~4주
스토리*	8챕터 추가					9챕터 추가
무한		110층 추가				
이벤트			캐릭터 던전			
레이드				오픈		
월드 보스					오픈	

* 오픈했을 때 7챕터까지 만들어져 있었다고 가정

생생현장

모험은 어떻게 만들까?

모험은 맨 처음에 제작

튜토리얼이 가장 나중에 제작되는 것에 반해, 모험은 가장 처음에 제작된다. 전투의 프로토타입이 완성되면 그런 전투를 나열하여 던전으로 만든 것이 모험이기 때문이다. 모드 하나가 비록 더미라도 완성되면 그것을 기준으로 다른 콘텐츠를 작업해 나갈 수 있으므로 모험 모드가 완성된다는 것은 개발팀에는 큰 의미가 있다.

모험 모드 만들기

모험 모드는 별도로 추가 기획할 것 없이 전투 프로토타입을 만들었다면 캐릭터와 몬스터, 배경은 준비되어 있을 것이다. 이것을 복사하되 뒤로 갈수록 난이도가 약간씩 증가하게 하여 8~10개 정도의 전투 스팟을 제작한다. 이것을 1챕터 혹은 1구역으로 묶어 6~8개 정도를 준비한다. 이렇게 하면 임시이긴 해도 모험 모드가 완성된다.

모험 모드 개선

이제 다른 콘텐츠들을 만들어 나간다. 모험 모드는 당분간 신경 쓰지 않아도 된다. 콘텐츠가 어느 정도 제작되었다면 다시 모험부터 개선해 나가고 그에 맞춰 다른 콘텐츠도 개선한다. 가장 중요한 것은 캐릭터 성장에 필요한 필수 재료와 재화이며, 모험에서 얻는 것으로 성장시킨 캐릭터가 다른 콘텐츠에서도 충분히 활약할 수 있는지를 봐야 한다.

STAGE 13 스토리 던전

스토리 던전은 유저가 튜토리얼에 이끌려 처음 플레이하는 곳이며, 스토리를 모두 클리어하기 전까지는 가장 많이 방문하게 되는 곳이다. 유저는 이곳에서 게임의 스토리를 알 수 있으며 앞으로 최소한의 성장에 필요한 중요 자원을 획득할 수 있다.

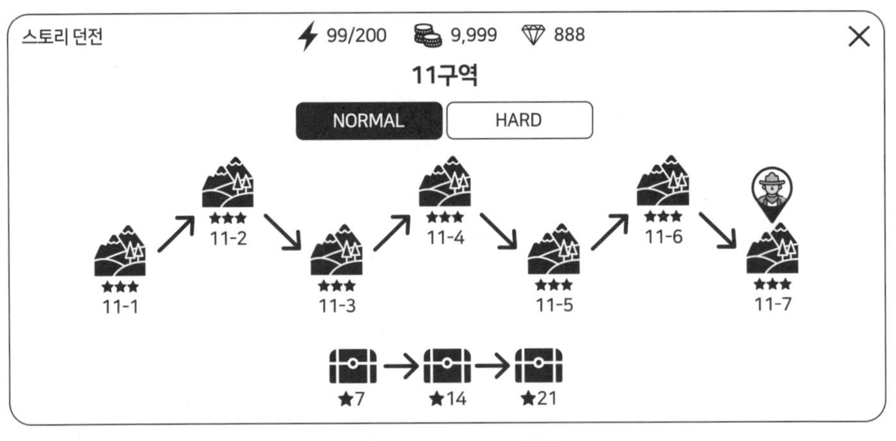

그림 13-1 스토리 던전

콘셉트 스토리 던전 – 요소

1. 스토리를 진행한다.
2. 플레이에 꼭 필요한 최소한의 보상을 제공한다.
3. 유저 성장의 적절한 허들 역할을 한다.

스토리 던전은 다음과 같은 DB 구조로 되어 있으며, 앞으로 나올 던전들도 거의 비슷하다.

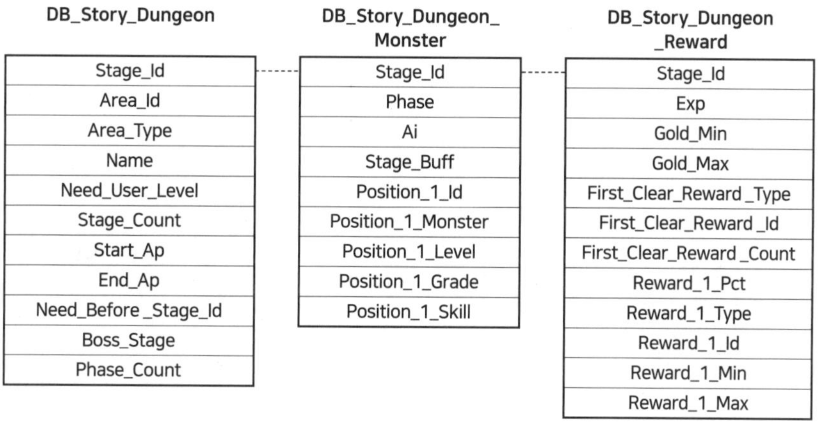

DB_Story_Dungeon
Stage_Id
Area_Id
Area_Type
Name
Need_User_Level
Stage_Count
Start_Ap
End_Ap
Need_Before_Stage_Id
Boss_Stage
Phase_Count

DB_Story_Dungeon_Monster
Stage_Id
Phase
Ai
Stage_Buff
Position_1_Id
Position_1_Monster
Position_1_Level
Position_1_Grade
Position_1_Skill

DB_Story_Dungeon_Reward
Stage_Id
Exp
Gold_Min
Gold_Max
First_Clear_Reward_Type
First_Clear_Reward_Id
First_Clear_Reward_Count
Reward_1_Pct
Reward_1_Type
Reward_1_Id
Reward_1_Min
Reward_1_Max

그림 13-2 스토리 던전 DB 구성

DB Story_Dungeon — 스토리 던전 자체의 기본 정보

Stage_Id	스테이지 번호
Area_Id	스테이지가 소속된 구역
Area_Type	구역 난이도 종류(1 = 노멀, 2 = 하드)
Name	스테이지 이름
Need_User_Level	입장 가능한 유저 레벨
Stage_Count	스테이지 수(같은 스토리 던전이라도 구역(area)에 따라서 스테이지 수가 다를 수 있다. 특히, 기념일 이벤트 스토리 던전 같은 것이 해당된다.)
Start_AP	시작할 때 소모되는 액션 포인트(스테이지를 시작할 때 매우 적은 AP를 소모시킨다.)
End_AP	클리어할 때 소모되는 액션 포인트(클리어하면 많은 AP를 소모시킨다. 이렇게 Start와 End를 따로 나눈 이유는 클리어하지 못하면 AP를 매우 적게 소모시키기 위함이다. AP는 소중한 자원인데 스테이지 클리어도 못 하고 AP까지 지불하면 유저 입장에서 억울하기 때문이다. 예를 들면 Start_AP = 1, End_AP = 5인 경우, 스테이지를 클리어하면 1 + 5 = 6의 AP를 소모하게 되고 클리어를 못 하면 1을 소비하게 된다.)
Need_Before_Stage_Id	어떤 스테이지가 클리어되어야 지금 스테이지가 오픈되는지
Boss_Stage	보스 스테이지인지, 보스 스테이지라면 별도의 연출이 들어감
Phase_Count	몇 번의 페이즈로 이루어져 있는지

13.1 전투 대기방

스테이지를 선택하면 어느 캐릭터로 싸울지, 어떤 몬스터가 나오는지, 클리어하면 얻는 보상은 무엇인지 등의 정보를 알려준다.

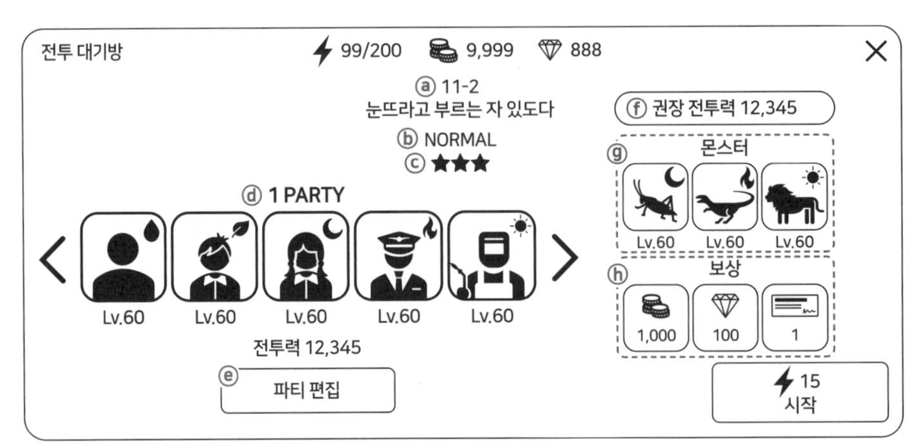

ⓐ스토리 던전 스테이지 번호 ⓑ난이도 ⓒ클리어 정도 ⓓ파티 번호 ⓔ파티 편집 버튼
ⓕ적군 전투력 ⓖ몬스터 정보 ⓗ스테이지 클리어 시에 획득 보상

그림 13.2 전투 대기방

표 13-1 스테이지 정보

구분	내용
스테이지 정보	스테이지 이름, 난이도 수준, 클리어 정도(★), 시작할 때 필요한 AP의 양
아군 파티 정보/편집	전투에 참가할 아군 파티 구성원 정보, 파티 변경, 전투력
적군 정보	어떤 적군이 등장하는지 이름 혹은 이미지, 레벨, 속성 등
클리어 보상	클리어 시에 획득할 수 있는 보상. 처음 클리어했을 때 별도의 보상이 있다면 그것도 표시

전투력 비교

스테이지 입장 시에 유저가 가장 관심 있는 것은 이 전투에서 내가 이길 수 있는가에 대한 것이다. 이를 값으로 보여준 것이 권장 전투력(몬스터의 전투력 총합)과 유저의 전투력 비교다.

스토리 던전 – 전투력 비교

1 유저(파티) 전투력 표시

2 스테이지 전투력 표시

3 유저가 [시작]을 눌러 입장하려고 함

4 유저 전투력과 권장 전투력을 비교함

4.1 유저 전투력 ≥ 스테이지 전투력인 경우
- 입장

4.2 유저 전투력 < 스테이지 전투력인 경우
- 전투력이 부족하여 패배할 수도 있다고 경고문 출력

클리어 정도(★)

스테이지를 얼마나 완벽하게 클리어했는지에 따라 평가를 매기는 경우가 있는데, 보통은 별(★)로 표시한다. 최대 3개이며, 별을 많이 모을수록 반복 플레이, 소탕, 별 개수 누적 보상 등의 혜택이 있다. 클리어 정도 판정 및 혜택은 게임마다 다르지만, 가장 많이 쓰이는 방법 중 하나는 다음과 같다.

그림 13-4 스테이지 클리어 정도

표 13-2 스테이지 클리어 달성 조건

클리어 정도	조건	보상
★	아군 2명 이상 사망	없음
★★	아군 1명 사망	없음
★★★	아군 전원 생존	자동 전투 지원 혹은 소탕권* 지원 (별 개수 누적 보상은 누적된 별 개수만큼 보상)

★ 별 3개로 클리어한 스테이지에 한해, 티켓(소탕권)을 사용하여 전투를 거치지 않고 클리어로 인정해 주는 일종의 스킵 티켓

13.2 몬스터 배치

스테이지마다 배치된 몬스터가 등장한다. 누구나 스토리를 보고 즐겨야 하므로 난이도는 너무 어렵지는 않게 한다.

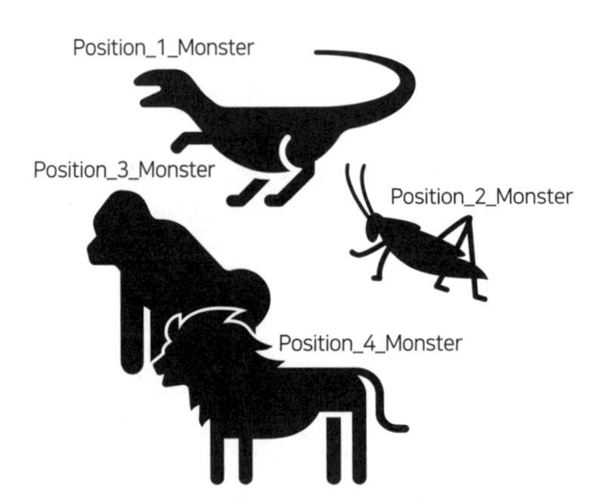

그림 13-5 아군과 적군 배치

DB Story_Dungeon_Monster — 스토리 던전에 배치되는 몬스터 정보

Stage_Id	스테이지 번호
Phase	스테이지 페이즈
AI	몬스터 AI 패턴(클라이언트와 미리 약속된 AI 패턴 번호를 기입한다. (예 1 = HP가 적은 상대를 노림, 2 = 회복형 클래스를 노림))
Stage_Buff	스테이지의 버프(만약 스테이지에 전체적으로 영향을 주는 전장 버프가 있다면 스킬(Skill) DB에서 참조한다.)
Position_1_Monster	1번 위치에 설 몬스터 번호
Position_1_Level	1번 위치에 설 몬스터의 레벨
Position_1_Grade	1번 위치에 설 몬스터의 등급
Position_1_enhancement	1번 위치에 설 몬스터의 강화도(몬스터의 성장 정보가 레벨, 등급처럼 UI에 표시되기 때문에 필수로 넣어야 하는 것 이외에도 강화 같은 것을 넣는 이유는 상황에 따라 몬스터를 강력하게 만들어야 할 때가 있는데, 그때 이런 값들이 많을수록 몬스터의 강함을 조절하기 쉽기 때문이다.)
Position_1_Skill	1번 위치에 설 몬스터의 스킬

13.3 보상*

전투가 끝나면 보상을 얻는다. 스토리 던전의 보상은 첫 클리어 보상이 있는 것이 다른 던전과 다른 점이다. 이 보상은 유저가 게임을 안정적으로 플레이할 수 있도록 좋은 보상이어야 한다.

DB Story_Dungeon_Reward — 스토리 던전 보상

Stage_Id	스테이지 번호
Exp	보상 경험치
Gold_Min	보상으로 획득하는 골드의 최소량
Gold_Max	보상으로 획득하는 골드의 최대량
First_Clear_Reward_Type	첫 클리어 시에 받는 보상의 종류
First_Clear_Reward_Idx	첫 클리어 시에 받는 보상의 번호
First_Clear_Reward_Count	첫 클리어 시에 받는 보상의 수량
Reward_1_Pct	클리어하면 첫 번째 보상을 줄지 말지의 확률(스테이지를 반복 클리어할 수 있으므로 보상을 확률에 의해 지급한다. 만약 보상을 받을 확률이 50%라면 2회 클리어 시에 한 번은 나오고 한 번은 안 나온다는 것이다.)
Reward_1_Type	첫 번째 보상의 종류
Reward_1_Id	첫 번째 보상의 번호
Reward_1_Min	첫 번째 보상의 최솟값
Reward_1_Max	첫 번째 보상의 최댓값

챕터별 개수 보상

스테이지를 클리어할 때 별 몇 개를 획득했는가에 따라 누적 보상을 받을 수 있다. 이것은 유저가 스테이지를 공략할 때 최대한 열심히 하게 만드는 효과가 있다.

ⓐ보물상자 ⓑ챕터에서 쌓은 별 개수

그림 13-6 챕터별 개수 보상

* 여기까지 보면 DB를 왜 굳이 나눠야 하는가에 대해 의문을 가질 수도 있다. 대부분의 내용을 Story_Dungeon에 넣을 수 있기 때문이다. 이는 기획의 편리성을 위해서다. 테이블에 든 내용이 많을수록 문서가 길어지는데, 이러면 데이터를 한눈에 파악하거나 비교하기 힘들다. 파일을 나눈다면 동시에 띄워 비교하기 쉽고 그러면 실수도 줄어든다. 다만, 그렇다고 모든 DB를 나눠야 한다는 것은 아니며 개발사마다 선호하는 방법이 다를 뿐이다.

DB Story_Dungeon_Star_Reward — 스토리 던전 별 보상

Star	별 개수
Reward_1_Type	보상 종류
Reward_1_Id	보상 번호
Reward_1_Count	보상 수량

생생현장

스토리 던전은 어떻게 만들까?

스토리 던전의 시작

모험 던전이 충분히 돌아갈 만큼 제작되면 다른 모드나 콘텐츠를 만든다고 했었는데, 그것도 모두 준비되면 그다음은 모험 던전에 스토리를 입히게 된다. 스토리가 먼저 정해져야 던전이 그에 따라 만들어지는 것 아닌가 싶겠지만, 전투는 어차피 테스트용 캐릭터를 세워서 하기 때문에 나중에 얼마든지 교체할 수 있다.

스토리 캐릭터 배치 간격

스토리 던전에 등장하는 캐릭터는 당연히 스토리에 바탕을 두고 있어야 한다. 우선은 시나리오를 살펴보고 반드시 전투에서 중심이 되어야 하는 캐릭터를 결정한다. 물론, 이 캐릭터들은 게임을 대표할 포지션일 가능성이 높다. 캐릭터가 정해졌으면 이들을 스테이지마다 적절하게 배치한다. 모든 스테이지에 배치하면 그때마다 이야기가 나와야 하는데, 그러면 분량이 너무 많아지므로 스테이지 한 번씩 건너서 배치하는 것이 좋다. 물론, 보스전에서는 반드시 스토리 캐릭터이어야 하는 것은 당연하다.

보상은 스토리 캐릭터

스토리 던전을 클리어하면 보상으로 스토리 캐릭터를 주는 것이 좋다. 스토리와 관련된 플레이를 했는데 전혀 엉뚱한 캐릭터를 주면 아무래도 감동이 적을 것이다. 마치 수족관을 구경한 후 밖으로 나올 때 기념품 가게에서 거북이나 상어 인형을 파는 것과 같다.

STAGE 14 스토리

스토리는 유저에게 게임 내의 이야기를 들려줘서 흥미를 갖게 하여 계속 플레이하도록 만드는 장치다. 스토리가 진행될수록 유저는 캐릭터 간의 사랑, 갈등, 믿음, 배신 등의 다양한 이벤트를 겪으면서 캐릭터에 대한 애착이 강해지고, 그것은 결국 캐릭터 성장으로 이어져 매출에 도움이 된다. 비록 그것만이 아니더라도 스토리가 콘텐츠의 완성에 많은 부분을 차지하는 것은 사실이다.

그림 14-1 **스토리 이벤트**

1. 모바일 사이즈를 고려하여 대화가 너무 길지 않도록 한다.
2. 한 번 대사가 나올 때마다 뜻을 명확히 한다.
3. 알기 쉬운 용어를 사용한다.
4. 대사를 넘기는 것에 대비하여 앨범이나 라이브러리 등 스토리를 다시 볼 수 있는 곳을 마련한다.
5. 중요한 단어나 문장은 색을 다르게 하거나 강조하여 눈에 잘 띄게 한다.
6. 스토리에서 다음 전투에 등장할 적(몬스터 포함)을 지정하면 반드시 해당 적이 등장해야 한다.

14.1 스토리 스크립트

스토리 스크립트를 작성하는 방법은 개발사마다 다르지만, 텍스트 내용과 그에 따른 번호, 캐릭터, 각종 효과들은 반드시 들어간다. 스크립트 예는 다음과 같다.

표 14-1 스크립트 구성 요소

구성 요소	내용
씬 번호	이벤트 씬의 번호
이벤트 장소	스토리 이벤트가 발생되는 이벤트 장소의 번호
캐릭터 번호	해당 대사를 출력하는 캐릭터 번호
텍스트 번호	텍스트의 번호
텍스트 내용	어떤 내용을 출력하는지에 대한 내용
문서 효과	줄 바꿈, 색 강조, 굵기 변경, 크기 변경 등 텍스트에 관련된 효과를 미리 클라이언트와 약속함
연출 효과	카메라 흔들기, 화면 검게 만들기, 화면 하얗게 만들기, 노이즈 효과 넣기 등 화면 자체에 대한 연출 효과
사운드	보이스 연결, 장면에 나올 BGM 파일 연결

14.2 스토리 이벤트 제작 순서

스토리 초안부터 성우 녹음까지 다음의 단계를 거친다. 여기서 제작된 사운드 리소스는 앞에서 말한 스토리 스크립트에 적용된다.

표 14-2 이벤트 제작 순서

단계	내용
1	스토리 초안을 작성, 팀 내에 공유하고 디렉터의 컨펌을 받는다. 이후 세부 내용으로 들어간다.
2	최종 컨펌되면 이벤트 스크립트 툴 등을 이용하여 게임 내의 텍스트를 작성한다. 이때 어떤 리소스가 필요한지를 확인하여 타 파트에 작업을 요청한다.
3	게임 내에 기입된 텍스트와 효과, 리소스가 제대로 작동하는지를 테스트한다. 대본이 실제 게임에 나오는 것은 느낌이 아주 다르다.
4	게임 테스트도 문제가 없으면 성우 녹음을 한다. 게임에 적용하면 작업이 끝난다.

14.3 성우 녹음 방법

게임에서 출력되는 내용을 다듬어 최종 대본이 완성되면 성우를 섭외하여 녹음에 들어간다. 녹음할 스튜디오와 성우가 준비되는 동안 스토리 라이터는 녹음용 대본을 별도로 제작한다. 대본에 들어갈 내용의 예시는 다음과 같다.

표 14-3 대본

캐릭터	대사
철수	(잔뜩 화가 난 목소리로) 마왕이 세상을 정복했는데, 왜 마을 사람들은 아무것도 하지 않는 거죠?
영희	진정한 용사가 나타날 때까지 기다리고 있었던 거예요.
철수	(깜짝 놀라며) 그럼, 그 용사라는 게 설마… (믿을 수 없다는 듯) 저란 말인가요?

위에서 성우는 '철수' 캐릭터를 연기한다. 전체적인 내용을 알아야 녹음이 자연스럽기 때문에 대본 자체는 모든 대사가 들어가 있어야 한다. 다만, 그렇게 할 경우 자기가 녹음할 것과 헷갈릴 수 있으므로 다른 사람의 것은 회색 처리를 해서 구분할 수 있도록 한다. 그리고 대사마다 어떤 감정이 들어가는지, 어떻게 읽어줬으면 좋겠는지도 괄호로 표시한다. 참고로, 성우 녹음 과정은 다음과 같다.

표 14-4 녹음 과정

단계	내용
1	성우가 도착하면 녹음할 곳의 정보를 최대한 공유한다. 녹음할 캐릭터의 일러스트나 게임 내에서 등장하는 곳, 참고할 만한 영상 등을 보여준다.
2	스토리 라이터가 성우에게 대본을 설명해 준다. 캐릭터가 어떤 감정 상태인지, 특징은 무엇인지, 어떤 부분이 강조되어야 하는지를 알려준다.
3	녹음을 시작한다. 사운드 디렉터의 지시에 따라 녹음하며, 변수를 대비하여 몇 가지 버전을 따 놓는다.
4	녹음 종료 후 사운드 디렉터와 스토리 라이터가 결과물을 확인하여 가장 잘된 것을 채택하고 사운드 조절에 들어간다.

생생현장

스토리는 어떻게 만들까?

스토리 초안 작성

디렉터가 소재를 정해 주면 시나리오 라이터가 그것을 바탕으로 한 페이지 분량의 줄거리를 만든다. 물론, 하나만 준비하는 것이 아니고 적어도 서너 가지를 작성하여 팀원들에게 읽히게 한다. 팀원들은 자기가 맡은 분야, 개발팀이나 그래픽팀을 기준으로 생각해도 되고(게임으로 만들어야 하니까), 유저 입장에서 재밌다고 생각되는 것을 골라도 된다. 그렇게 선택된 줄거리를 본격적으로 게임에 사용한다.

스토리 던전용 시나리오부터

줄거리가 정해졌다고 방대한 시나리오를 쓰기 시작하면 된다는 건 아니다. 게임 시나리오는 게임으로 구현될 때, 게임에서 보일 때 의미가 있다. 그래서 시나리오 라이터는 시나리오 던전용 시나리오부터 먼저 작성해 본다. 1개 챕터 분량의 이야기를 쓰되, 그것이 던전과 연결이 되어 있어야 한다. 대표적으로 언제, 누가, 어디서 적으로 등장하는지, 아군이 된다면 어느 스테이지에서 되는지 등이 정해져야 한다.

캐릭터가 성장하기 위해서는 다양한 재료가 필요하며, 이를 던전이나 상점에서 획득할 수 있다. 그런데 상점에서 판매할 때 가격이 높으면 일부 유저에게는 부담으로 다가올 수 있다. 또한, 게임에서는 유저가 게임을 많이 즐겨주기를 바라므로 대부분은 던전 플레이를 통해 획득할 수 있도록 하고 있다.

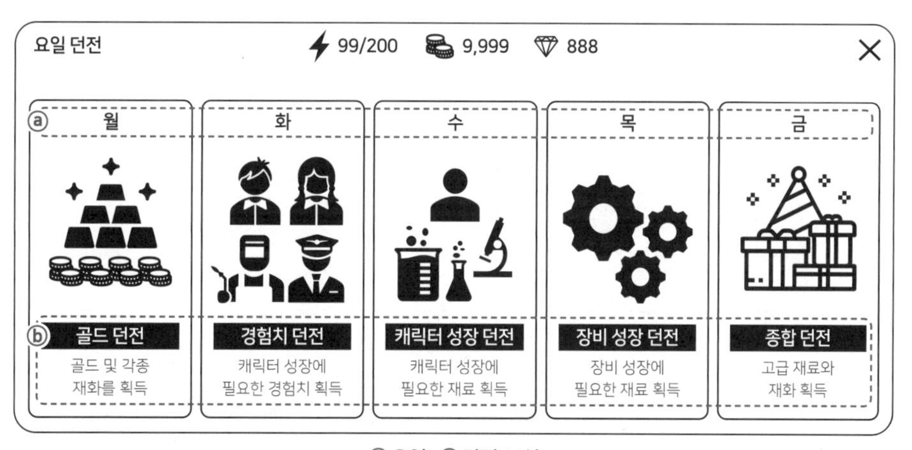

ⓐ요일 ⓑ던전 보상

그림 15-1 요일 던전

요일 던전 – 요소

1. 유저가 매일 접속하도록 요일마다 보상이 달라야 한다.
2. AP보다 횟수나 다른 재화를 소모하도록 한다.
3. 재화가 많아도 무한히 할 수 없도록 제한한다.
4. 난이도가 오르는 단계마다 보상이 명확히 좋아야 한다.

표 15-1 요일 던전 종류

요일별	특징	비고
월	골드	주말에 열심히 한 유저는 상대적으로 참가율이 적으므로 게임에서 비교적 흔한 골드를 보상으로 준다.
화	경험치	화요일부터 성장의 준비를 시작한다.
수	캐릭터 성장 재료	일주일의 피로가 몰리는 수요일에 캐릭터 성장에 꼭 필요한 보상으로 접속을 유도한다.
목	장비 성장 재료	마찬가지로 피로한 목요일에는 장비 성장 재료를 준다.
금	캐릭터, 장비 성장의 종합 보상	주말을 앞두고 유저가 늦게까지 플레이하므로 고급 보상을 준다.
토/일	모든 던전 오픈	주말에는 유저가 상대적으로 시간 여유가 있어 플레이를 많이 하므로 모두 열어준다.

DB Daily_Dungeon – 요일 던전 정보

Id	던전 번호
Day	해당되는 요일(1 = 월, 2 = 화, 3 = 수, 4 = 목, 5 = 금, 6 = 토, 7 = 일)
Start_Date	여는 시간
End_Date	닫는 시간
Count	플레이 가능한 횟수
Open_Gem	해당 요일이 아니지만 크리스털로 열 수 있음

DB Daily_Dungeon_Weekend – 주말에 여는 요일 던전 정보

Weekend_Day	주말 요일(6 = 토, 7 = 일)
Daily_Dungeon_Id_1	해당 요일에 열리는 던전 첫 번째

요일 던전 – 플레이

1 요일 던전 로비 입장

2 요일 던전 선택

3 해당 요일에 맞는지 체크

3.1 맞는 경우
- 플레이
- 던전 3회 플레이

3.2 안 맞는 경우
- '해당 요일이 아닙니다' 경고문 팝업

생생 현장

요일 던전은 어떻게 만들까?

▶ 모험 다음으로 빠르게 만들어지는 던전

요일 던전의 구성은 모험에 들어가는 던전과 구성이 거의 비슷하므로 비교적 빠르게 만들 수 있다. 요일에 따라 속성별로 몬스터를 배치하고 보상을 구분해 두면 된다. 주의할 점은 구현이 간단하다고 해서 밸런싱까지 간단하다는 것은 아니다. 유저가 요일마다 접속하게 만들기 위해서는 매력적인 보상이 중요한데, 요일에 따라 특색 있는 보상을 주기가 생각보다 어렵다.

▶ 최근에는 요일 던전의 의존도가 낮아져

요일 던전의 특징은 명확하지만 개발사가 만들기 쉽기 때문에 유저는 별다른 감흥을 느끼지 못할 수 있다. 그래서 최근에는 요일 던전에 대한 의존도가 낮아지는 추세다. 어차피 플레이 가능한 횟수가 제한되어 있으니 중요한 보상을 요일과 상관없이 줘서 접속률을 올리는 데 집중하기도 한다. 혹은 아예 요일 던전을 매우 많이 만들어서 마치 무한 던전을 공략하듯이 난이도를 올리며 정복하는 재미를 주기도 한다.

유저는 자기가 키우는 캐릭터가 무한정 강해지기를 원한다. 그것을 확인해 볼 수 있는 곳이 무한 던전이다. 다른 던전은 전투가 짧지만 무한 던전은 말 그대로 전투를 무한히 진행하면서 유저가 갖고 있는 파티원이 모두 쓰러질 때까지 진행한다.

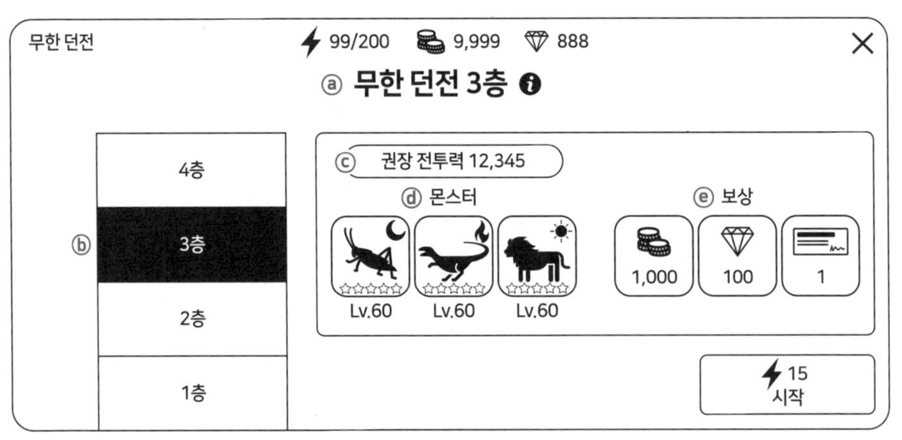

ⓐ무한 던전 현재 층수 ⓑ현재 층 ⓒ적군 전투력 ⓓ몬스터 정보 ⓔ보상 정보

그림 16-1 무한 던전

콘셉트 무한 던전 – 요소

1. 유저가 갖고 있는 캐릭터 모두를 사용하도록 한다.
2. 난이도가 너무 높으면 도전 의지가 감소하므로 적절한 난이도로 유도하되, 5층 혹은 10층마다 보스를 등장시켜 허들을 넘도록 한다.

3. 전체적인 난이도를 쉽게 한다면 층을 많이 만든다. 어렵게 하려면 층을 적게 한다.
4. 층을 적게 할 경우는 난이도로 어려움을 겪을 때 대신 플레이할 수 있는 다른 콘텐츠가 있어야 한다.

DB Unlimited_Dungeon — 무한 던전*

Id	던전 번호
Name	이름
Type	던전 난이도(1 = NORMAL, 2 = HARD)
Monster_Id	배치되는 몬스터 번호

16.1 진행 방법

유저가 소지한 모든 캐릭터를 동원하여 전투한다.

로직 무한 던전 — 시작

1. [무한 던전] 아이콘 터치
2. 던전 로비 입장
3. 플레이 경험 상태 체크
   - 3.1 입장이 처음인 경우
     - 플레이 방법에 대한 튜토리얼 출력
   - 3.2 플레이한 적이 있는 경우
     - 최근에 클리어한 층이 저장되어 있으면 그곳부터 시작

로직 무한 던전 — 진행

1. 스테이지(층) 선택
2. 전투 대기방 입장
3. 전투에 참여할 아군 파티원 선택
   - 3.1 최소 1인 이상 선택되어야 하며, 그냥 [전투 시작]을 누르면 경고함
4. [전투 시작] 버튼 터치
5. 전투 진행

★ 추가로, 몬스터 보상은 Story_Dungeon_Monster 및 Story_Dungeon_Reward DB 표를 참고한다.

6 전투 결과

6.1 전투에 승리한 경우

- 플레이 횟수 차감
- 전투 대기방으로 돌아옴
- 파티원 덱에서 사망자는 제외시킴

6.2 전투에 패배한 경우

- 전투 대기방으로 돌아옴
- 파티원 덱에서 사망자는 제외시킴

로직 무한 던전 – 기타

1 플레이할 수 없는 경우

1.1 남은 횟수가 없음

1.2 최종 스테이지까지 클리어했음

16.2 무한 던전 밸런스

가장 먼저 고려되어야 할 것은 무한 던전의 1개 스테이지를 개발사에서 얼마의 시간 안에 업데이트할 수 있는가다. 만약 3개월에 1개를 만들 수 있다고 하면, 업데이트 기간이 꽤 길기 때문에 론칭할 때부터 많이 만들어 둬야 한다. 고민한 끝에 100층을 만들기로 했다면 다음 로직 사항을 체크한다.

로직 무한 던전 – 밸런스

1 유저가 최고로 다다를 수 있는 전투력은 얼마인가?

2 100층 중 몇 층까지 쉽게 도달할 수 있도록 할 것인가?

3 반복해서 줘도 되는 보상은 무엇인가?

예를 들어, 유저의 최고 전투력이 100,000이라고 가정하면, 100층이므로 층마다 1,000씩 올라가면 될 것 같다. 하지만 이렇게 하면 단순히 비례해서 올라가는 것일 뿐 변화가 없다. 여기서 고려가 되어야 하는 것은 '유저가 어느 전투력에 가장 몰려 있을 것인가'다. 모든 유저가 골고루 분포되어 있지는 않을 것이므로 몰려 있는 구간이 있기 마련이다. 이들에게 가장 재미있는 무한 던전을 만들어줘야 한다. 가령, 다음과 같이 몰려 있다고 가정해 보자.

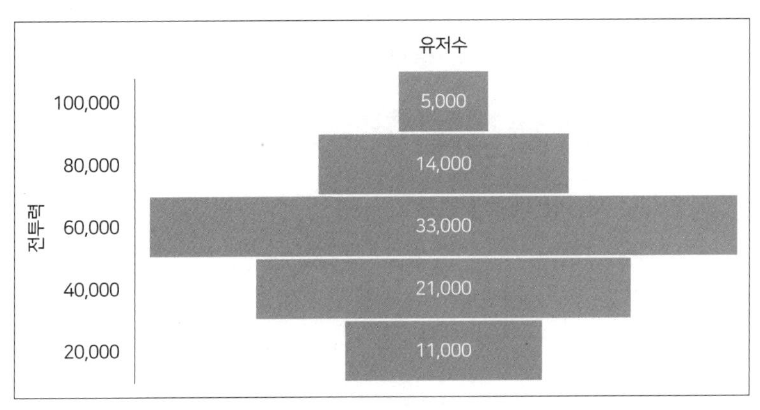

그림 16-2 전투력에 따른 유저 분포 수

그림 16-2에서 가장 유저가 많은 구간은 전투력 60,000이다. 단순히 비례대로 했을 때 한 층에 전투력이 1,000씩 증가하므로 60층이 된다. 이것은 대부분의 유저가 60층까지는 쉽게 올라온 후, 61층부터는 고생한다는 뜻이다. 만약 하루 3회 플레이로 횟수 제한을 두었다면, 60층/3회 = 20일이 걸린다. 물론, 아직 40개의 층이 남았으므로 콘텐츠가 금방 소비되지는 않을 것 같지만 계산은 한번 해봐야 한다. 표 16-1처럼 전투력 1,000(61층)을 올리는 데 며칠이 걸리는지로 계산해 보자.

표 16-1 진행에 걸린 시간

전투력 1,000 달성 시간	1일	3일	7일	14일
100층 도달 시간	40일	120일	280일	560일

표 16-1은 전투력이 시간에 따라 꾸준히 비례하여 증가한다는 가정하에 계산한 것이다. 하지만 대부분의 게임은 전투력을 올리기가 가면 갈수록 어려워지는 것이 현실이다. 즉, 전투력 20,000까지 올리는 데 10일이 걸렸다면, 두 배인 40,000을 올릴 때까지는 10일이 아닌 1개월이 걸리는 식이다. 이렇게 뒤로 갈수록 전투력을 올리기가 어려운 것은 뒷부분을 잘 못 오르게 만들어서라기보다는 초반은 쉽게 오르도록 일부러 만든 이유가 더 크다. 그래서 보통은 평균을 잡아 계산하는데, 위의 표에서 '전투력 1,000을 올리는 것이 7일이다'라고 가정한다면, 사실은 60,000에서 1,000을 올리는 건 1일도 안 걸리고, 전투력 90,000에서 올리는 건 14일이 걸릴 수 있다는 것이다. 이렇게 하면 콘텐츠 소모 기댓값을 구할 수 있다.

생생현장

무한 던전은 어떻게 만들까?

론칭 전에 만드는 사실상 마지막 던전

요일 던전을 만들고 나면 바로 그다음 작업에 들어가는 것이 무한 던전이다. 이유는 요일 던전처럼 모험 던전을 약간 변형하여 빠르게 만들 수 있기 때문이다. 그렇다고 해도 론칭을 앞두고 매우 바쁜 상황이므로 무한 던전까지 완성이 되면 마침내 게임을 오픈하게 된다.

무한 던전의 리플레이 유도

무한 던전이 유저가 얼마나 강해서 어디까지 갈 수 있는지를 알아보는 것이라고 했지만, 그것보다 더 중요한 건 던전을 다시 반복해서 해보고 싶게 만드는 것이다. 플레이하다가 막히면 더욱 강해지지 않는 한, 더 전진하기 힘들므로 플레이하고 싶은 생각이 들지 않는다. 그래서 친구의 기록을 보여줘서 도전 의욕을 일으키거나 다음에 도전할 때 진행한 스테이지만큼 금방 도달할 수 있도록 스킵 기능을 지원한다.

최근 트렌드는 무한 던전이 줄어들고 있다

론칭 전에 만들어지는 마지막 던전이라고는 했지만, 최근 트렌드는 던전보다는 길드나 레이드 같은 추가 모드가 만들어지는 추세다. 던전은 이미 충분히 있기 때문에 다른 플레이를 추가하는 게 유저를 끌어들이는 데 더 도움이 된다고 생각하는 개발사가 점점 늘어나고 있다.

게임을 서비스하다 보면 항상 변화가 생기고 그에 맞춰 이벤트 등을 열어 유저가 지루함을 느끼지 않고 계속 접속하도록 유도해야 한다. 특히, 신규 캐릭터가 나오면 이벤트나 광고를 통해 유저가 관심을 두고 구매하도록 해야 하는데, 이것을 던전으로 만든 것이 이벤트 던전이다*.

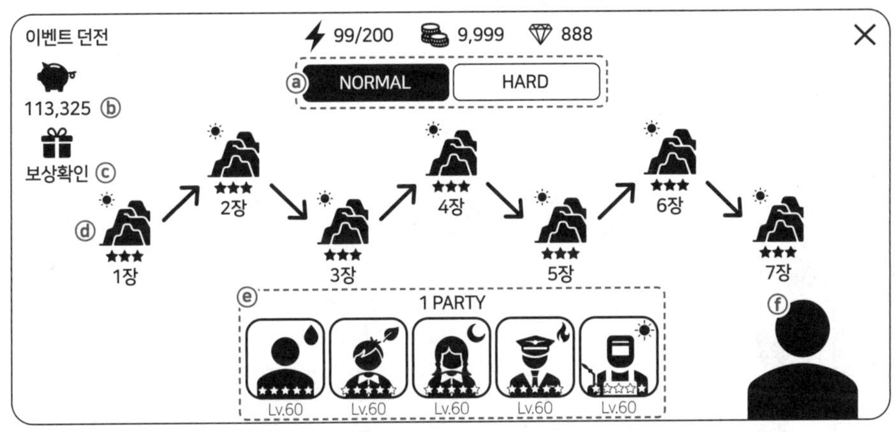

ⓐ이벤트 던전 난이도 ⓑ이벤트 코인 ⓒ이벤트 코인으로 살 수 있는 보상들
ⓓ이벤트 스테이지 ⓔ파티 정보 ⓕ이벤트 캐릭터

그림 17-1 이벤트 던전

* 개념적으로는 캐릭터 던전이지만, 캐릭터를 통한 이벤트 강조가 더 강하므로 통상적으로 이벤트 던전이라 부른다.

한정 기간으로 열리는 이벤트 던전에서는 신규 캐릭터가 주인공이 되어 짧은 이야기를 풀어나가며 좋은 보상이 포함된다.

콘셉트 이벤트 던전 – 요소

1. 레이드, 월드 보스 등 모드가 열리지 않으며, 신규 캐릭터가 추가될 때 오픈된다.
2. 이벤트 주인공 캐릭터의 이야기를 중심으로 스토리가 전개된다.
3. 이벤트 주인공 캐릭터

표 17-1 이벤트 던전 구성

구분	내용
캐릭터 스토리	추가되는 신규 캐릭터를 내세워 던전을 만든다. 캐릭터에 관련된 짧은 스토리로 분량은 챕터 1개 정도로 한다.
추천 캐릭터	신규 캐릭터를 파티에 포함시켜야 이야기 진행이 매끄럽다. 그 외에 신규 캐릭터와 상성(궁합)이 좋은 캐릭터를 추천하여 유저가 파티 구성을 다양하게 하도록 유도한다.
포인트 보상	던전을 돌면 포인트를 모으게 되고 그것으로 누적 보상을 획득하게 하여 포인트를 모으기 위해서라도 계속 반복해서 던전을 돌게 만든다.

17.1 누적 포인트 보상

이벤트 던전은 이야기가 짧고 일회성이라 반복 플레이를 할 만한 것이 적다. 그래서 포인트를 누적시키도록 한 후 누적량에 따른 보상을 얻도록 하고 있다.

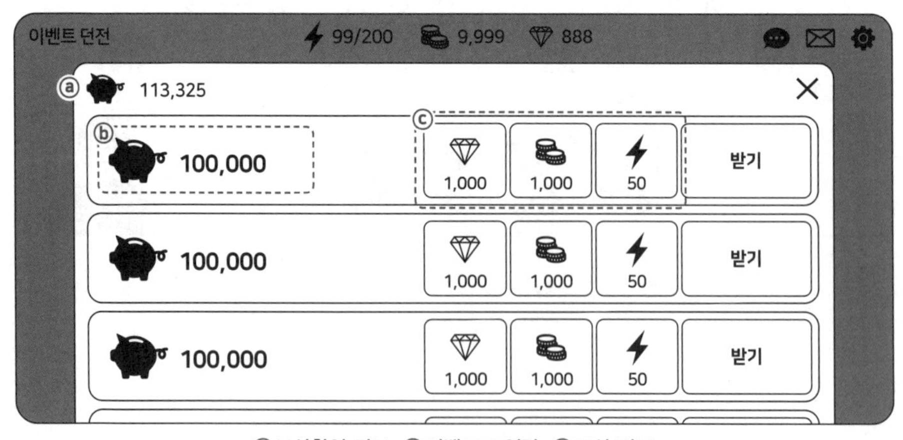

ⓐ보상확인 정보 ⓑ이벤트 코인량 ⓒ보상 정보

그림 17-2 이벤트 던전 누적 포인트 보상

17.2 DB

DB Event_Dungeon — 이벤트 던전

Id	던전 번호
Name	이름
Start_Date	여는 시간
End_Date	닫는 시간
Type	던전 난이도(1 = NORMAL, 2 = HARD)
Monster_Id	배치되는 몬스터 번호

DB Event_Dungeon_Reward — 이벤트 던전 포인트 누적 보상

Point	이벤트 던전에서 얻은 포인트(누적)
Reward_Type_1	보상 종류
Reward_Id_1	보상 번호
Reward_Count_1	보상 수량

17.3 로직

로직 이벤트 던전 — 시작

1. [이벤트 던전] 아이콘 터치
2. 던전 로비 입장
3. 스테이지 선택

로직 이벤트 던전 — 진행

1. 전투 대기방 입장
2. 전투에 참여할 아군 파티원 선택
3. 이벤트 캐릭터는 강제로 선택된 상태
4. 나머지 4명을 선택
5. [전투 시작] 버튼 터치

이벤트 던전 – 누적 포인트

1 [보상확인] 터치

2 현재 누적된 포인트에 해당되는 보상 획득

17.4 이벤트 던전의 난이도

스토리 던전도 그렇지만 이벤트 던전도 중요한 건 캐릭터의 이야기를 전달하는 것이다. 이것은 전투력이 높고 낮고를 떠나 모든 유저가 즐겨주기를 바라는 콘텐츠다. 그래서 난이도를 너무 높게 잡지 않는 것이 좋다. 유저가 가장 많이 도달해 있는 전투력보다 10~20% 낮게 설정하는 것이 좋다.

17.5 이벤트 던전의 보상 밸런스

이벤트 기간에 최종 보상까지 누구나 받게 하고 싶다면 하루 평균 혹은 1회 평균 얼마나 포인트를 모을 수 있는지부터 계산해야 한다. 만약 이벤트 던전 플레이가 하루 3회 횟수 제한이 걸려 있다고 가정한다면, 2주 동안 14일 × 3회 = 42회를 플레이할 수 있다. 1회 평균 1,000포인트를 얻을 수 있다고 한다면, 최종 보상은 42회 × 1,000포인트 = 42,000포인트를 요구하는 것이 맞다. 그러나 '누구나 2주 동안 열심히 플레이한다면 얻을 수 있게 하고 싶다'라는 콘셉트이므로 그보다 10% 낮게 설정하여 37,800이 안정적이다. 허들이 높아서 받는 사람이 적은 것보다는 낮아서 누구나 보상을 받는 것이 유저에게 더 좋기 때문이다.

생생현장

이벤트 던전은 어떻게 만들까?

▶ **캐릭터에 집중한 추가 콘텐츠**

론칭 이후에는 레이드, 월드 보스, 길드 등 굵직한 콘텐츠를 업데이트함으로써 유저가 게임을 계속 즐기도록 유도하는데, 이런 큰 콘텐츠를 연달아 만드는 것은 개발사에 많은 부담이 된다. 왜냐하면 론칭 전에는 순전히 개발에만 집중할 수 있었지만, 론칭 후에는 버그 개선,

유저의 요청에 대한 대응도 같이해야 하기 때문이다. 그런 와중에 추가되는 캐릭터는 꾸준히 있어야 하는데, 개발사 입장에서는 캐릭터가 잘 팔려야 매출이 나오기 때문에 그것 역시 소홀히 할 수 없다. 이런 니즈가 한데 모여서 개발이 비교적 쉬우면서 큰 콘텐츠 사이의 중간다리 역할을 하고, 캐릭터까지 어필할 수 있는 것이 바로 이벤트 던전이다.

▶ 이벤트 던전은 캐릭터의 스토리

캐릭터가 주요 수익이기 때문에 개발사에게는 매우 중요하며, 캐릭터가 잘 팔리기 위해서는 강하고, 매력적이며, 스토리를 갖춰야 한다고 다뤘었다. 이벤트 던전은 캐릭터의 스토리에 집중하고 있다. 왜냐하면 매력적인 것은 이미 생김새로 표현이 되고, 남은 것은 강한 것인데 그것은 이벤트 던전에서 아무리 강해 봐야 소용이 없고 항상 오픈되어 있는 PvP 혹은 최소한 모험 던전에서라도 좋아야 의미가 있기 때문이다.

유저가 어느 정도 강해지면 다른 유저와 경쟁해서 이기고 싶은 생각이 들 수 있다. 이런 사람들을 위해 만들어진 것이 PvP다.

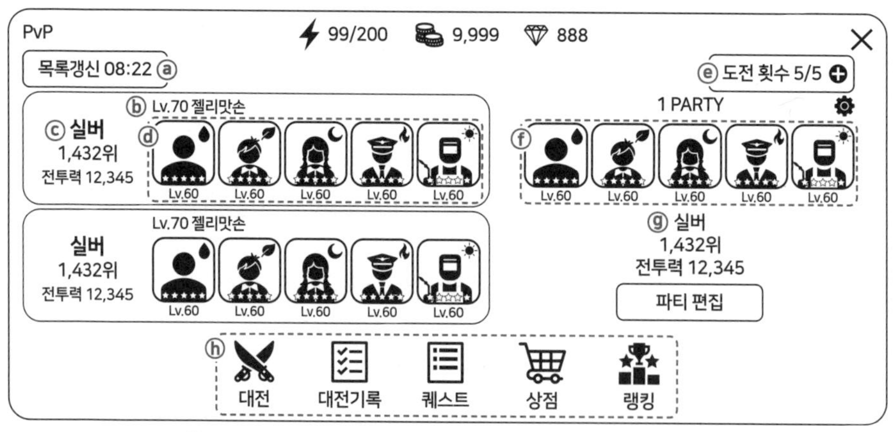

ⓐPvP 목록갱신 버튼 ⓑPvP 상대 ⓒPvP 등급 ⓓ상대 파티
ⓔ도전 횟수 ⓕ내 파티 ⓖ내 등급 ⓗPvP 메뉴

그림 18-1 PvP 대기방

로직 PvP ─ 시작

1 PvP 대기방 입장

2 내 정보 출력

  2.1 파티원, 등급, 등수, 전투력

3 대전할 유저 정보 출력

  3.1 유저의 승점을 기준으로 위아래 가장 가까운 5명 출력

  3.2 파티원, 등급, 등수, 전투력

PvP를 시작할 때 가장 중요한 건 실력이 비슷한 유저를 매칭하는 것이다. 그래야 아슬아슬한 승부가 펼쳐져 한껏 재미를 느낄 수 있다. 유저 승점을 기준으로 매칭하는 것은 다음에서 자세히 설명한다.

로직 PvP ─ 진행

1 대전할 유저를 선택

2 PvP 전투 진행

  2.1 비동기화, 자동전투

3 승패 체크

  3.1 승리 조건
  - 시간 내에 상대방을 전멸시킴

  3.2 패배 조건
  - 아군 전멸
  - 시간 내에 상대방을 전멸시키지 못함

게임이 실시간으로 다른 유저와 함께 진행되고 있는 것이 아닐 경우, 다른 유저가 플레이했던 과거의 파티와 자동으로 전투하도록 만든다. 즉, 유저끼리 직접 조작하는 것이 아닌, 유저가 키운 파티원을 시스템에서 전투하도록 만드는 것이다. 이때 공격 측도 수비 측과 마찬가지로 자동전투를 하도록 만든다. 왜냐하면 자동전투보다 유저가 직접 조작하는 수동전투가 승리할 가능성이 매우 높기 때문이다. 자동전투는 제한된 AI로 진행되므로 유저가 그때그때 상황을 보며 조작하는 수동전투보다 승률이 낮을 수밖에 없다. 일례로, 격투 게임에서 컴퓨터의 패턴을 파악하면 매우 쉽게 이길 수 있는 것과 같다. 물론, 실제 유저와 싸우는 것처럼 AI를 뛰어나게

만들면 되겠지만 아직은 풀어야 할 숙제가 많다.

로직 **PvP — 결과**

1 결과 화면 출력

1.1 승리한 경우
- 승점을 계산하여 등급에 반영
- 보상 획득
- 연속 승리 체크

1.2 패배한 경우
- 승점을 계산하여 등급에 반영
- 보상 획득
- 연속 승리 중지

2 등급에 변화가 있을 경우 팝업 출력

전투가 종료되면 승패에 따른 승점을 받아 계산, 등급과 순위를 결정하게 된다.

18.1 목록갱신

유저가 PvP를 처음 접속하면 최신 정보를 내려주게 되는데, 이후로는 정보 갱신이 자동으로 이뤄지지 않거나, 이뤄진다고 해도 약간의 시간이 걸린다. PvP에서는 나와 실력이 비슷한 상대를 찾는 것이 중요하므로 현재 상대들의 실력을 실시간으로 보여주는 것이 가장 좋다. 그렇지만 정보를 실시간으로 보낸다면 부하가 많이 걸리므로 처음 정보를 확인한 후, 원하는 상대가 없어 다시 찾아보고 싶을 때 [목록갱신] 버튼을 눌러 수동으로라도 찾을 수 있도록 한 것이다. 한 번 갱신 후 다시 갱신하기까지 시간이 걸리도록 한 것은 정보를 자주 보낼수록 데이터를 많이 전송하게 되기 때문이다. 목록은 카운트다운 중이 아닐 때는 무료로 갱신할 수 있으며, 이후부터는 크리스털 등의 재화를 받는다.

DB **Config — 목록갱신 관련 정보**

PvP_Refresh_Time	얼마의 시간이 지나야 목록갱신이 되는가?
PvP_Refresh_Gem	갱신 시에 얼마의 크리스털이 필요한가?

로직 PvP — 목록갱신

1 [목록갱신] 버튼 터치
   - 1.1 목록갱신 시간이 카운트다운 중이었을 때
     - 크리스털을 사용해 갱신하겠냐고 물어봄
   - 1.2 목록갱신 시간이 카운트다운 중이 아니었을 때
     - 무료로 갱신

2 유저의 승점을 기준으로 위아래 일정 범위 값 내의 유저를 검색

3 조건에 부합하는 유저 5명을 출력

4 목록갱신 시간 카운트다운 시작

18.2 도전 횟수

PvE 던전은 액션 포인트(AP)로 플레이 횟수를 제한하듯, PvP는 도전 횟수로 제한한다. 횟수를 제한하지 않으면 PvP를 많이 하게 되어 밸런스에 문제가 생길 수 있다.

DB Config — 도전 횟수 정보

PvP_Play_Count	기본으로 제공되는 도전 횟수	5
PvP_Play_Count_Gem	도전 횟수 충전 시 크리스털 가격	30

로직 PvP — 도전 횟수

1 [도전 횟수] 버튼 터치
   - 1.1 도전 횟수가 남은 경우 — 터치 무시
   - 1.2 도전 횟수가 남지 않은 경우
     - 도전 횟수를 크리스털로 충전하겠냐고 물어봄
     - '예'일 경우 크리스털 차감하고 도전 횟수를 충전해 줌

18.3 매칭 방법

다른 유저와의 전투에서 가장 중요한 것은 비슷한 실력끼리 맞붙도록 하는 것이다. 실력 차가 너무 크면 일방적인 게임이 되므로 흥미가 떨어져 유저 이탈로 이어질 수 있다. 실력이 비슷한 사람을 찾는 방법은 점수를 이용하는 것이다. 그래서 최대한

같은 점수를 찾아내는 것이 매칭의 핵심이다.

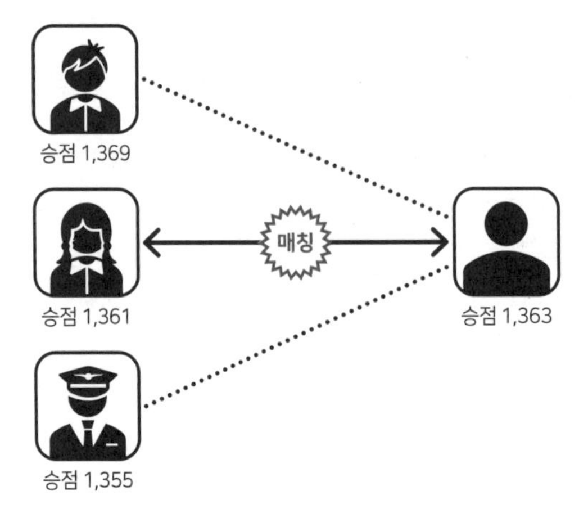

그림 18-2 승점에 따른 매칭 방법

로직 PvP — 매칭 공식

1. 유저 점수와 최대한 비슷한 유저를 찾아 매칭한다*.

문제는 점수 계산을 어떻게 해야 공정하면서도 비슷한 실력끼리 매칭할 수 있는가다. 우선 단순하게 점수를 계산해 보자.

로직 PvP — 점수 계산 방법 1차

1. 모든 유저는 PvP 입장 시에 기본 점수를 받는다.
2. 승리하면 기본 점수에 승리 점수를 더한다.
3. 패배하면 기본 점수에 패배 점수를 더한다.
4. 점수가 많을수록 순위가 올라간다.

위와 같이 하면 점수를 근거로 순위를 매길 수 있다. 다만, 실력 차에 의한 불균형이 발생할 수 있는데, 가령 이겼을 때 승리 점수가 10점으로 항상 일정하다고 가정해 보자. 상대의 실력에 따라 어렵게 이길 수도, 쉽게 이길 수도 있다. 매우 잘하는 유저를 이겼다면 더욱더 값진 승리가 될 것이고, 못하는 유저를 이겼을 때는 당연

* 혹은 비슷한 점수대의 유저 여럿을 찾아 리스팅 후 유저가 선택하도록 하는 방법도 있다.

하게 받아들여질 것이다. 이처럼 상대의 실력에 따라 가중치를 두어 공식에 적용해 보면 다음과 같다.

로직 PvP — 점수 계산 방법 2차

1. 승리 혹은 패배 시 상대가 얼마나 어려웠는지까지 적용한다.
2. 상대를 이길 확률을 점수로 변환한다.
3. 예를 들어, 승리 점수는 10점인데 상대를 이길 확률이 50%라고 하면
   - 3.1 50%라는 것은 숫자로 변환하면 1 − 0.5 = 0.5가 된다.
   - 3.2 결국, 승리 점수와 함께 계산하면 10 × 0.5 = 5점이 된다.
   - 3.3 결국, 이길 확률 반반인 상대에게 이기면 5점을 얻게 된다.
4. 상대가 고수여서 이길 확률이 10%뿐이라고 한다면
   - 4.1 1 − 0.1 = 0.9가 된다.
   - 4.2 10 × 0.9 = 9점
   - 4.3 매우 어렵게 이긴 만큼 많은 점수를 받는다.
5. 패배했다면 승리와 반대로 값을 빼면 된다.
   - 5.1 위의 계산을 적용하여 5점을 잃게 된다.
6. 무승부인 경우는 계수를 0.5로 한다.

이렇게 하면 승률에 따른 점수를 더욱 명확하게 계산하여 비슷한 실력끼리 매칭할 수 있을 듯하다. 위와 같이 계산하는 방법을 ELO 레이팅*이라고 하며 다음과 같이 정리된다.

로직 PvP — ELO 레이팅

1. 승리 = 기본 점수 × (1 − 예상 승률)
2. 패배 = 기본 점수 × (0 − 예상 승률)
3. 무승부 = 기본 점수 × (0.5 − 예상 승률)

* 미국의 물리학 교수이자 체스 플레이어인 아르파드 엘로(Arpad Elo) 박사가 만들었다.

18.4 NPC 넣기

유저가 게임에 익숙해질 때 PvP 콘텐츠가 열리긴 하지만, 대전 상대로는 유저보다 더 잘하는 사람들이 많을 것이다. 물론, 최대한 비슷한 실력끼리 매칭해 주는 게 가장 좋지만, 유저 수가 적다면 이것도 어렵다. 그래서 몇몇 개발사에서는 마치 유저인 것처럼 혹은 대놓고 NPC를 대전 상대로 넣어서 유저가 쉽게 첫 승의 기쁨을 맛보도록 하고 있다. 이렇게 들어간 NPC는 나중에는 이벤트 상대로 활용된다.

18.5 순위

상대와 싸워서 이겼다면 순위가 올라가게 된다. 유저들이 열심히 경쟁하는 것은 랭킹을 올리기 위해서라고 봐도 과언이 아니다. 랭킹이 오르면 남들에게 보여지는 과시욕이 충족되고 많은 보상도 받게 된다.

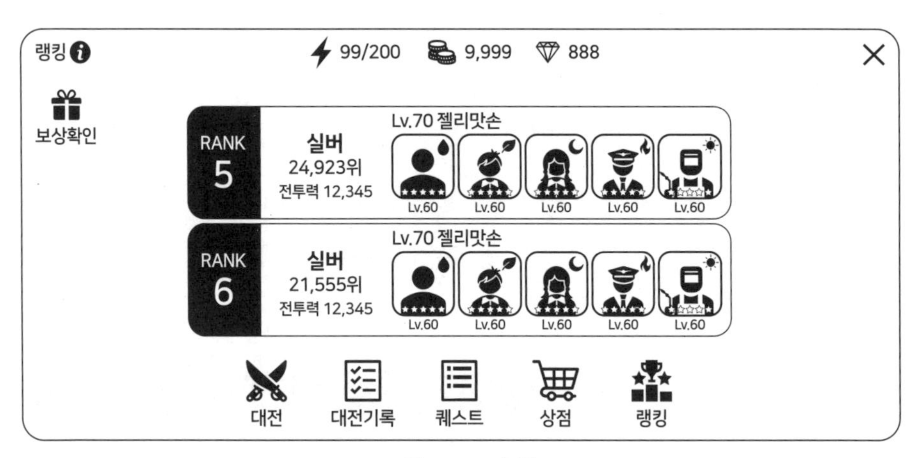

그림 18-3 순위

표 18-1 점수에 따른 순위

구분	브론즈	실버	골드	다이아몬드	플래티넘
점수	1000~1999	2000~2999	3000~3999	4000~4999	5000~5999

18.6 엔드 콘텐츠의 역할

엔드 콘텐츠end-contents는 유저가 가장 마지막까지 반복해서 즐기는 최종 놀이를 말한다. PvP가 흔히 엔드 콘텐츠로 언급되는 이유는 던전처럼 새로운 스테이지를 계속 만들어서 제공할 필요 없이 그 자체만으로 유지되며, 다른 유저를 이기기 위한 재화 소모가 끊임없이 일어나기 때문이다. 다른 유저를 이기고 명예를 드높이고 싶은 유저는 많이 있으므로 PvP가 잘 만들어진다면, 그리고 유저 풀pool이 충분히 넓다면 엔드 콘텐츠로의 역할을 충분히 할 수 있다.

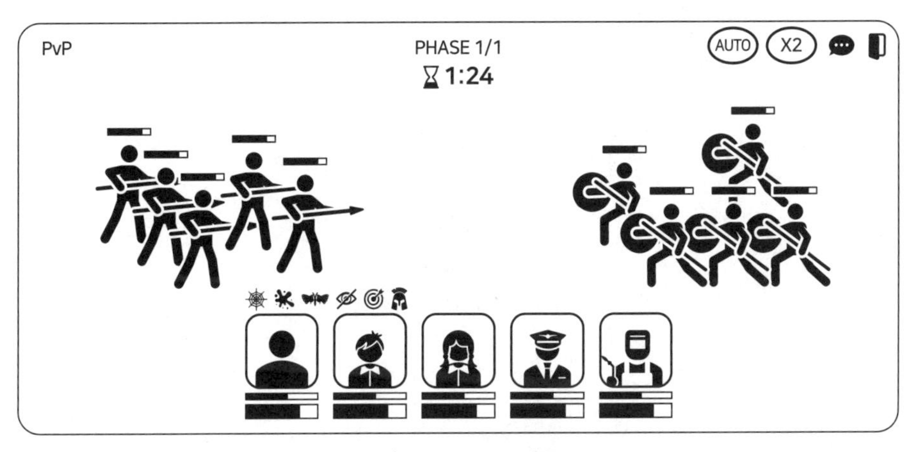

그림 18-4 PvP 전투

18.7 PvP의 메타

메타META, Most Effective Tactic Available는 앞에서 말한 것처럼 가장 효과적인 전략을 뜻한다. 많은 유저가 많은 캐릭터로 PvP를 하다 보면 성장 수준이 비슷하다고 할 때 그래도 승률이 비교적 높은 캐릭터가 있을 것이다. 모바일 가챠 게임은 유저의 세밀한 컨트롤을 요구하지는 않으므로 유저의 조작 능력보다 캐릭터 자체가 좋은 스킬을 갖고 있을 가능성이 높다. 원래는 모든 캐릭터가 성장 수준이 같다면 평등해야 하며, 서로 물고 물리는 관계일 때 유저는 다양한 캐릭터를 키워야 하므로 개발사 입장에서는 가장 좋다. 하지만 밸런스를 사람이 조절하는 이상 특정 캐릭터의 특정 스킬이 강한 경우가 있는데, 승리에 목마른 유저들은 재빨리 이런 캐릭터를 획득하거나 혹은 대응책을 마련하게 된다. 이처럼 PvP에서 유행하는 전투의 흐름을 메타라고 한다. 다음은 대표적인 메타들이다.

그림 18-5 메타의 흐름

표 18-2 메타의 종류

물리/마법 메타	스테이터스가 물리/마법으로 나뉘어 있으면 가장 많이 쓰이는 메타로, 물리 공격이 강하거나 마법 공격이 강한 것을 말한다. 통상 2개월마다 한 번씩 바뀐다.
부활 메타	죽으면 한 번 부활한다. 치명적인 대미지를 받아도 죽음에 다다른 순간 0이 되며, 다시 살아나기 때문에 매우 강력한 스킬이다. 이를 막기 위해 스킬을 발동 못 시키는 침묵을 걸거나 부활까지 죽게 하는 절명 등의 스킬이 추가된다.
관통 메타	아무리 튼튼한 방어구를 입어도 적의 공격이 그대로 관통되어 들어온다. 이를 대비하기 위해 관통에 대한 대미지 감소 스킬이나 방어구가 추가된다.

메타의 중요성

전투에서 자주 승리하는 패턴이 발생한다면 그것은 좋지 못하다. 다양한 캐릭터를 이용해 다양한 전술을 사용하고 이를 위해 다양한 캐릭터를 키우는 것이 가장 좋다. 하지만 메타가 반드시 나쁘다고만은 볼 수 없는 게, 전투의 유행을 바라는 유저도 많기 때문이다. 몇몇 개발사는 의도적으로 메타를 발생시키고 유저들이 이에 대응하도록 유도한다. 물론, 메타를 만든다는 건 메타를 유도할 좋은 캐릭터를 유료로 판매한다는 것이고, 그에 대응하는 캐릭터 역시 유료로 판매한다는 것이다. 여기서 얼마나 수익을 벌어들이는가는 신규 메타를 기존 캐릭터로 얼마나 대응할 수 있게 해주는가다. 기존 캐릭터로 대응하기 쉽다면 적은 수익을, 어렵다면 큰 수익을 노려볼 수 있지만, 너무 새로운 것을 추구하면 유저의 이탈이 다수 일어날 수 있다. 항상 그 중간을 유지하는 것이 중요하다.

생생현장

PvP는 어떻게 만들까?

▶ PvP 개발 시작

PvP는 요일 던전 개발이 끝나갈 때쯤 시작된다. 이유는 PvP가 기술적으로 해결해야 하는 부분들이 있는데, 요일 던전이 완성될 때쯤에는 기술 이슈가 어느 정도 해결되기 때문이다. 만약 게임이 실시간이 아니라면 유저 파티 정보를 받아와서 간접 PvP를, 실시간이라면 바로 직접 PvP를 하도록 하는 것이다. 이런 서버 기술 이외에도 캐릭터가 어떤 스킬을 쓸 것인가, 그에 따른 메타의 흐름 등을 조절하는 것이 개발 초기에는 기획적으로도 어려운 일이다.

▶ 매칭 공식과 보상

기획적으로 또 어려운 부분은 매칭을 최대한 공정하게 만드는 것인데, 이미 ELO 공식 등 참고할 만한 것이 많지만, 게임에 맞는 공식 조절은 손이 많이 가는 일이다. 어떻게 하면 가장 비슷한 실력의 유저를 찾아 매칭시켜 주는가가 핵심이다. 또한, 그에 따른 보상 역시 고민이 많이 뒤따른다.

▶ 최근에는 실시간 PvP가 대세

예전에는 서버 응답 속도가 느려서 실시간 PvP를 하기 힘들었다. 즉, 유저의 옛날 정보를 받아와서 가상으로 PvP를 붙일 수밖에 없었다. 하지만 지금은 기술의 발전으로 많은 게임이 실시간 PvP를 지원하고 있다. 그에 따라 좀 더 유저 간의 커뮤니케이션이 활발해져서 상대적으로 길드 PvP 등이 발전해 나가고 있다.

게임에서 레이드*는 강력한 보스를 물리치기 위해 여러 유저가 힘을 합치는 모드를 말한다.

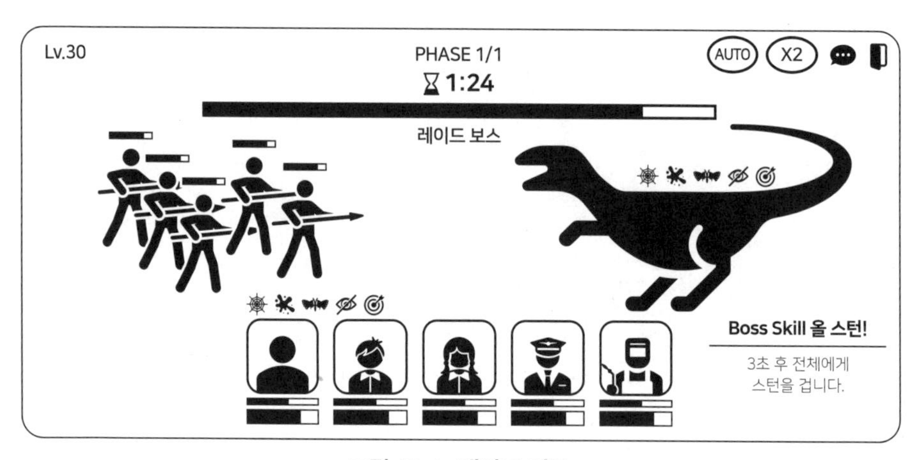

그림 19-1 레이드 전투

유저는 강해질수록 더욱 강한 적과 싸우고 싶어지는데, 스토리 던전이나 요일 던전은 강하지 않은 유저도 스토리를 보거나 필수 보상을 받아야 하므로 강함을 시험하

* raid, 용어는 MMORPG인 에버퀘스트에서 처음 나왔다고 전해지며, 수십 명이 보스를 공격하는 데에서 유래되었다.

기에 적당하지 않다. 그래서 별도로 매우 강력한 던전을 만들었고, 이것이 레이드의 시작이다. 그런데 혼자서만 도전하기에는 너무 강력하므로 친구들과 함께 도전하도록 하였다*.

콘셉트 레이드

1. 고정된 플레이만 하면 재미없다. 시즌제로 열리는 이벤트 던전으로 변화를 주고 싶다.
2. 매우 강력한 보스를 상대로 나의 정예 파티가 어디까지 강해졌는지 확인해 보고 싶다.
3. 친구와 함께 플레이하여 '같이하는 재미'를 주고 싶다.
4. 나의 강함을 다른 사람들에게 알려주고 싶다.

DB Config – 레이드 도전 횟수 관련 정보

RaId_Ticket_Full	레이드 티켓 최대량	10
RaId_Ticket_Recover_Time	레이드 티켓이 1개 충전될 때까지 걸리는 시간	10
RaId_Ticket_Gem	레이드 티켓을 모두 썼을 때 크리스털 얼마로 가득 충전할 수 있는지	

로직 레이드 – 시작

1. 레이드 기간 시작
2. AP를 소모하는 플레이
3. 확률에 의해 레이드 발생

로직 레이드 – 진행

1. 레이드 대기방 입장
   - 1.1 내가 오픈한 레이드
     - 내가 참여해서 클리어하면 다음 레이드는 한 단계 더 높은 레벨 발견
   - 1.2 친구가 오픈한 레이드
     - 참여해서 도움을 주고 보상 일부 획득

* 친구와 협력하거나 싸우는 것은 그것만으로도 하나의 콘텐츠가 될 수 있다. 친구와 커뮤니티가 형성된다면 개발사 입장에서는 게임의 재접속 기회가 늘어나 좋은 것이다.

1.3 종료된 레이드
- 클리어한 것은 보상 획득
- 시간 종료된 것은 미션 실패

2 레이드 전투 진행

2.1 친구들과 함께 보스를 쓰러트리기

3 레이드 보상 획득

3.1 레이드 코인, 골드, 크리스털, 캐릭터 등

3.2 대미지 기여한 순서대로 부여

4 레이드 상점에서 캐릭터, 장비 등을 구매

19.1 레이드 구성 요소

표 19-1 레이드 구성 요소

레이드 리스트	유저 혹은 친구가 오픈한 레이드가 레벨별로 표시된다.
레이드 퀘스트	레이드 관련 퀘스트
레이드 상점	레이드를 클리어하면 받는 레이드 코인으로 상품을 구매한다.
레이드 랭킹	레이드 최종 레벨에서 가장 많은 대미지를 준 순서대로 100위까지 랭킹을 매긴다.

레이드 비동기화

PvP도 그렇지만 레이드 역시 비동기화 전투로 이뤄진다.

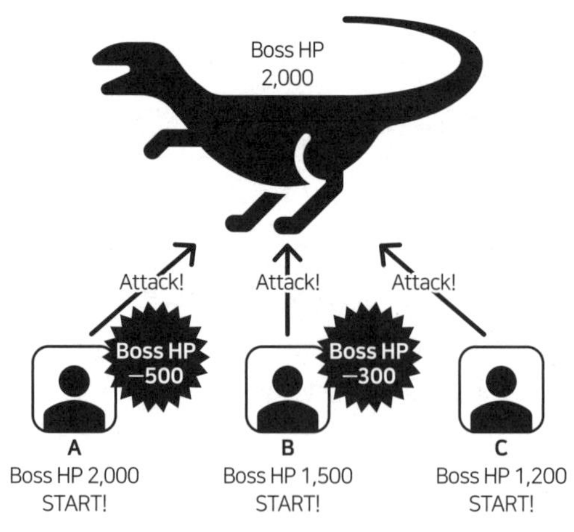

그림 19-2 레이드 비동기화 전투

비동기화의 장점은 패킷 요구량이 적어 반응속도가 빠른 쾌적한 플레이가 가능하다는 것이고, 단점은 동기화가 아니라서 과거 데이터로 플레이한다는 것이다. 레이드에서 여기에 직접적으로 영향을 받는 것은 보스의 체력이다. 유저들이 실시간으로 같이 들어가서 싸우는 게 아니므로 앞서 싸운 유저가 깎은 체력을 받아 다음 유저가 싸우는 식이다. 이것이 동시에 일어나다 보니 집계의 차이가 발생한다.

19.2 레이드 발생

게임에 따라 레이드가 발생하는 방법은 다양하다. 유저가 레이드 모드에 접속하면 거기서 하나씩 플레이하는 방법이 있는가 하면, 유저가 AP를 소모하며 던전을 플레이하고 있을 때 확률에 의해 발생하는 경우도 있다. AP를 소모하는 방식이라면 던전을 클리어한 후 확률적으로 발생하는 방식이 가장 많이 채택되고 있다.

그림 19-2 레이드 발생

DB Raid_AP – AP 소모량에 따른 레이드 발생 확률

AP	AP 소모량	10
Raid_Open_Pct	레이드 발생 확률	10

레이드 – 목록 갱신

1. 유저가 AP를 소모하여 던전을 플레이
2. 전투 결과가 나오면 확률에 의해 레이드 발생 여부 체크
   - 2.1 레이드가 발생한 경우는 레이드 대기방으로 이동
   - 2.2 레이드가 발생하지 않은 경우는 전투 결과 화면 유지

19.3 레이드 난이도

레이드 보스는 원래 어렵기 마련이지만 그렇다고 처음부터 너무 강력하면 유저가 몇 번 시도해 보고 포기할 것이다. 이를 막기 위해서는 난이도를 다양하게 둬서 '그래도 해볼 만하다'라는 생각이 들도록 해줘야 한다. 이를 레벨 구간으로 표시하면 다음과 같다.

표 19-3 레이드 레벨

레벨	난이도
1~10	초보에서 게임을 시작한 지 얼마 되지 않는 유저까지 도전해 볼 수 있음
11~20	중급 유저들이 큰 부담 없이 플레이
21~30	중고수 유저들이 도전하여 클리어할 수 있음

19.4 레이드 난이도 밸런스

레이드 전투 밸런스는 크게 두 가지를 잡아야 하는데 첫 번째는 마지막 30레벨 도달 전까지의 밸런스, 그리고 두 번째는 30레벨 최종 보스전의 밸런스다. 레이드 역시 누구나 참여하여 즐길 수 있도록 하려면 초반에는 쉽게, 후반에는 어렵게 만드는 것이 바람직하다. 유저가 가장 많이 도달하는 전투력이 60,000, 최고 100,000이며, 레이드는 하루 10회까지 도전 가능하다고 가정하면 다음과 같이 초안을 잡아볼 수 있다.

표 19-4 레이드 전투력에 따른 레벨

전투력	Lv.1~10	Lv.11~20	Lv.21~29	Lv.30
30,000	1~5회	6~10회	10회 이상	10회 이상
60,000	1~3회	4~7회	8~10회	10회 이상
100,000	1회	1~3회	4~7회	10회 이상

표 19-4를 보면 레이드 난이도가 비교적 높은 것으로 보인다. 하지만 이것은 혼자 레이드를 플레이하는 경우를 가정한 것이고, 비슷한 실력의 친구가 참여하게 되면 난이도는 2배 이상 하락하게 된다. 여기서 레이드마다 평균 몇 명의 친구가 참여하게 될 것 같은지를 설정해야 한다. 만약 평균 3명이 될 것 같으며, 친구들의 전투력이 유저와 비슷하다고 볼 경우 위의 표를 기준으로 조정하면 된다. 다음은 Lv.12를 샘플로 만들어 본 것이다.

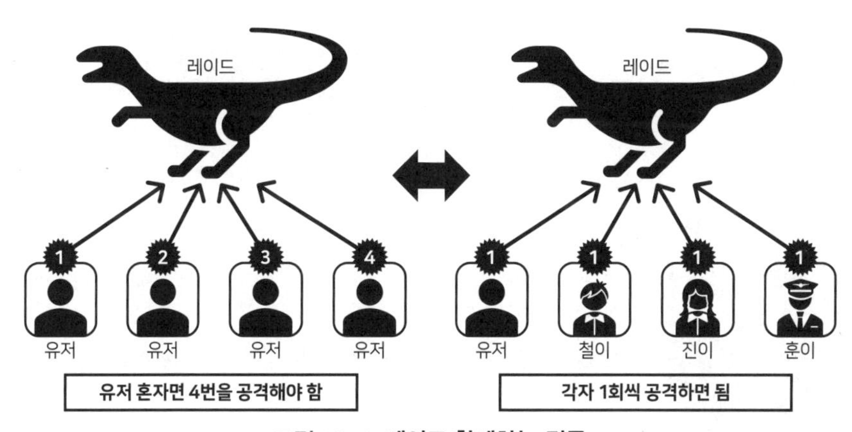

그림 19-4 레이드 함께하는 전투

표 19-5 친구의 전투력과 참여 횟수

전투력	Lv.12	친구 참여	친구 전투력 평균	Lv.12 최종 참여 횟수
60,000	4회	3명	60,000	1회

표 19-5에서 Lv.12를 클리어하기 위해서는 4회의 전투 참여가 필요한데, 비슷한 전투력의 친구 3명이 추가되면 결국 1회로 클리어한다는 내용이다. 이렇게 기준을 잡으면 레이드 각 레벨별 전투력을 계산해 낼 수 있다.

19.5 레이드 로비

레이드 로비에서는 현재 어떤 레이드가 발생했고, 누가 전투 중이며, 어느 것이 종료되었는지의 정보를 알려주는 것이 중요하다. 다음은 대표적인 정보들이다.

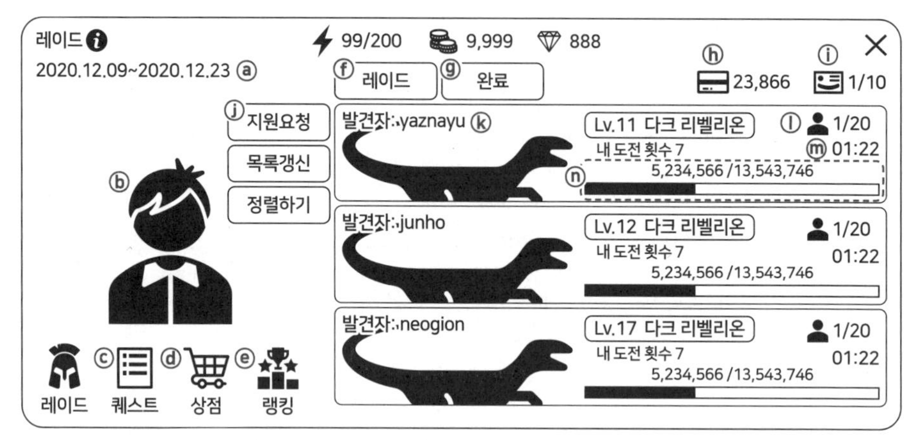

ⓐ레이드 기간 ⓑ레이드 보스 이미지 ⓒ퀘스트 ⓓ상점 ⓔ랭킹 ⓕ발생한 레이드
ⓖ완료된 레이드 ⓗ레이드 코인 ⓘ레이드 티켓 ⓙ친구에게 지원요청 ⓚ레이드 스테이지
ⓛ레이드 참여자 ⓜ레이드가 남은 시간 ⓝ레이드 보스가 남은 체력

그림 19-5 레이드 로비

표 19-6 레이드 구성 요소

레이드 기간	레이드는 특정 기간에만 열리므로 기간 표시를 해준다. 기간이 지나면 그때까지 모은 레이드 코인이 골드로 변환된다.
레이드 보스	레이드 보스가 누구인지를 계속 알려줘서 유저가 파티원을 구성할 때 대비할 수 있도록 한다.
레이드 스테이지 정보	발견된 것, 진행 중인 것, 완료된 것, 실패한 것 등의 정보를 보여준다.
레이드 티켓	10회를 기준으로 1회 전투 시 10분 후 1장 충전된다.
지원요청	혼자서 레이드 전투가 어려울 경우 친구를 불러 같이 할 수 있다.
레이드 코인	레이드를 클리어하면 받을 수 있으며, 레이드 상점을 이용할 수 있다.
퀘스트	레이드 관련 퀘스트
상점	레이드 전용 상점
랭킹	레이드 최종 레벨인 Lv.30에서 최고 대미지를 입힌 순서로 기록

특히 레이드에 대한 정보가 중요하므로 세부적으로 다음의 사항을 알려준다.

표 19-7 레이드 세부사항

나의 레이드	내가 발견한 레이드를 표시한다.
친구의 레이드	친구가 발견한 레이드를 표시한다.
성공한 레이드	클리어한 레이드를 표시한다. 터치하여 보상을 받을 수 있다.
실패한 레이드	공략에 실패한 레이드를 표시한다*.

19.6 내가 오픈한 레이드의 의미

레이드를 난이도에 따라 나눴다면 유저가 앞으로 더 높은 레벨의 레이드를 할 수 있는 근거를 줘야 할 것이다. 그것이 '내가 발견한 레이드를 내가 참여해서 클리어했다'라는 것이다. '내가 발견했다'라는 것은 레이드를 오픈하기 위한 충분한 플레이를 했다는 것이고, 내가 참여해서 클리어했다는 것은 레이드 보스를 쓰러트렸다는 것이다. 그러므로 다음 단계로 올라갈 자격이 충분하다는 것이다. 여기서 '내가 직접 보스를 쓰러트렸다**'가 아닌 것은 조건이 가혹하기 때문이다.

그림 19-6 레이드 오픈

* 유저는 자신이 발견하거나 참여한 레이드의 결과가 어떻게 되었는지 궁금하기 때문에 실패한 레이드도 표시해야 한다.

** 게임 속어로 '막타(상대를 쓰러트리는 마지막 타격)를 쳤다'라고 표현하기도 한다

19.7 레이드 전투

마침내 레이드 전투의 시작이다. 다른 던전과 달리 난이도가 높지만 레이드마다 대표 속성이 있으므로 그것의 우위에 있는 속성으로 덱deck을 짜서 공략하면 클리어 가능성이 높아진다. 레이드 레벨이 위로 올라갈수록 난이도, 특히 상태 이상 공격이 심해지므로 레이드 주인공을 파티에 참가시키는 것이 좋다. 마지막 레벨을 클리어하면 레이드를 완전히 클리어하게 된다.

전투 대기방

먼저, 전투 대기방에 입장하여 레이드 관련 정보를 얻는다. 기본적으로 스토리 던전 전투 대기방과 같지만, 레이드에 어떤 친구가 도전해서 얼마의 피해를 입혔는지가 추가되어 있다.

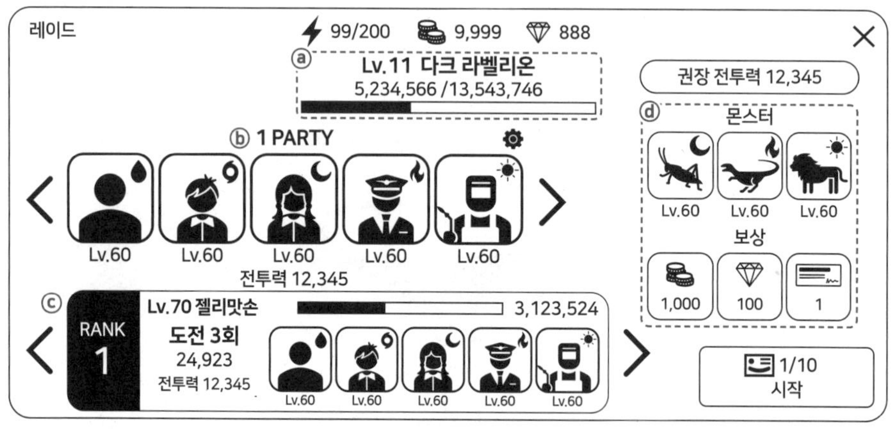

ⓐ보스 정보 ⓑ유저 파티 정보 ⓒ레이드에 참여한 친구 정보 ⓓ레이드 스테이지 등장 몬스터 정보

그림 19-7 레이드 전투 대기방

전투 진행

레이드 전투라고 해서 특별한 것은 없다. 다만, 적군이 다양한 상태 이상 공격을 할 텐데 이를 미리 대비하지 못하면 꽤 고생할 것이다. 특히, 마지막 레벨의 최종 보스는 기존에 없었던 상태 이상 공격을 다양하게 펼쳐오므로 미리 대비하지 못하면 클리어할 때까지 매우 여러 번 재시도를 해야 한다.

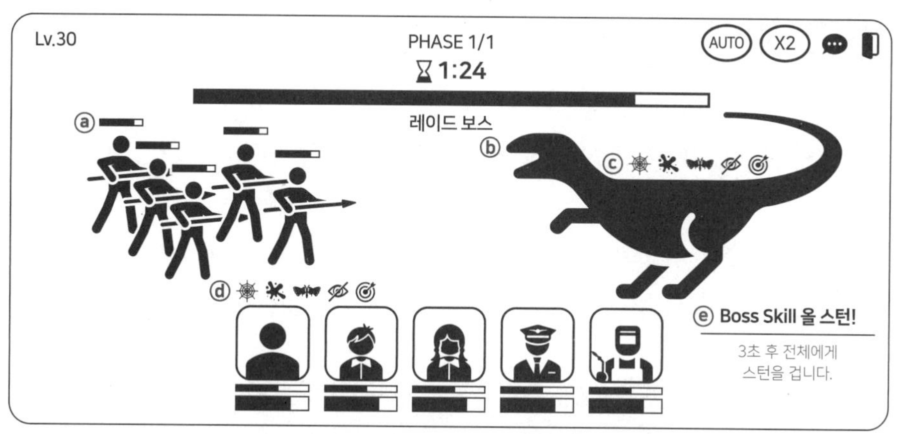

ⓐ유저 파티원 ⓑ레이드 보스 ⓒ보스에게 걸린 상태 이상
ⓓ아군에게 걸린 상태 이상 ⓔ보스가 스킬을 쓰기 전에 뜨는 경고 메시지

그림 19-8 레이드 전투

전투 결과

레이드를 클리어하면 지금까지 가했던 피해량, 도전 횟수를 기준으로 산출한 랭킹이 나온다. 실제 재화나 아이템 등을 획득하는 보상은 레이드 로비에서 가능하다.

그림 19-9 레이드 전투 결과

19.8 보상

레이드를 클리어하면 다시 로비로 나오는데, 그때 성공한 레이드를 터치하여 보상을 받을 수 있다. 전투가 끝난 즉시 보상을 받을 수 없는 이유는, 내가 전투를 끝내서 얻은 순위가 실제로 최종 순위는 아닐 수 있기 때문이다. 다른 유저도 전투 중일 수 있으며, 그에 따라 순위가 바뀔 수 있는 것이다. 레이드 보상은 순위가 매우 중요하므로 레이드 전투가 완전히 끝난 후 결산하게 되는 것이다.

그림 19-10 레이드 보상

보상 종류

레이드 보상은 크게 표 19-8과 같다.

표 19-8 레이드 보상 종류

레이드 코인	레이드 상점에서 캐릭터나 장비를 구매할 때 사용한다. 레이드 기간이 끝나면 골드 등으로 환불된다.
보물상자	레이드 기본 보상과 별개로 확률에 의해 추가로 등장한다. 레이드 레벨에 따라 등장하는 보물상자 수준이 다르며, 상자를 열었을 때의 보상도 레이드 레벨이 오를수록 좋아진다.

레이드 기본 보상 이외에 보물상자가 추가로 등장하는 것은 클리어했을 때의 확률적 등장에 의한 기대심리도 있지만, 최종적으로 가장 높은 레이드를 클리어했을 때의 추가 보상을 통해 유저가 반복 플레이를 기꺼이 하도록 만드는 데에 있다.

표 19-9 레이드 레벨에 따른 보상

레이드 레벨	보물상자 수준	등장 확률*	보상
1~10	브론즈	50%	3성 캐릭터, 3성 장비
11~20	실버	15%	4성 캐릭터, 4성 장비
21~30	골드	3%	5성 캐릭터, 5성 장비

보상 기준

레이드는 발견자, 친구와 같이 플레이 등 다른 콘텐츠와는 다른 플레이 요소가 있으므로 그에 따라 보상 기준이 좀 더 세밀하다.

표 19-10 레이드 보상 기준

보상 체크	내용	보상
레이드 발견자	레이드 발견자에게 주는 보상	레벨에 따라 고정
1등	대미지를 1등으로 가한 유저에게 주는 보상	50%
2~3등	2~3등 대미지를 준 유저에게 주는 보상	30%
4등 이하	4등 이하의 대미지를 준 유저에게 주는 보상	20%

여기서 보상은 각 보상 체크 항목에 따라 서로 다른 보상을 주는 것이 아닌, 레이드 클리어 시에 레이드 레벨별로 설정된 보상의 총량에서 기여한 만큼을 퍼센트로 나누는 방법이 가장 많이 쓰이고 있다.

로직 레이드 – 레벨 및 참가 인원별 보상 계산

1 레이드 기본 보상
  - 1.1 레이드 레벨 × (기본 보상 + 참가 인원)

2 레이드 발견자 보상
  - 2.1 레이드 레벨 × 10 + 기본 보상

3 레이드 참가 인원수에 따른 보정값
  - 3.1 참여자가 3인 이하일 때 = 3
  - 3.2 참여자가 3인 초과, 10인 이하일 때 = 2.5
  - 3.3 참여자가 11인 이상일 때 = 2

* 레이드에 참가한 인원에 따라서도 등장 확률을 조절해야 하지 않을까 싶지만, 그렇게 되면 참가 인원이 많은 레이드에만 사람이 몰리게 된다. 따라서 보물상자는 클리어만 해도 공평한 확률로 적용한다.

참가 인원수에 따른 보정값이 들어가는 이유는 참가 인원이 많을수록 보상이 기하급수적으로 늘어나는 것을 막기 위함이다. 이것은 반대로 참가 인원이 적으면 보상이 적으므로 인원이 적은 레이드를 기피하는 것을 막는 효과도 있다.

19.9 친구 초대

유저가 친구를 초대한다는 것은 던전에서 싸울 때 도움을 달라는 뜻이다. 그런데 도움의 비중이 던전마다 달라서, 스토리 던전 같은 곳은 난이도가 크게 높지 않으므로 초반에는 친구의 도움을 받더라도 나중에는 혼자서 얼마든지 클리어할 수 있다. 그에 비해 레이드는 초반부터 난이도가 높고 혼자 상대하기 벅찬 보스가 자주 나오므로 친구들의 도움이 항상 절실하다. 그래서 친구를 초대하는 방법은 매우 중요하다.

로직 레이드 — 친구 초대

1. 내가 레이드를 오픈함
2. [도움 요청] 버튼을 터치
3. 친구들에게 도움 요청 메시지가 팝업됨
4. 친구가 도움 요청 메시지를 터치함

   4.1 내 레이드가 최대 인원(20명)을 채웠는지 체크
   - 채운 경우 — '레이드 인원이 가득찼습니다.' 출력
   - 채우지 못한 경우 — 레이드 대기방 입장

19.10 참가 인원 제한

레이드에 많은 인원이 참가하여 다 같이 전투하고 클리어하는 기쁨을 맛보면 좋겠지만, 그렇게 되면 모든 레이드가 인원수만 맞으면 클리어되는 문제가 생긴다. 그래서 개발사에서는 게임에 따라 적절한 인원 제한을 걸고 있다. 인원수는 통상 20명까지이며, 그 이상은 입장할 수 없다. 물론, 인원이 늘어날수록 적의 체력과 공격력이 비례하여 증가하는 방법으로 인원을 더 늘릴 수도 있다.

19.11 숟가락 얹기

레이드에 참가하면 보상을 받을 수 있다고 했는데, 이러면 이를 악용하여 잠깐 참가만 하고 보상을 챙기는 유저가 생길 수 있다. 이를 '다 된 밥에 숟가락만 얹는다'라는 표현에서 빌려와 '숟가락 얹기'라고 한다. 즉, 참여자는 레이드 클리어를 위해 적극적으로 플레이에 임해야 함에도 단순히 참가만 하는 것이다. 이러면 실제로 레이드에 참가하고 싶은 유저는 인원수에 막혀 참가를 못 하게 되는 경우가 발생한다. 개발사는 이를 막기 위해 참가한 유저는 보스 체력의 최소 5% 이상 대미지를 줘야 보상을 받을 수 있는 자격을 부여한다.

로직 레이드 – 숟가락 얹기 방지

1. 전투 종료
2. 유저가 보스 체력 기준 5% 이상 대미지를 입혔는지 체크
   - 2.1 입힌 경우 ➡ 보상 획득
   - 2.2 입히지 못한 경우 ➡ 보상에서 제외된다는 안내

19.12 레이드 보스

레이드가 업데이트될 시기에는 많은 유저가 성장을 어느 정도 끝마친 강력한 캐릭터를 다수 보유하고 있을 가능성이 높다. 누구나 쉽게 즐길 수 있게 하고 싶다면 보스를 적당히 어렵게 만들어 기존의 캐릭터로도 대응할 수 있게 하면 된다. 하지만 레이드를 제작한다는 것은 개발사에서 많은 노력이 필요하므로 기왕이면 과금으로 연결시키고 싶다. 또한, 친구와 함께 플레이하는 것을 유도하려면 보스 공략이 매우 어려워야 한다. 그렇다고 무작정 체력과 공격력만 높으면 공략하는 재미가 없다. 그래서 대부분의 레이드 보스는 기존에 없는 신규 스킬을 들고 나온다. 이 스킬을 어떻게 공략하는가가 레이드 보스전의 핵심이다.

표 19-11 레이드 보스의 구성 요소

스킬	• 기존 유저가 대응하기 힘든 신규 스킬 • 대응은 가능하나 약간 변형된 스킬
속성	레이드 대표 속성(수 속성 레이드라면 보스는 반드시 수 속성)
직업	유저에게 강력한 대미지를 주기 위해 주로 공격형 혹은 견제형

19.13 레이드 주인공

레이드 보스가 강력한 신규 스킬을 들고나왔다면 이를 공략할 방법도 있어야 한다. 그래서 개발사는 레이드가 업데이트될 때 레이드 주인공 캐릭터를 함께 제작한다. 주인공은 보스의 스킬에 대항할 수 있는 스킬을 갖고 있다. 그래서 보스를 쉽게 클리어할 수 있을 뿐만 아니라 큰 대미지를 줘서 대미지를 많이 준 랭킹에 이름을 올릴 수도 있다. 그렇기에 랭킹에 들고 싶은 유저는 주인공 구매의 유혹을 느끼게 된다. 이것이 앞서 말한 과금의 핵심이다.

그림 19-11 레이드 보스와 싸우는 주인공

표 19-12 레이드 주인공의 구성 요소

스킬	• 보스의 스킬에 대응할 수 있는 스킬 • 레이드가 끝나도 활용도가 여전히 있는 스킬
속성	레이드 보스와 상극인 속성
직업	공격형, 회복형, 견제형 등 자유로움

예를 들어, 암 속성 보스와 광 속성 주인공의 스킬과 내용을 비교해 보자.

표 19-13 레이드 보스와 주인공의 스킬 비교

레이드 보스 스킬	**내 머리 위에 폭탄이!?** • 공격력이 가장 높은 대상의 머리 위에 폭탄을 설치한다. • 폭탄은 5초 후에 폭발하며 1,000의 대미지를 준다. • 스킬 '평화의 숨소리'로는 해제할 수 없다.
레이드 주인공 스킬	**응원합니다!** • 공격력이 가장 강한 아군의 쿨타임을 30% 줄여준다. • 암 속성의 모든 디버프(debuff)를 해제한다.

우선, 보스 스킬부터 해석해 보면 다음과 같다.

표 19-14 레이드 보스 스킬

보스 스킬	내용
공격력이 가장 높은 대상의 머리 위에 폭탄을 설치한다.	공격력이 높은 캐릭터는 보스에게 위협적이므로 가장 먼저 해치워야 할 대상이 된다. 유저는 공격력 높은 캐릭터를 어떻게 보호할 것인지가 공략의 시작이다.
폭탄은 5초 후에 폭발하며 1,000의 대미지를 준다.	폭탄을 해제할 시간을 유저에게 준다. 막지 못하면 즉사할 정도의 큰 대미지가 들어온다.
스킬 '평화의 숨소리'로는 해제할 수 없다.	기존 캐릭터의 디버프 해제 스킬을 무시함으로써 주인공이 활약할 수 있도록 한다.

이에 대한 주인공 스킬을 해석하면 다음과 같다.

표 19-15 레이드 주인공 스킬

주인공 스킬	내용
공격력이 가장 강한 아군의 쿨타임을 30% 줄여준다.	공격력 강한 캐릭터의 쿨타임을 줄여줌으로써 공격을 더 많이 할 수 있도록 한다. 이것은 레이드가 아니어도 유용한 스킬이며, 레이드 시즌이 끝난 이후를 대비할 수 있게 해준다.
암 속성의 모든 디버프를 해제한다.	암 속성 한정이긴 하지만, 보스가 암 속성이고 모든 디버프를 해제할 수 있으므로 폭탄을 설치하는 보스의 스킬을 막을 수 있다.

19.14 레이드 결산 시간

레이드를 클리어하면 바로 결산하는 것이 아니라 약간의 시간을 더 둔 후 결산한다. 여기서 약간의 시간은 전투 시간을 의미한다. 예를 들어, 전투 시간이 5분이라면 5분 동안 기다린 후에 결산한다는 것이다. 예를 들어 A, B, C, D 유저가 있고,

각각 다음과 같이 보스전을 했다고 가정해 보자.

표 19-16 레이드 결산에 필요한 요소

유저	전투 시작 시의 보스 HP	피해를 준 체력	전투에 걸린 시간
A	3.000	700	1분
B	2,300	500	2분
C	2,300	?	2분
D	1,800	?	2분

그림으로 나타내면 다음과 같다.

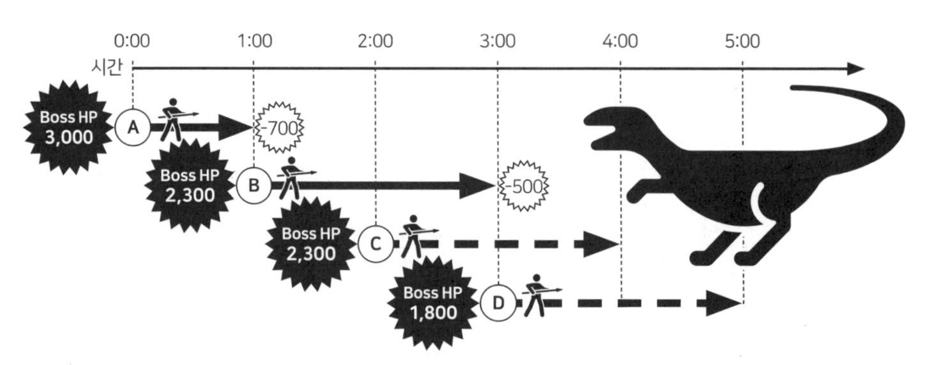

그림 19-12 시간에 따른 유저 피해량

보스의 체력이 3,000이라고 하면 Ⓐ는 최초 시작이므로 3,000을 상대로 전투를 하게 된다. 하지만 1분 만에 파티가 전멸, 보스의 체력은 700이 소모되었다. Ⓐ의 전투가 끝나고 Ⓑ가 입장할 때는 보스의 체력이 2,300이 된 상태에서 시작된다. Ⓒ는 Ⓑ의 전투가 아직 끝나지 않은 상태에서 전투에 들어갔으므로 여전히 2,300의 보스 체력을 상대로 전투하게 된다. 시간은 흘러 Ⓑ가 2분 만에 체력 500을 깎고 나왔다면 Ⓓ는 1,800의 보스 체력을 상대하게 된다.

여기까지 살펴봤을 때 유저는 어느 타이밍에 들어가느냐에 따라 보스 체력이 많이 달라진다는 걸 알 수 있다. 잘하는 유저가 끝난 후에 들어가면 대폭 줄어든 체력을 상대하겠지만, 잘하는 유저가 한창 전투 중일 때 들어가면 많은 체력을 상대하게 되는 것이다.

어쨌든 랭킹은 대미지를 많이 준 순서대로 매겨지므로 표 19-16에 따르면 현재까지는 Ⓐ가 1위(700), Ⓑ가 2위(500)인 것처럼 보인다. 왜냐하면 Ⓒ와 Ⓓ는 아직 결과가 나오지 않았기 때문이다. 만약 Ⓒ가 900을 줄였다면 순위는 바뀌게 되지만, 아직 Ⓓ의 결과가 나오지 않았다. 그래서 레이드는 마지막으로 입장한 유저의 총 전투시간(5분)까지 기다린 후에 결산하게 된다.

19.15 레이드 랭킹

레이드를 반복 플레이하도록 만드는 이유 중 하나는 랭킹에 이름을 올리는 명예 욕구 때문이다. 레이드 랭킹에 이름을 올리기 위해서는 가장 마지막 단계의 레이드를 직접 오픈하여 전투해서 높은 대미지를 내야 한다. 가장 마지막 레이드만 인정해주는 이유는 가장 어렵기 때문에 랭킹에 올리는 의미가 있어서다.

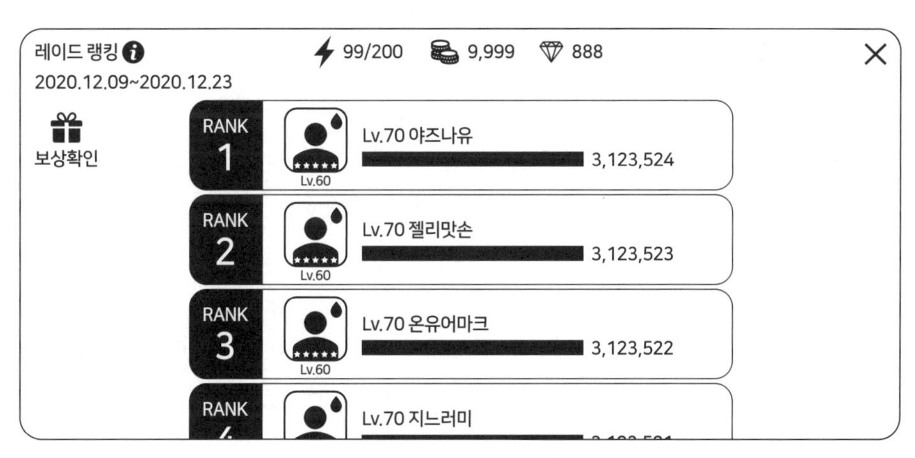

그림 19.14 레이드 랭킹

로직 레이드 – 랭킹

1. 가장 마지막 레벨의 레이드를 본인이 오픈
2. 참여한 전투 중 가장 많은 대미지를 준 값을 저장
3. 다른 유저의 대미지 값과 비교하여 순위 결정
4. 같은 대미지일 경우 동률 처리
5. 랭킹은 레이드 기간에 유지되며, 레이드가 끝나면 삭제

>> 레이드 랭킹 보상

아무리 명예욕이 충족되었다고 해도 보상이 없다면 섭섭할 것이다. 그래서 랭킹 순위에 따라 보상을 주는데, 랭킹에 들어갈 유저라면 매우 뛰어난 플레이를 하는 유저들이므로 보상도 매우 좋아야 한다. 보상은 레이드 시즌이 끝날 때 우편으로 지급된다.

표 19-17 레이드 랭킹 보상

순위	크리스털	골드	캐릭터 소환권	장비 소환권
1위	5,000	50,000	5성	5성
2위	3,000	30,000	5성	5성
3위	1,000	10,000	10회 소환권	10회 소환권
4~50위	500	5,000	10회 소환권	10회 소환권
51위~100위	300	3,000	10회 소환권	10회 소환권

19.16 레이드 보상 밸런스

레이드 보상을 밸런싱할 때 '유저가 가장 많이 도달하는 전투력'이나 '하루 평균 몇 명의 친구와 얼마나 플레이하는지' 등을 참고하게 된다. 특히, 레이드 플레이는 티켓을 소모하므로 처음부터 확인해야 할 것은 티켓 수량이다.

>> 레이드 티켓 밸런스

레이드 티켓을 사용하여 플레이할 수 있으므로 티켓 수량이 곧 유저가 플레이할 수 있는 횟수가 된다. 우선, 티켓 관련된 항목은 다음과 같다*.

표 19-18 레이드 티켓 구성 요소

티켓 기본 소지량	티켓을 기본적으로 몇 장 갖고 있는가?
티켓 최대 소지량	기본 소지량을 넘어 추가로 가질 수 있는지, 만약 이것을 인정한다면 그 최대량은 몇 장까지인가?
티켓 시간당 회복량	티켓은 얼마의 시간이 지나면 회복되는가?
티켓 구매 가격	티켓을 구매할 때 무엇이 얼마나 필요한가?

* 레이드 티켓을 기준으로 보고 있지만, 플레이할 때 소모되는 것이라면 모두 해당될 수 있다.

표 19-18을 바탕으로 레이드 티켓 값을 다음과 같이 가정해 보자.

표 19-19 레이드 티켓 값 관련 요소

티켓 기본 소지량	10장
티켓 최대 소지량	10장. 그 이상 소지를 할 수 없음
티켓 시간당 회복량	5분당 1장*
티켓 구매 가격	티켓을 모두 소모했을 때만 구매 가능. 10장에 1,000크리스털

유저가 하루 평균 몇 시간 동안 플레이를 할지 예측**하여 티켓이 얼마나 소비될지를 가정한다. 그러면 하루 레이드 플레이 수량이 나오게 되는데, 그걸로 보상을 얼마나 줄지 정하면 된다. 순서로 보면 다음과 같다.

로직 레이드 – 티켓 수량에 따른 레이드 코인 획득량

1. 유저의 하루 플레이를 1시간 예상
2. 그동안 보유하게 되는 레이어 티켓 수량 예상
   - 2.1 기본 10장
   - 2.2 5분당 1장 = 1시간 12장
   - 2.3 따라서 1시간 동안 총 24장의 티켓 획득
3. 레이드가 총 30레벨까지 있으며, 이 중 가장 많은 유저가 몰리는 레벨은 20
   - 3.1 티켓 24회 플레이에 대해 레이드 코인 획득 기댓값 정의
   - 3.2 1회에 1,000레이드 코인 획득
   - 3.3 24회 × 1,000레이드 코인 = 하루 24,000레이드 코인 획득

물론, 위와 같이 계산하는 것은 매우 대략적인 것인데, 이는 어떤 과정으로 계산하게 되는지에 대해 알려주기 위함이다. 좀 더 정확한 계산을 위해서는 가장 많은 유저가 플레이하는 시간량 및 레이드 레벨을 기준으로 해야 한다.

---

* 5분당 1장인 이유는 전투 한 번에 최대 5분이기 때문이다. 티켓이 없으면 다른 전투를 한 번 하고 오면 티켓이 충전되어 있어 게임에서 이탈하지 않고 계속 플레이할 수 있도록 만든다.

** 레이드가 서비스될 즈음에는 지표에 의해 유저 데이터가 어느 정도 나와 있을 것이다. 그것을 참고하면 좋고, 데이터가 없다면 테스터를 통해 가장 가까운 값을 추측하는 수밖에 없다.

레이드 상점 밸런스

하루 레이드 플레이 분량에서 획득할 레이드 코인 수량을 계산하여 2주간 상점이 버티도록 설계하면 된다. 위에서 계산한 것을 바탕으로 계산하면 다음과 같다.

표 19-20 레이드 상점 밸런스

1일 획득 레이드 코인량	24,000레이드 코인
2주간 버틸 상점 물품당 가격	24,000레이드 코인 × 14일 = 336,000레이드 코인

즉, 유저가 상점에 2주 동안 336,000레이드 코인을 지불하게 만들 정도로 상품 가격이 형성되어 있어야 한다는 것이다. 이것을 바탕으로 상품을 싼 것에서 비싼 것까지 분류하면 상품 가격이 확정된다.

생생현장

레이드는 어떻게 만들까?

레이드 분석하기

대부분의 콘텐츠가 그렇듯 타 게임 분석부터 시작하기 마련이지만, 레이드가 특히 중요한 것은 레이드에 등장하는 신규 캐릭터가 서비스 중의 매출에 직결되기 때문이다. 그래서 타 게임의 레이드는 어떤 방식으로 이뤄지는지, 보상은 무엇을 주는지, 그에 따른 유저의 반응은 어떤지를 확인해야 한다. 즉, 반응이 라이브로 이뤄지기 때문에 분석이 매우 중요하다.

레이드 기획하기

분석이 끝나고 어떻게 만들고 싶은지 방향을 정했다면 초안 기획에 들어간다. 타 게임의 레이드와 달리 우리만의 레이드 특징을 먼저 내세운다. 초보자도 쉽게 할 수 있다거나, 랭킹이 세분화되어 있어서 누구나 순위권 안에 들게 해준다든가, 스토리를 강조한다든가 하는 것이다. 특징을 잡았으면 대략적인 플레이 순서를 그려본 후 구성을 잡는다.

▶ 레이드 메타 기획

레이드의 구성이 정해졌다면 등장하는 보스 몬스터와 그에 대응하는 주인공 캐릭터의 스킬을 설정한다. 이 부분이 플레이의 중심이며, 매출의 중심이기도 하다. 기존 메타를 사용하면 이미 갖고 있는 캐릭터로도 대응이 가능하여 매출 발생이 적으므로, 기왕이면 신규 메타를 만들어서 높은 랭킹에 들고 싶은 유저는 신규 캐릭터를 사도록 유도해야 한다. 물론, 기존 캐릭터로도 얼마든지 클리어할 수 있게 만든다.

STAGE 20 월드 보스

월드 보스World Boss는 레이드보다 더욱 강력하여 죽지 않는, 세계적으로 강력한 보스를 뜻한다. 죽지 않는 보스가 무슨 의미가 있을까 싶지만, 정해진 시간 내에 최대한 많은 대미지를 실컷 뽑아보라고 만든 모드다.

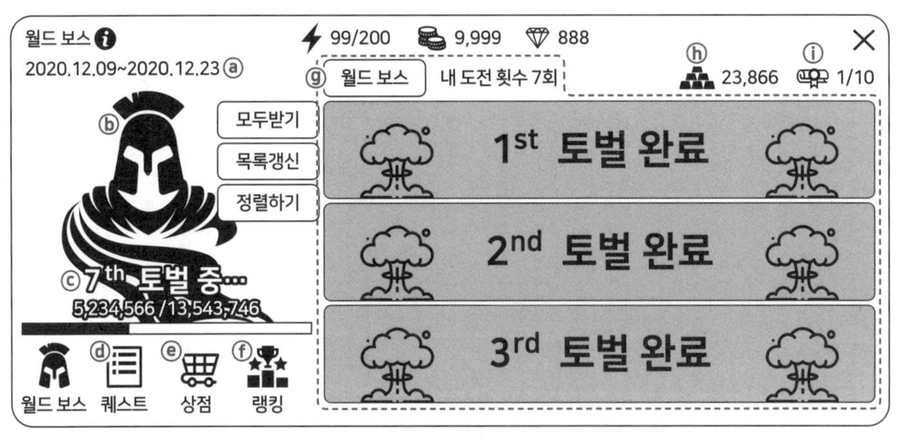

ⓐ 월드 보스 오픈 기간 ⓑ 월드 보스 이미지 ⓒ 월드 보스를 몇 번째 토벌 중인지 ⓓ 퀘스트
ⓔ 상점 ⓕ 랭킹 ⓖ 월드 보스 발견 및 퇴치/현재 상황 ⓗ 월드 코인 ⓘ 월드 티켓

그림 20-1 월드 보스 대기방

즉, 스테이지를 끝없이 진행해야 하는 것이 무한 던전이라면, 보스에 대한 공격을 끝없이 해서 대미지를 누적시키는 것이 월드 보스라고 할 수 있다. 다만, 보스가

안 죽을 정도로 강력하므로 5인 파티로만 하기에는 무리가 있으므로 개인당 최대 12명의 캐릭터를 동원한다. 즉, 자신이 키운 캐릭터를 다수 동원하는 시스템이다. 레이드와 비교하면 다음과 같다.

표 20-1 월드 보스와 레이드 비교

구분	레이드	월드 보스
오픈 기간	2주	2주
참가 인원	5인 파티	12인 파티
레벨	30레벨	없음
보스	레이드 보스	월드 보스
주인공	레이드 주인공	월드 주인공
보스 클리어	가능	불가능
보상 기준	매 레이드	누적 대미지량

콘셉트 월드 보스

1. 레이드와 함께 시즌제로 열리는 이벤트 던전을 추가하고 싶다.
2. 레이드보다 더욱 강력한, 죽지 않는 보스를 상대로 무한대의 전투를 하고 싶다.
3. 그간 내가 키워온 '여러 명의 캐릭터들'을 총동원하여 전투한다.
4. 그래서 유저에게 캐릭터는 많이 키울수록 이득이다라는 것을 어필하고 싶다.
5. 나의 강함을 다른 사람들에게 알려주고 싶다.

콘셉트 월드 보스 – 시작

1. 월드 보스 시즌 시작
2. 로비에 월드 보스 참가 버튼을 생성
3. 월드 보스 참가 버튼을 터치하여 입장

콘셉트 월드 보스 – 진행

1. 월드 보스 전투 대기방에서 참가 캐릭터 12명 선택
2. 전투
3. 누적 대미지량 산출
4. 월드 보스 시즌 종료 후 누적 대미지량에 따라 보상 획득

DB Config — 월드보스 도전 횟수 관련 정보

Worldboss_Ticket_Full	월드 보스 티켓 최대량	10
Worldboss_Ticket_Recover_Time	월드 보스 티켓 1개가 충전될 때까지 걸리는 시간	10
Worldboss_Ticket_Gem	월드 보스 티켓을 모두 썼을 때 월드 보스 티켓을 얼마에 구입할 수 있는지 정의	

20.1 월드 보스 구성 요소

표 20-2 월드 보스 구성 요소

월드 보스 전투	월드 보스가 몇 단계인지 표시된다.
월드 보스 퀘스트	월드 보스 관련 퀘스트
월드 보스 상점	월드 보스를 클리어한 뒤 받는 월드 코인으로 상품을 구매한다.
월드 보스 랭킹	월드 보스에게 준 대미지 누적량을 기준으로 100위까지 랭킹을 매긴다.

20.2 월드 보스 발생

레이드처럼 월드 보스도 오픈 기간에 맞춰 생성된다. 레이드와 다른 점은 레이드는 오픈 기간이 되어도 AP를 소모하는 플레이를 통해 확률적으로 발생하는 것에 비해, 월드 보스는 로비에 아이콘이 생겨 그것을 터치해 바로 들어갈 수 있다는 것이다.

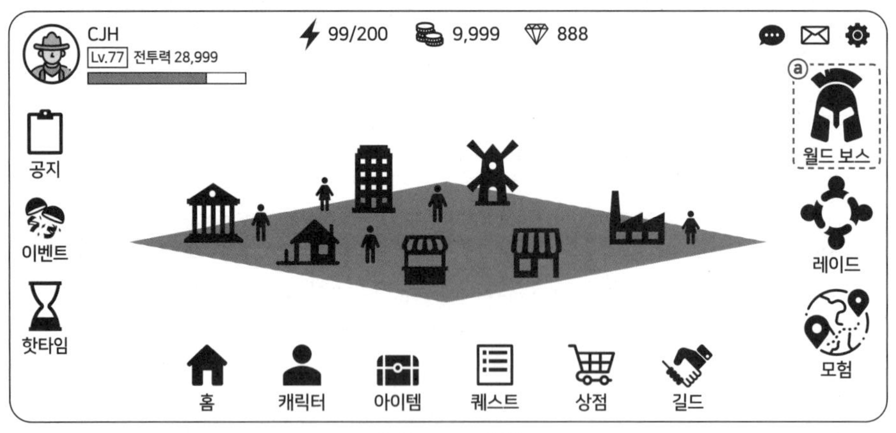

ⓐ월드 보스 출현

그림 20-2 로비에서 월드 보스 선택하기

물론, 레이드처럼 AP 소모를 유도할 수도 있겠으나 레이드가 최종 레벨로 끝이 있지만, 월드 보스는 누구나 무제한으로 공격하는 방식이므로 접근의 허들을 낮추었다.

20.3 월드 보스 난이도 증가

월드 보스가 죽지는 않지만 그렇다고 무한한 체력으로 변함없이 있다면 재미가 없을 것이다. 그래서 체력 구간을 두고 난이도가 증가하는 방식을 사용한다. 예를 들면, 다음과 같다.

표 20-3 월드 보스 체력 및 공격력 구간

단계	체력 구간	공격력 구간	보상 증가
1	10,000까지	기본	기본
2	10,000 초과 20,000 이하	+5%	+10%
3	20,000 초과 30,000 이하	+10%	+20%

20.4 월드 보스 전투 대기방

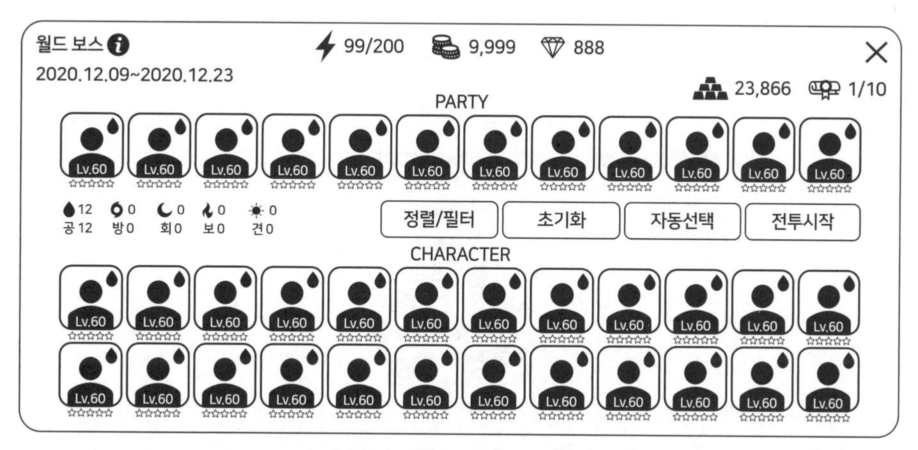

그림 20-3 월드 보스 전투 대기방

월드 보스에 참가할 파티원을 선택한다. 보스와 효과적으로 싸울 12명의 파티원을 선택해야 하므로 매우 손이 많이 가는 작업이다. 그래서 정보를 최대한 보여줘야 하며, 대표적으로는 다음과 같다.

표 20-4 **월드 보스 구성 요소**

속성별 인원수	월드 보스 속성의 우위에 속성 위주로 편성하는 것이 좋다. 다만, 유리한 스킬을 가졌다면 다른 속성이어도 선택할 가능성이 있다.
직업별 인원수	공격, 방어 등 직업별로 얼마나 선택이 되었는지 보여준다.
파티 초기화	캐릭터 선택을 다시 해야 할 경우 12명의 캐릭터를 한 번에 빼는 것은 복잡하므로 초기화 기능을 지원한다.
자동 선택	유저에 따라 간편한 것을 좋아할 수도 있으므로 자동선택도 들어간다. 이때 기준은 전투력이다.
전투력 총합	그렇게 선택한 12명의 총합 전투력을 확인한다.

20.5 월드 보스 전투

보스는 최대한 크게 보여주는 것이 월드 보스 이름에 어울려서 좋다. 거기에 12명의 캐릭터가 동시에 공격과 방어를 진행한다. 매우 많은 인원이 참가하므로 공방 표시가 정확해야 한다.

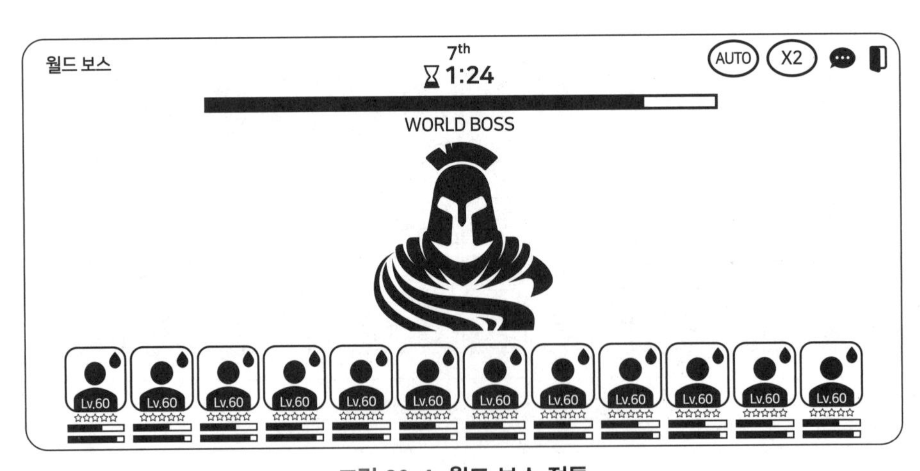

그림 20-4 **월드 보스 전투**

20.6 월드 보스 전투 결과

대미지를 얼마나 가했는지, 보상은 얼마나 획득했는지 등의 정보를 보여준다.

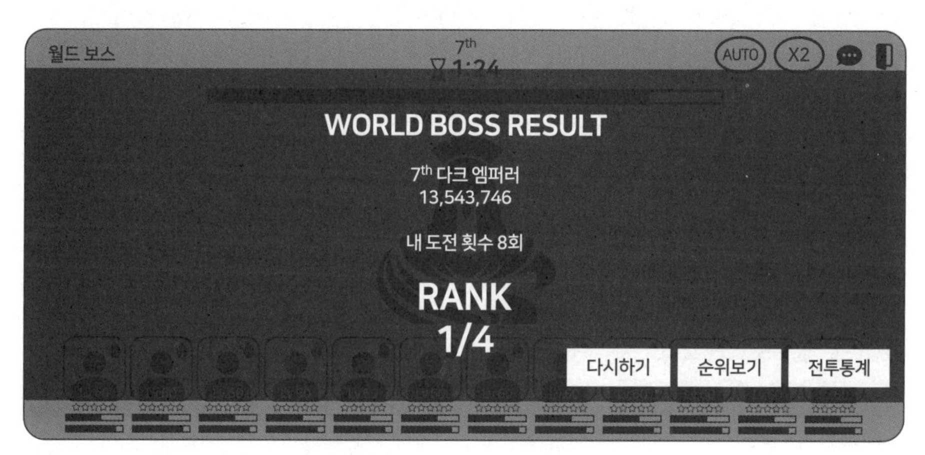

그림 20-5 월드 보스 전투 결과

20.7 월드 보스 보상

기본적으로 레이드와 같아서 코인을 획득하여 월드 보스 상점에서 캐릭터나 장비를 구입한다.

그림 20-6 월드 보스 보상

20.8 월드 보스에서의 보스

월드 보스는 죽지 않지만 그렇다고 샌드백처럼 맞기만 하면 재미가 없으므로 유저를 공략할 수 있어야 한다. 하지만 12명이나 되는 파티는 공격도 공격이지만, 디버프 해제나 회복에 관련된 캐릭터도 많으므로 이들을 무효화시키면서 공략하는 것이 관건이다. 가장 간단한 건 무지막지한 공격력으로 단번에 해치우는 것이지만, 그러면 재미가 없다. 역시 새로운 스킬로 대응하는 것이 좋다. 특히, 인원이 많으므로 광역 스킬이 추천된다. 앞의 레이드에서 예를 든 '내 머리 위에 폭탄이!?' 스킬과 비교해 보면 다음과 같다.

표 20-5 월드 보스의 보스

레이드 보스 스킬	월드 보스 스킬
공격력이 가장 높은 대상의 머리 위에 폭탄을 설치한다.	공격형 캐릭터의 머리 위에 폭탄을 설치한다.
폭탄은 5초 후 폭발하며, 1,000의 대미지를 준다.	폭탄은 5초 후 폭발하며, 1,000의 대미지를 준다. 인접한 캐릭터들에게도 50%의 대미지를 준다.
스킬 '평화의 숨소리'로는 해제할 수 없다.	스킬 '평화의 숨소리', '고요한 마음', '영원한 안식처'로는 해제할 수 없다.

표 20-5를 보면 알 수 있듯이, 스킬의 영향을 받는 대상이 증가하여 다수의 유저 파티를 상대할 수 있음을 알 수 있다.

20.9 월드 보스에서의 주인공

보스가 여러 명을 공략할 수 있는 강력함을 가졌기 때문에 주인공은 이에 대응할 수 있는 스킬이 있어야 한다. 주의할 점은 보스의 강력함에 대응하는 스킬 역시 강력해야 한다는 것이고, 그렇기에 월드 보스가 아닌 다른 곳에서도 매우 강력해서 밸런스를 파괴할 우려가 있다. 이런 경우에 대비해서 특정 모드에서만 효과가 발휘되는 '모드 한정 추가 능력치'가 있는 스킬이 제작된다. 레이드 스킬 '응원합니다!'와 비교하면 다음과 같다.

표 20-6 월드 보스의 주인공

레이드 주인공 스킬	월드 보스 주인공 스킬
공격력이 가장 강한 아군의 쿨타임을 30% 줄여준다.	공격형 아군 캐릭터의 쿨타임을 10% 줄여준다 (단, 월드 보스에서는 +20% 추가).
암 속성의 모든 디버프를 해제한다.	암 속성의 모든 디버프를 해제한다.

공격력이 가장 강한 아군의 쿨타임을 30% 줄여주는 건 대상이 1인이어서 밸런스에 큰 문제가 없지만, 12명이 참여하는 월드 보스에서는 1인의 공격력을 올려줘 봐야 큰 효과가 없다. 그래서 '공격형'이라는 직업으로 확장하되 쿨타임은 10%로 줄이고, 대신 월드 보스에서는 20%를 추가한다는 제한을 둔 것이다.

20.10 월드 보스 밸런스

기본적으로는 레이드와 같아서 유저가 하루 몇 시간을 플레이하며, 그중에서도 월드 보스 티켓을 이용해 월드 보스를 얼마나 플레이할지, 그로 인해 월드 보스 코인을 얼마나 획득하여 그것으로 2주간 월드 보스 상점을 이용할 수 있는지를 계산하면 된다.

생생현장

현업에서 월드 보스는 어떻게 만들까?

▶ 월드 보스 기획하기

월드 보스는 레이드에서 파생된 모드라고 봐도 되는 것이, 다른 유저가 함께 참가하여 보스를 공략하는 것이 공통점이기 때문이다. 굳이 차이를 말하자면 레이드는 주로 친구들과, 월드 보스는 모든 유저가 참가한다는 것이 다르다.

▶ 참가 기분이 들게 하는 것이 중요

모든 유저가 참가한다는 것 때문에 내가 뭔가를 성취해 냈다는 느낌이 적을 수 있다. 즉, 나 하나쯤이야 하는 기분이 들 수 있다는 것이고, 확실히 이 부분이 레이드와 비교해 약점일 수 있다. '내가 클리어했다'보다는 '우리가 클리어했다'라는 느낌을 잘 살리는 것이 중요하다. 그래서 월드 보스를 제한 시간 내에 클리어하면 모두에게 보상이 돌아가게 한다든가, 대미지를 많이 준 유저 위주로 랭킹을 매겨 참가를 유도한다든가 하는 시스템이 있다.

월드 보스 메타 기획

레이드와 마찬가지로 월드 보스에도 메타가 필요한데, 레이드와 조금 다른 점이라면 레이드와 달리 월드 보스의 주인공 캐릭터는 다른 전투에서도 어느 정도 효과가 있어야 한다는 것이다. 왜냐하면 레이드는 친구들의 도움은 받지만 개인이 클리어한다는 느낌이 있고 그에 따라 보상도 좋은 편이지만, 월드 보스는 상대적으로 묻어가는 것이 가능해서 보상이 그리 크지는 않기 때문이다. 그렇다면 유저는 월드 보스 캐릭터 구매에 약간의 고민이 생기기 마련이므로 다른 콘텐츠에서도 어느 정도 활약이 가능해야 한다.

STAGE 21 탐험

탐험은 유저가 파티원을 던전 이외의 곳으로 보내 특별한 플레이를 하지 않아도 경험치 등의 보상을 획득하는 것을 말한다. 유저가 재접속하도록 유도하는 장치는 많을수록 좋다고 '마을'을 설명할 때 얘기한 적이 있는데, 탐험도 역시 그와 같은 기능을 한다. 탐험에 시간이 걸리는 이유는 탐험 종료 시간이 되면 유저가 접속하여 보상을 획득하도록 하기 위함이다.

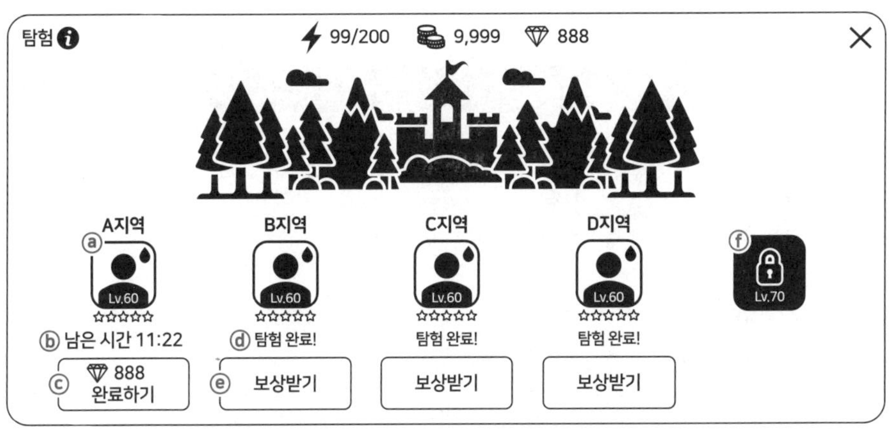

ⓐ탐험 지역에 보낸 파티원 중 대표 파티원 ⓑ탐험 종료까지 남은 시간
ⓒ즉시 완료할 때 필요한 크리스털 양 ⓓ탐험 완료 ⓔ보상받기 ⓕ아직 잠겨 있는 탐험 지역

그림 21-1 탐험

콘셉트 탐험 – 목적

1 일정 시간마다 재접속을 유도하는 콘텐츠가 필요하다.

2 전투 없이 편리하게 성장할 수 있다면 재접속할 것 같다.

3 주요 파티에 끼지 못한 캐릭터를 구제한다*.

로직 탐험 – 방법

1 탐험 로비 입장

2 탐험 보낼 곳을 선택

2.1 유저 레벨에 의해 오픈

3 캐릭터 배치

3.1 이미 탐험 중인 캐릭터 불가

3.2 캐릭터가 1명 이상 배치되어야 탐험 시작 가능

3.3 탐험할 시간 선택

4 탐험 시작

4.1 선택한 시간만큼 탐험 시작

4.2 탐험 중이라는 표시(시간 카운트다운)

5 시간 종료 후 탐험 결과 확인

5.1 보상 획득

5.2 해당 멤버로 다시 탐험을 보낼지 선택

DB Exploring – 탐험 관련 정보

Id	탐험 번호
Name	탐험 이름
Open_User_Level	탐험이 오픈되는 유저 레벨
Time	탐험 시간
Reward_1_Type	보상 종류
Reward_1_Id	보상 번호
Reward_1_Count	보상 수량

* 유저는 아무나 탐험시킬 수 있기 때문에 주요 파티원의 성장이 부족하다면 그들부터 키우려 할 것이다. 이후 성장이 종료되면 파티에 넣기에는 애매하지만 성장시켜 둬야 하는 캐릭터순으로 탐험에 참가하게 된다.

21.1 탐험 밸런스

얼마의 시간을 탐험에 보냈느냐로 보상 밸런스가 정해진다. 시간에 비례해서 증가하는 것은 아니고, 유저가 자주 접속해 주는 것에 대한 고마움으로 시간이 짧을수록 보상이 좋은 편이다. 이를 바탕으로 공식을 다음과 같이 짜보도록 한다.

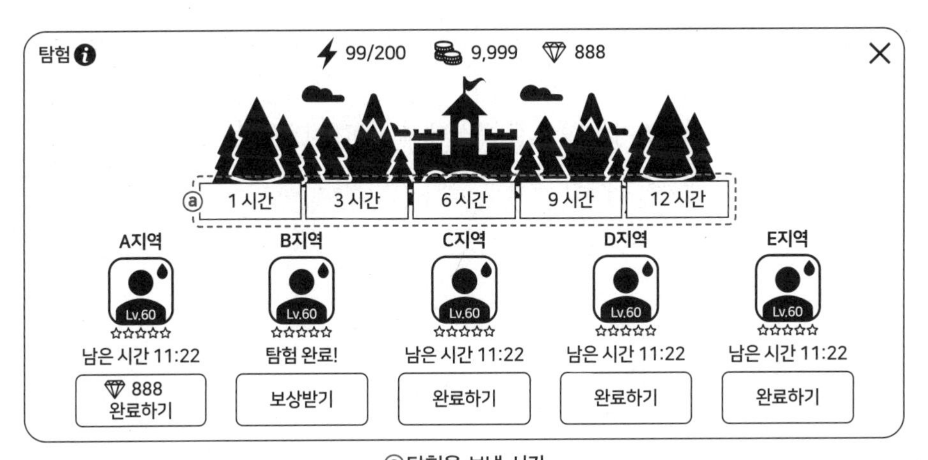

ⓐ탐험을 보낼 시간

그림 21-1 탐험 진행

표 21-1 탐험 시간에 따른 보상 기획

구분	1시간	3시간	6시간	9시간	12시간
보상	300골드	?	?	?	?

1시간에 300골드를 주기로 했다면 이제 나머지 시간에 대한 보상을 정할 차례다. 간단하게 비례로 계산하면 '시간 × 300골드'로 하면 되겠지만, 밸런스 콘셉트는 자주 접속할수록 더 좋은 보상, 즉 탐험 시간이 짧을수록 더 좋은 보상을 주고 싶다. 이에 대한 공식을 만들어 보면 다음과 같다.

공식 탐험 – 보상

- 최초 1시간 보상을 골드 300으로 기준
- 보상 = 300 × 탐험시간 ÷ (탐험시간 – 바로 앞의 탐험시간) ÷ 바로 앞의 탐험시간

이렇게 짜면 탐험 시간이 길어질수록 보상이 크게 늘어나지는 않는다. 표로 만들어 보면 다음과 같다.

표 21-2 탐험 시간에 따른 보상 결과

구분	1시간	3시간	6시간	9시간	12시간
골드량	300	450	540	608	664
증가량	0	150	90	68	56

위 공식에 의하면 소수점이 나오므로 엑셀에서 ROUNDUP 등의 반올림 처리 함수를 사용한다. 그래프로 그리면 다음과 같이 확인되는 것을 알 수 있다.

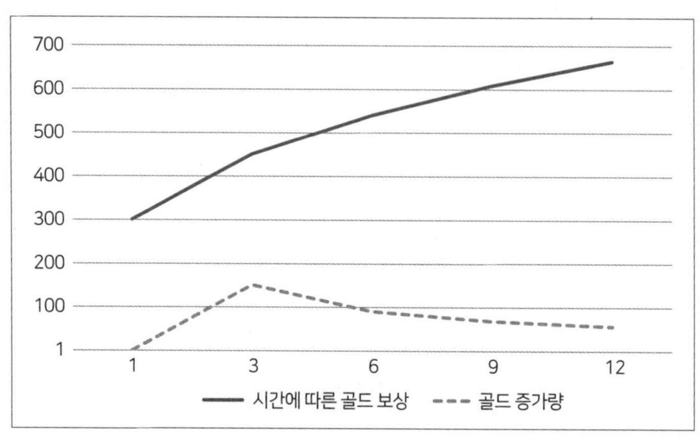

그림 21-2 시간에 따른 보상량

생생현장

현업에서 탐험은 어떻게 만들까?

시간과 보상

탐험은 별도의 전투 없이 순수하게 유저의 재접속을 유도하는 콘텐츠다. 사실, 재접속만 유도할 수 있다면 메인 플레이가 있는 상태에서 전투의 유무는 크게 중요하지 않다.

보상 시뮬레이션

탐험에 보낸 시간만큼에 대한 보상 비율을 정하는 것이 가장 중요하다. 사실, 탐험을 보낸 캐릭터도 전투에 참여할 수 있다면 보상이 큰 의미를 갖지는 않지만, 전투에 참여할 수 없다면 그만큼의 손실이 생기는 것이므로 좋은 보상을 줘야 한다. 가장 흔한 보상은 경험치와 골드, 그리고 특징적인 보상 한두 가지인데, 경험치와 골드는 이미 플레이 타임에 근거한 값이 있을 것이므로 거기에 따르면 된다.

최근에는 플레이 요소를 추가

예전에는 단순히 시간을 들여 보상을 받는 방식이었다면, 최근에는 탐험 도중 적을 발견, 자동으로 전투하여 승패에 따라 추가 보상을 받는 시스템이 트렌드다. 어차피 자동 전투이므로 유저가 신경 쓸 것이 없지만, 전투 결과가 또 궁금하기 마련이다. 그래서 유저는 되도록 어느 정도 성장한 캐릭터를 탐험에 보내 기왕이면 이겨서 더 많은 보상을 받으려고 한다.

캐릭터는 모바일 게임에서 가장 중요한 콘텐츠다. 어떤 콘텐츠를 플레이해도 캐릭터를 이용해서 하기 때문에 매우 중요하다고 볼 수 있다. 실제로 거의 모든 수익이 캐릭터 소환에서 이뤄지는 것도 이런 이유다.

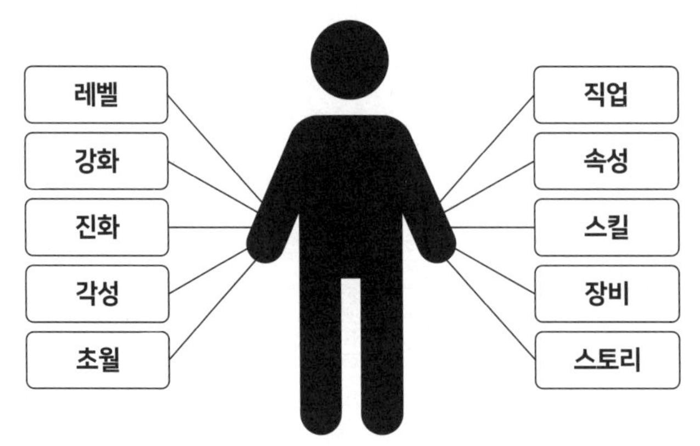

그림 22-1 캐릭터 구성과 성장

캐릭터는 전투 후에 강해지고, 이후 더욱 어려운 전투를 하게 되므로 다음과 같은 요소를 갖고 있다.

표 22-1 캐릭터 구성 요소

직업	공격형, 방어형 등 캐릭터가 가진 스테이터스 중 특정 값이 높을 때 그것을 근거로 어떤 플레이를 하기 좋은지를 구분한 것. 스킬도 여기에 영향을 받는다.
속성	수, 화, 목, 광, 암의 5속성 중 어디에 속하는지를 정의
성장도	레벨, 강화, 진화, 각성, 초월 등 스테이터스를 증가시켜 성장하는 것
스킬	캐릭터의 특성을 정의하는 전투 행동
장비 장착	머리, 상의, 하의 등 장비를 장착하여 스테이터스를 올리는 것

22.1 직업

직업은 캐릭터마다 잘 싸울 수 있는 포지션을 스테이터스와 스킬 기반으로 구분한 것이다. 하지만 이것은 수치적으로 접근한 것이고, 일반적으로는 전사, 마법사, 도둑 등 통상적인 RPG의 직업으로 칭하는 경우가 많다. 여기서는 전투 스타일에 따라 편의상 다섯 가지로 구분한다.

그림 22-2 캐릭터 직업

표 22-2 직업별 특징

직업	내용	주요 스테이터스	주요 스킬
공격형	공격에 특화되어 있어 가장 강력한 대미지를 줄 수 있다.	ATK	적 크리티컬 공격, 암살, 광역기
방어형	적들로부터 아군을 지켜주며 피해를 견딜 수 있도록 튼튼하다.	DEF	체력 증가, 방어력 증가
회복형	아군의 체력을 회복시켜 주며 아군에게 걸린 디버프를 해제하는 등 생존에 관련 있다.	HP	체력 회복, 부활, 디버프 해제
보조형	아군이 효율적으로 전투할 수 있도록 공격력, 방어력 증가 등의 버프를 걸어준다.	(Buff)	공격력 증가, 방어력 증가
견제형	적의 전투력을 떨어트리는 스킬로 견제한다.	(Debuff)	적 명중률 하락, 적 중독

직업이 게임에 미치는 영향으로 가장 큰 것은 캐릭터의 특징을 만들어 줘서 유저가 알기 쉽게 인식할 수 있게 만들어 주는 것이다. 모바일 가챠 게임은 캐릭터가 적어도 50명 이상이므로 한 번에 바로 알 수 있어야 한다. 이것을 카테고리화한 것이 직업이다.

22.2 스테이터스

스테이터스status는 신분, 지위를 뜻하나 게임에서는 캐릭터나 장비의 강함을 항목별로 구분하여 수치로 나타낸 것을 말한다. 주로 쓰이는 스테이터스는 다음과 같다.

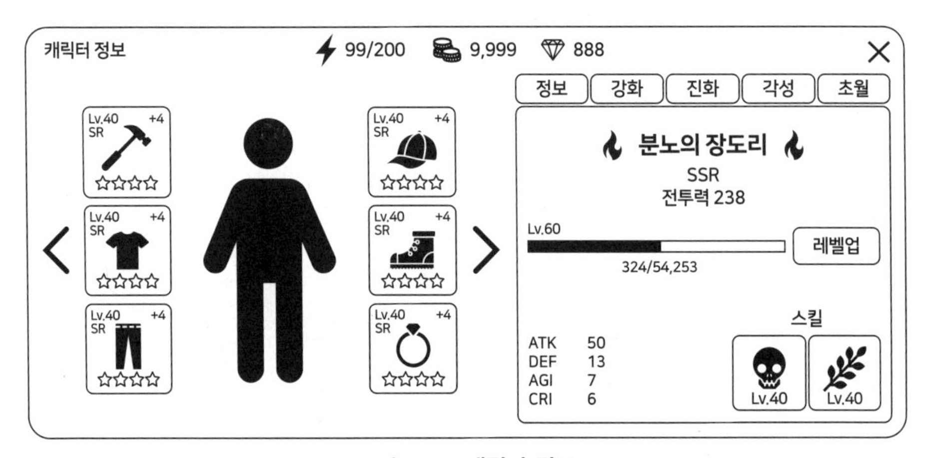

그림 22-3 캐릭터 정보

표 22-3 캐릭터 스테이터스

Lv	레벨(Level)	캐릭터 혹은 장비가 얼마나 강한지를 종합 수치로 보여준다.
Exp	경험치(Experience)	일정량이 쌓이면 레벨이 올라가 전체적인 스테이터스가 증가한다.
HP	체력(Health Point)	적의 공격을 버티는 값
MP	마력(Mana Point)	스킬을 사용할 때 소모되는 값
ATK	공격력(ATtacK)	적에게 대미지를 주는 값
DEF	방어력(DEFense)	적의 공격을 버티는 값
AGI	민첩성(AGIlity)	적을 얼마나 자주 공격하는가?
CRI	치명타(CRItical)	정해진 공격력 이외에 추가로 공격하는 것으로 확률에 의해 발동

앞에서 직업마다 주요 스테이터스가 있다고 했는데, 표 22-3의 스테이터스 종류를 기반으로 예를 들면 다음과 같다.

표 22-4 직업별 스테이터스 값

직업	HP	ATK	DEF	AGI	CRI
공격형	50	100	30	70	90
방어형	100	40	100	30	30
회복형	70	30	50	30	30
보조형	50	20	30	80	20
견제형	60	40	40	40	20

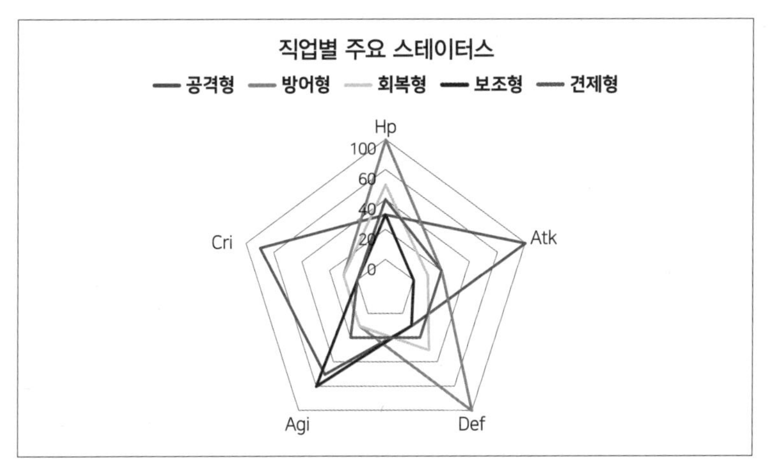

그림 22-4 직업별 주요 스테이터스

그림으로 보면 공격형과 방어형은 각각 ATK, DEF에 의한 명확한 특징이 있다. 그에 비해 회복형과 보조형, 견제형은 스테이터스로 명확한 특징이 없는데, 스테이터스보다는 스킬의 버프, 디버프 효과에 크게 의존하기 때문이다.

생생현장

캐릭터는 어떻게 만들까?

캐릭터는 모바일 게임의 전부

모바일 게임에서 가장 많은 노력이 드는 것, 가장 큰 매출이 일어나는 것, 유저가 가장 좋아하고 열심히 수집하는 것, 감정이입을 하고 스토리를 열심히 따라가는 것, 그만큼 캐릭터는 게임의 중심이라고 봐도 될 정도로 매우 중요한 요소다. 그만큼 캐릭터 하나 만드는 것이 매우 중요하면서도 어려운 일이다. 어떻게 보면 모바일 게임에서 전부라고 봐도 될 것이다.

캐릭터 기획하기

먼저, 어디에 어떻게 사용될 캐릭터인지를 기획해야 한다. 이것부터 기획하는 이유는 스토리팀과 그래픽팀에 먼저 전달하여 작업이 시작될 수 있도록 하기 위함이다. 예를 들어 여성, 20세, 직장인이고, 머리는 길며, 안경을 썼다, 주인공을 돕는 내성적인 성격 등의 설정이 먼저 완료되면 스토리팀과 그래픽팀에서 이를 참고하여 작업에 들어갈 수 있다.

캐릭터 스킬 기획하기

타 파트에서 작업을 시작했으면 기획팀은 내부적인 일에 집중할 수 있다. 스킬과 스테이터스, 강함의 정도 등을 결정하여 어느 콘텐츠에서 어떻게 활약할 수 있게 할지를 정한다. 레이드용인지, PvP용인지 등을 정하고 메타는 어떤 것을 장착할지 등이다. 이 부분의 조율이 잘 돼야 매출이 발생한다.

캐릭터 구현 단계

공식 카페 등을 통해 유저가 어떤 캐릭터를 원하는지 조사한다. 그리고 지금까지 만들어왔던 캐릭터 중 아직 출시되지 않은 스타일의 캐릭터를 확인한다. 유저의 니즈가 아직 출시되지 않은 캐릭터라면 가장 좋다. 해당 캐릭터의 스킬 메타 초안을 잡은 후에 스토리팀에는 시나리오를, 그래픽팀에는 원화를 요청한다. 이후 스킬과 스테이터스 등을 기획 작업한 후, 리소스가 나오면 그에 맞춰 게임에 올리고 테스트한다. 모든 과정이 끝나면 업데이트 때 올리고 유저의 피드백을 받는다.

아군과 적군은 서로 공격할 때 서로의 상태에 따라 줄 수 있는 대미지의 양이 다르다. 이것을 공식으로 만든 것이 전투 공식이다. 전투 공식에 필요한 요소는 스테이터스, 스킬, 속성, 상태 이상 등이다. 게임마다 사용하는 공식이 다르고 복잡하므로 가장 기초적인 것으로 알아보자. 우선, 캐릭터가 어떤 공격을 어떻게 하는지부터 정의한다.

표 23-1 전투 시 공격 종류

구분	내용	조건	관련 스테이터스
평타	아무런 조건 없이 할 수 있는 가장 기본적이고 흔한 공격	없음	캐릭터, 장비의 ATK, AGI, CRI
스킬	스킬을 사용하는 강력한 공격	스킬 게이지가 가득 차야 발동	스킬의 ATK, AGI, CRI

어느 공격이 되었건 속성의 영향을 받으므로 표 23-1에서는 별도로 표시하지 않았다. 이제 각각의 전투 공식을 알아보자.

23.1 평타의 전투 공식

전투 – 평타의 공격력

⊞ (캐릭터 ATK + 장비 ATK) × 버프 효과 × 속성값

평타의 공격력은 캐릭터와 장비의 ATK의 합이다. 예를 들면, 다음과 같다.

표 23-2 공격에 관계된 값

캐릭터 ATK	장비 ATK	버프 효과*	속성값
100	200	공격력 10% 증가	우위(1.5배)

그러면 계산식에 의해, (100 + 200) × 1.1 × 1.5 = 495가 된다**.

23.2 치명타 적용하기

앞에서 기본 공격력을 계산했지만 뭔가 하나 빠진 것 같다. 바로 치명타(CRI)다. 치명타는 확률에 의해 발동되며, 발동 시 공격력을 2배로 올려주는 효과가 있다. 공격자 입장에서는 항상 발동하면 좋겠지만, 확률에 의한 것이므로 이제부터는 확정된 공격력이 아닌, 공격력 기댓값으로 확인해 보자.

전투 – 치명타에 의거한 평타의 공격력 기댓값

- CRI의 발생 확률은 50%
- 공격력 기댓값 = {(캐릭터 ATK + 장비 ATK) × 버프 효과 × 속성값} × 1.5

여기서 CRI의 발생 확률이 50%이면 전투 공식에는 1.5로 적용된다는 것에 주목해야 한다. 즉 CRI가 발동되었을 때의 공격력과 발동되지 않았을 때의 공격력은 다음과 같은 차이가 있다.

표 23-3 치명타 발동 확률에 따른 변화

현재 공격력	CRI 발동	CRI 발동 안 함
495	495 × 2 = 990	495 × 1 = 495

* 전투가 시작되면 전투가 벌어지는 장소, 주변 캐릭터, 장비 등 버프 혹은 디버프를 거는 경우가 매우 흔하게 일어난다.

** 만약 버프 효과나 속성 우위가 없었다면 공격력은 300으로 줄었을 것이다. 이처럼 버프, 속성의 차이가 전투에서 큰 영향을 미친다.

즉, CRI가 발동하면 990이고 발동하지 않으면 495다. 기댓값은 중간을 찾는 것이므로 (990 + 495) / 2 = 742.5가 된다. 이것은 위의 '치명타에 의거한 평타의 공격력 기댓값' 공식과 동일한 값이다.

23.3 공격 속도 적용하기

치명타까지 적용하여 공격력 기댓값을 산출했지만 아직 남아 있는 스테이터스가 있다. 바로 공격 속도(AGI)다. 이것이 왜 중요한지는 다음의 표를 보면 된다.

표 23-4 공격 속도 적용하기

캐릭터	HP	ATK	DEF	AGI
A	140	60	10	4
B	160	50	20	5

위와 같이 A와 B가 있으며, 서로 각각 한 번씩 공격을 주고받는다고 가정해 보자.

로직 전투 – 진행에 따른 캐릭터 A와 B의 상태 변화(AGI를 적용하지 않음)

1. 전투 기본 공식 = 피격자 HP – (공격자 ATK – 피격자 DEF)
2. A가 B를 공격하는 경우
   - 2.1 1회차 공격: 160 – (60 – 20) = 120
   - 2.2 2회차 공격: 120 – (60 – 20) = 80
   - 2.3 3회차 공격: 80 – (60 – 20) = 40
   - 2.4 4회차 공격: 40 – (60 – 20) = 0(B 사망)
3. B가 A를 공격하는 경우
   - 3.1 1회차 공격: 140 – (50 – 10) = 100
   - 3.2 2회차 공격: 100 – (50 – 10) = 60
   - 3.3 3회차 공격: 60 – (50 – 10) = 20
   - 3.4 4회차 공격: 20 – (50 – 10) = –20(A 사망)
4. 전투 결과, 각각 4회씩 공격하여 A와 B 둘 다 사망한다.

A와 B가 공평하게 한 번씩 동시에 공격을 주고받을 경우, 4회차가 되면 A와 B 둘 다 사망하여 비기게 된다. 그런데 여기에 AGI를 적용하게 되면 결과가 달라진다.

아까는 동시에 4회 공격을 주고받았지만, 이번에는 1분 동안 자유롭게 공격하도록 해보자. 그러면 다음과 같은 결과가 나온다.

로직 전투 – 캐릭터 A와 B의 전투 분석(AGI를 적용)

1. AGI = 4는 1초에 4회 공격한다는 뜻
2. A는 4회, B는 5회 공격함
3. A는 0.25초마다 1회 공격, B는 0.2초마다 1회 공격함
4. 전투가 시작되고 1초가 되면 다음과 같다.
   - 4.1 A는 4회, B는 5회 공격
   - 4.2 A는 0.8초에 사망, B는 1초에 사망한다.
5. 끝

AGI를 적용하기 전에는 A와 B 둘 다 4회째 공격에서 무승부가 되지만, AGI를 적용하면 좀 더 빨리 공격하는 B가 승리한다.

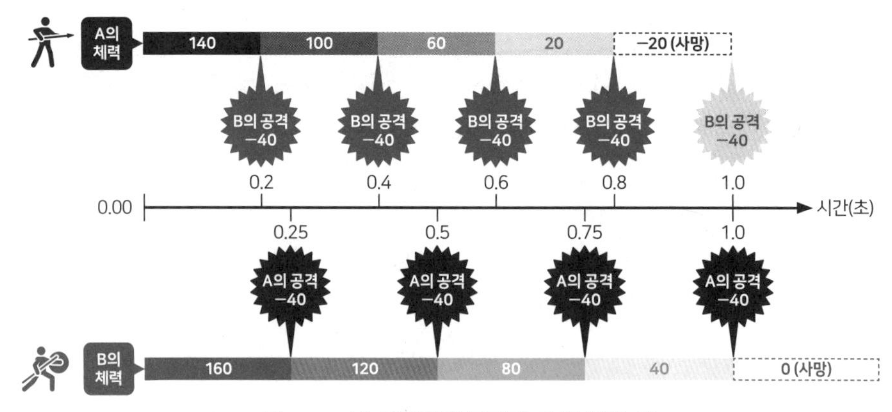

그림 23-1 각 캐릭터의 공격에 따른 변화 값

23.4 속성

속성은 전투에서 변화를 주기 위한 변수 중 하나다. 공격자와 피격자에게 각각 속성이 있고, 속성 간에 우위와 상극이 있으면 전투 시에 그에 따라 전투 결과가 변할 수 있다. 속성은 서로의 물고 물리는 관계 때문에 수, 화, 목 속성의 3종, 그리고 무엇에나 대응할 수 있는 광, 암 속성 2종이 있다.

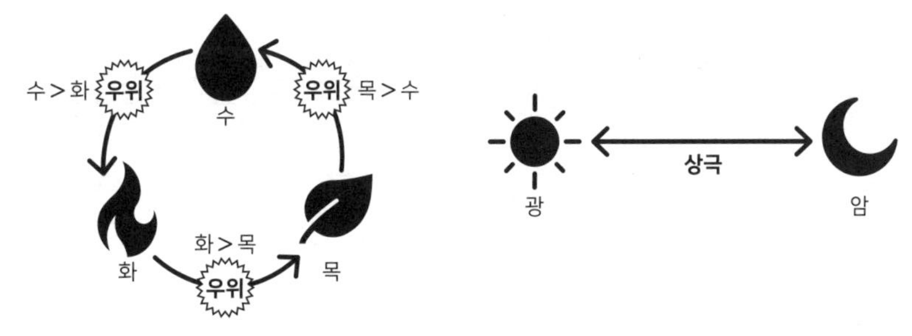

그림 23-2 속성 관계

표 23-5 속성값

속성	수	화	목	광	암
수	1	1.5	0.5	1	1
화	0.5	1	1.5	1	1
목	1.5	0.5	1	1	1
광	1	1	1	1	1.5
암	1	1	1	1.5	1

표 23-5와 같이 수, 화, 목 속성은 서로 돌고 도는 우위에 있기 때문에 3종으로 정해져 있다. 이와 별도로 광, 암 속성은 서로에게 상극인 것을 제외하고는 수, 화, 목 속성에 대해 아무런 관계도 없다. 이것은 반드시 3종 속성에 속하면 우위 관계 때문에 초보자라면 어려움을 느낄 수도 있고, 주력으로 키우는 캐릭터의 속성이 콘텐츠 업데이트나 주로 하는 플레이에서 상극의 속성이 나오면 게임에서 이탈할 수도 있기 때문이다. 그래서 광, 암 속성을 두어 완전히 우위에 설 수는 없지만 그렇다고 열악하지도 않은 상태를 만드는 것이다.

속성에 의한 전투 변화

스테이터스가 한정된 상태에서 전투가 벌어지면 전투 결과를 예측하기 쉽다. 즉, HP와 ATK가 높은 캐릭터가 낮은 캐릭터를 무조건 이기게 되어 있다. 그런데 여기에 속성 개념이 들어가면 전투에 변수가 생긴다. 예를 들어, 캐릭터 A와 B가 다음과 같은 스테이터스를 갖고 있다고 가정해 보자.

표 23-6 캐릭터 A와 B의 기본 스테이터스

구분	HP	ATK	DEF
A	120	90	50
B	140	80	40

A와 B가 전투를 시작하면 다음과 같이 진행된다.

전투 – 캐릭터 A와 B의 전투(기본 스테이터스)

1 전투 기본 공식
- 1.1 피격자 HP – (공격자 ATK – 피격자 DEF)

2 A가 B를 공격하는 경우
- 2.1 1회차 공격: 140 – (90 – 40) = 90
- 2.2 2회차 공격: 90 – (90 – 40) = 40
- 2.3 3회차 공격: 40 – (90 – 40) = –10(0 이하가 되어 B가 사망)

3 B가 A를 공격하는 경우
- 3.1 1회차 공격: 120 – (80 – 50) = 90
- 3.2 2회차 공격: 90 – (80 – 50) = 60
- 3.3 3회차 공격: 60 – (80 – 50) = 30(A는 아직 생존)

4 전투 결과, 각각 3회씩 공격하여 A는 생존, B는 사망

위와 같이 기본 스테이터스로 전투하면 A가 승리한다. 그런데 여기에 속성값을 더하게 되면 전투 상황이 바뀌게 된다. A가 화 속성, B가 수 속성이라고 해보자. A의 속성에 대해 B의 속성이 우위에 있으므로 더 유리하게 이끌어 나갈 수 있다.

로직 전투 – 캐릭터 A와 B의 전투 진행(기본 스테이터스 및 속성값 추가)

1 전투 기본 공식
- 1.1 피격자 HP – (공격자 ATK – 피격자 DEF) × 속성 관계

2 A는 화 속성, B는 수 속성
- 2.1 A가 B를 공격할 때 0.5
- 2.2 B가 A를 공격할 때 1.5

3 A가 B를 공격하는 경우
- 3.1 1회차 공격: 140 – {(90 – 40) × 0.5} = 115

3.2 2회차 공격: $115 - \{(90 - 40) \times 0.5\} = 90$

3.3 3회차 공격: $90 - \{(90 - 40) \times 0.5\} = 75$

4 B가 A를 공격하는 경우

4.1 1회차 공격: $120 - \{(80 - 50) \times 1.5\} = 75$

4.2 2회차 공격: $75 - \{(80 - 50) \times 1.5\} = 30$

4.3 3회차 공격: $30 - \{(80 - 50) \times 1.5\} = -15$(A 사망)

5 전투 결과, 각각 3회씩 공격하여 A는 사망, B는 생존

위와 같이 속성을 적용하면 전투 결과가 반대로 나온다. 이처럼 캐릭터의 속성에 따라 전투 결과가 다양하게 나오는 것이 속성의 존재 이유다.

생생현장

전투 공식은 어떻게 만들까?

기본 스테이터스 설정부터 시작

전투를 위해서는 체력, 공격력, 방어력 등 기본이 되는 스테이터스들이 있다. 어떤 종류가 있는지부터 먼저 설정하고, 전투에서 가장 기본적으로 쓰이는 스테이터스인 공격력과 방어력을 중심으로 전투 공식의 기초를 만들기 시작한다. 우선, 값은 100으로 부여하고 필요에 따라 고쳐 나가면서 작업하면 된다.

전투 공식에서의 스킬 비중

공식을 만드는 것 자체는 크게 어렵지 않다. 어려운 것은 공식이 완성되었을 때 그것으로 전투가 원활하게 작동되는가 하는 것이다. 가령, 스킬의 비중을 올린다면 스킬과 관련된 스테이터스의 영향이 클 텐데, 그래도 전투의 재미를 느끼면서 밸런스가 붕괴하지 않도록 하는 과정이 어렵다. 스킬의 비중이 크다는 건 약간의 스킬 차이로도 전투에서 큰 영향이 생기므로 밸런스 붕괴의 위험이 생기기 쉬울 수 있다. 또한, 스킬끼리 서로 물고 물리는 관계여서 특정 스킬이 무조건 강하지만은 않게 해야 재미가 있는데, 이런 부분도 어렵다고 볼 수 있다. 이런 것이 걱정되어 스킬이 아닌 기본 기술, 예를 들어 평타의 비중을 올린다면 전투의 변화가 적어 재미가 없을 수 있다. 전투 공식에서 이런 밸런스를 적당히 잡는 것이 제일 어렵다.

STAGE 24 스킬

캐릭터가 전투할 때 스테이터스와 속성만으로 단순하게 치고받는다면 전투가 매우 단조롭고 재미가 없을 것이다. 스킬은 자동 혹은 유저가 직접 발동하면서 전투의 또 다른 변수를 만들어내는 장치다. 스킬은 편의에 따라 자동으로 발동하면 패시브passive, 유저가 액션을 취해야 발동하면 액티브active로 구분하며, 유저에게 이로우면 버프buff*, 이롭지 않으면 디버프debuff라고 구분하기도 한다.

그림 24-1 몬스터에 대한 스킬 공격

* MMORPG 에버퀘스트에서 유래되었으며, 스킬로 캐릭터를 돕다, 지지해 준다는 뜻에서 유래되었다.

스킬

1. 캐릭터가 전투를 할 때 자동(패시브) 혹은 유저의 개입(액티브)에 의해 전투의 변화가 있도록 한다.
2. 스킬은 캐릭터의 직업을 특징적으로 나타낸다.
3. 전투는 스킬 의존도가 높도록 하며, 유저는 스킬 성장에 많은 자원을 소모하도록 한다.
4. 장비에 따라 스킬을 갖고 있는 것도 있다.

로직

스킬 – 종류에 따른 발동과 진행

1. 패시브 스킬
   - 1.1 전투가 시작되면 자동으로 발동
   - 1.2 발동자가 사망하면 종료(단, 리더 혹은 스테이지 버프는 종료되지 않음)
2. 액티브 스킬
   - 2.1 특정 조건이 만족되어 스킬을 발동할 수 있는 상황이 됨
     - 특정 조건: 마력(MP) 충전, 쿨타임 완료 등
   - 2.2 대상 지정
   - 2.3 터치하여 발동
   - 2.4 대상에 대한 효과 적용
   - 2.5 종료

DB

Skill – 스킬 정의

Id	스킬 번호
Name	스킬 이름
Type	스킬 종류(1 = Passive, 2 = Active)
MP	스킬 사용 시 소모되는 마력량
HP	스킬로 회복되는 HP량
ATK	공격력 증가량 혹은 대미지양
DEF	방어력 증가량
SPD	속도 증가량
Target	스킬을 적용하는 대상(1 = 아군, 2 = 적군)
Target_Value	대상 몇 명에게 적용하는지 인원수(0 = 모두, 1~999 = 기입한 인원 수만큼)
Cast_Time	스킬 발동에 걸리는 시간

(DB 계속)

Cool_Time	스킬 발동 후 회복까지 걸리는 시간
Skill_Value	스킬 발동 범위
Duration_Time	스킬이 얼마나 적용되고 있을지의 시간
Active_Id	스킬이 스테이터스 기반이 아니라 액티브 기반일 때
Id	스킬 번호
Name	스킬 이름
Active_Value	액티브 스킬값

24.1 스킬 예시

실제로 액티브 스킬을 제작하면서 살펴보자. 다음은 근접 광역 공격 스킬인 '갈라지는 대지'다.

그림 24-2 스킬 '갈라지는 대지'

스킬과 관련하여 필요한 정보는 다음과 같다.

로직 스킬 – '갈라지는 대지' 진행 순서

1. 스킬 [갈라지는 대지] 아이콘 터치
2. 발동할 대상 1인 지정
3. 발동
   - 3.1 MP 소모
   - 3.2 대상을 향해 높이 점프한다. 이때 무적 판정이다.
   - 3.3 대상을 창으로 내려친다.
   - 3.4 대상에게 300의 대미지를 준다.
   - 3.5 대상을 중심으로 50의 범위에 초당 100의 대미지를 준다. 3초간 유지된다.

3.6 대상을 포함한 범위 안의 모든 적에게 1초의 스턴이 걸린다.

4 종료

4.1 쿨타임 발동 시작

이 로직에서 점프 중을 무적 판정이라고 했는데, 이런 조건이 없으면 구현 시 복잡한 상황이 펼쳐진다. 만약 무적이 아니라면 다음과 같은 상황을 체크해야 한다.

로직 스킬 – '갈라지는 대지'의 점프 중 무적이 아닐 경우

1 점프 중 공격당함

1.1 사망하지 않은 경우

- 대상에 대한 공격 실패로 결정할 경우
  - 피격 애니메이션 출력
  - 대상에 대한 공격 실패
- 대상에 대한 공격 실패를 인정하지 않을 경우
  - 대상에 대한 공격 성공

1.2 사망한 경우

- 공중에서 사망으로 처리하는 경우
  - 사망하여 땅에 떨어짐
  - 공격 실패
- 공중에서 사망으로 처리하지 않는 경우

위와 같이 점프 중 대미지를 인정하면 상황이 복잡하므로 통상 무적으로 처리한다.

24.2 리소스

스킬을 만들 때 각 파트별로 많은 리소스가 필요하다.

표 24-1 스킬 리소스

UI	• 스킬 아이콘 • 스킬 텍스트
애니메이션	• 대상을 향해 점프
이펙트	• 대상을 내려칠 때의 검광 • 대상을 내려칠 때의 대상 피격 이펙트 • 대상 주변의 대미지 범위 이펙트 • 스턴 이펙트

24.3 상태 이상

상태 이상은 스테이터스를 근거로 하는 순수 공격과 방어를 제외한, 전투하는 상태에 이상을 일으켜 더욱 재밌게 만드는 스킬의 일종이다. 굳이 스킬과의 차이를 꼽자면 스킬은 단타성 효과로 끝나는 것이 많지만, 상태 이상은 어느 정도의 유지 시간을 거치면서 효과를 지속해서 유지한다. 대부분의 상태 이상이 스킬에 의해 걸리는 것을 생각한다면 둘을 꼭 분리하는 것도 큰 의미는 없다. 상태 이상은 효과에 따라 아군에게 좋은 것과 나쁜 것으로 나눌 수 있는데, 전자를 버프, 후자를 디버프라고 부른다.

그림 24-3 **상태 이상 종류**

상태 이상 종류

상태 이상은 기본적으로 스킬의 일종이고, 스킬은 스테이터스 기반으로 제작되기 때문에 상태 이상 역시 스테이터스에 영향을 주는 것을 기본으로 삼고 있다. 여기서 약간의 다양함이 추가되어 스킬이나 상태 이상끼리 영향을 주는 것으로 확장하였다.

표 24-2 **상태 이상의 종류**

회복	HP를 일정 시간 혹은 한 번에 회복한다.
회복량 증가	회복하게 되면 기존보다 양이 증가한다.
공격력 증감	공격력을 증감시킨다.
방어력 증감	방어력을 증감시킨다.
캐스팅 타임 증감	스킬을 발동하는 데 걸리는 시간을 증감시킨다.
면역	적의 특정 스킬 혹은 상태 이상 공격에 당하지 않는다.
무적	일정 시간 동안 어떤 공격이든 대미지를 주지 못하게 한다.

(표 계속)

표 24-2 상태 이상의 종류

불사	일정 시간 동안 죽지 않는다.
흡혈	공격을 성공시키면 대미지를 준 양의 일정 퍼센트만큼 HP가 회복된다.
부활	죽으면 부활한다.
회피	적의 공격을 회피한다.
피해반사	적의 공격을 받으면 일정량을 적에게 대미지로 돌려준다.
분노	나의 체력이 일정량 깎이는 대신, 2배의 공격력으로 공격한다.
침묵	적이 스킬을 사용하지 못하게 한다.
중독	독에게 침식되어 시간당 정해진 만큼의 대미지를 계속 받는다.
출혈	특정 공격에 당하게 되면 HP가 계속해서 일정하게 감소한다.
집중	일정 시간 동안 치명타가 100%의 확률로 발생한다.

상태 이상을 잘 보면 다음과 같이 캐릭터 클래스 특징에 맞게 정렬할 수 있다는 것을 알 수 있다.

표 24-3 직업에 따른 주요 상태 이상 효과

공격형	방어형	회복형	견제형	보조형
• 공격력 증감 • 집중 • 분노	• 방어력 증감 • 회피 • 무적 • 면역 • 불사	• 회복 • 회복량 증가 • 흡혈 • 부활	• 침묵 • 중독 • 출혈	• 피해반사 • 캐스팅 타임 증감

상태 이상 제어

스테이터스만으로 싸우는 초반 전투와 달리, 레이드와 월드 보스 혹은 PvP 등 고급 전투로 넘어가게 되면 그야말로 상태 이상끼리의 싸움이라고 봐도 될 정도로 상태 이상의 전투 비중이 크게 올라간다. 가장 기본적인 것은 적의 디버프를 어떻게 방어 혹은 분쇄하는가, 그리고 내가 거는 디버프를 어떻게 하면 적이 막지 못하도록 하는가에 많은 것이 달렸다.

예를 들면, 상태 이상 전투의 대표적인 레이드 보스전을 보면 다음과 같다.

표 24-4 레이드 보스와 유저의 상태 이상 효과

단계	레이드 보스	유저
1	유저에게 '중독'을 걸었다.	유저는 '중독'을 풀기 위해 '면역'을 사용
2	면역이 끝날 때쯤 다시는 사용하지 못하도록 '침묵'을 걸었다.	침묵은 스킬을 사용하지 못하므로 회복 물약을 먹으며 버틴다.
3	스킬을 2개 썼으므로 쿨타임 중	침묵 시간이 끝나자 유저는 스스로에게 '피해반사'를 걸어 보스의 공격을 반격하면서 '집중'까지 추가하여 높은 대미지로 공격한다.
4	보스가 다시 스킬을 쓸 준비가 되었다.	아까처럼 중독이 되면 안 되므로 미리 '회복량 증가', '무적'을 사용하여 사망에 대비한다.

표 24-4의 내용을 그림으로 표현하면 그림 24-4와 같다.

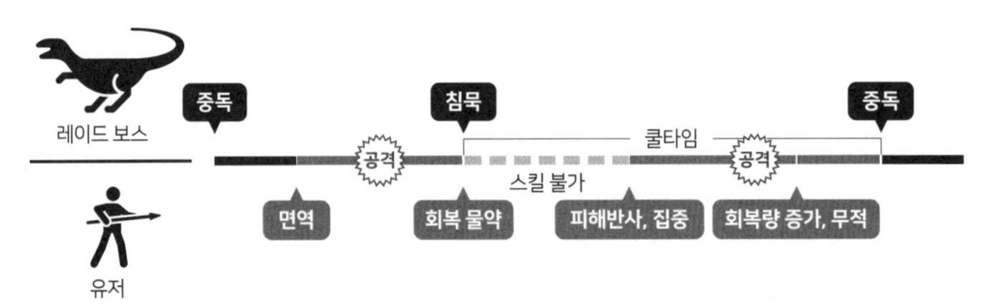

그림 24-4 레이드 전투 시에 보스와 유저의 상태 이상 대결

상태 이상 개발 시기

스테이터스를 기반으로 한 기본적인 전투가 개발되고 나서 기획에 들어간다. 상태 이상은 스킬의 일종이므로 스킬을 만들 때 같이 작업된다. 먼저, 스테이터스를 기반으로 한 상태 이상이 만들어져 테스트된 후에 액티브 기반의 상태 이상이 만들어진다.

상태 이상 개발 방법

스테이터스 기반은 스킬의 일종이므로 스킬 기획 DB의 칼럼값을 추가하여 개발할 수 있다. 이와 달리 액티브 기반은 클라이언트가 일일이 직접 개발해야 한다.

생생 현장

스킬은 어떻게 만들까?

▶ 스킬의 시작은 스테이터스에서

스킬을 만든다고 하면 처음부터 어떤 것부터 시작해야 할지 막막하다. 그럴 때는 스테이터스를 기반으로 시작하면 좋다. 체력을 올리는 스킬과 내리는 스킬, 공격력을 올리는 스킬과 내리는 스킬 같은 것이다. 하나씩 설정했다면 다음에는 스테이터스를 2개씩 합쳐 본다. 이렇게 하면 스테이터스를 기반으로 한 스킬은 웬만한 건 다 나온다.

▶ 스킬의 핵심은 상태 이상

화상, 빙결, 혼란, 석화, 부활 등 다양한 상태 이상이 있는데, 이들을 스킬로 걸 수 있다면 전투에서 우위에 설 수 있다. 그래서 상태 이상이 들어 있는 스킬이 매우 중요하며, 특정 상태 이상이 특히 강할 때 메타를 이끌어 나가게 된다. 상태 이상을 포함한 스킬은 스테이터스의 변화를 적게 해서 밸런스를 맞추는 게 좋다. 예를 들어 부활하는 스킬이 있는데, 부활하면서도 체력이 가득 찬다면 너무 강력하기 때문에 체력은 50% 이하로 설정하는 것이다.

▶ 스킬 간의 밸런스

스킬 간에 완벽한 밸런스는 있을 수 없다. 만약 그렇게 할 수 있다면 스킬 자체가 매우 단순하거나 변화가 없어서 재미가 없을 것이다. 그리고 스킬은 원래 시기별로 뛰어난 것이 있어야 메타가 진행된다. 그렇다고 너무 뛰어나면 밸런스가 붕괴되어 유저가 떠날 수 있으니 스킬의 강함을 값으로 표시하여 서로 크게 차이가 나지 않도록 한다.

▶ 스킬의 강함을 전투력으로 환산하기

스킬에는 공격력, 방어력, 체력 등의 스테이터스 값과 상태 이상 값이 같이 들어 있을 것이다. 스테이터스가 들어 있는 항목은 전투력 계산할 때의 기준으로 하면 되고, 상태 이상은 강함의 정도를 개발사가 판단하여 각자 점수를 임의로 부여한다. 예를 들어 부활은 매우 강력하니 10점, 화상이나 빙결은 3점 같은 식이다. 물론, 스테이터스에서 전투력에 반영되는 값과 수준이 비슷해야 한다. 이렇게 하면 스킬마다 전투력이 나오게 되며, 이 값을 기준으로 하면 대략적인 밸런스를 맞출 수 있다.

STAGE 25 타기팅

유저가 직접 상대를 선택하는 것을 제외하고, 자동으로 공격할 때는 일정한 규칙이 있어야 하며, 이것이 없으면 누구를 어떻게 공격할지 운에 맡기게 되므로 전략적인 전투가 힘들어진다.

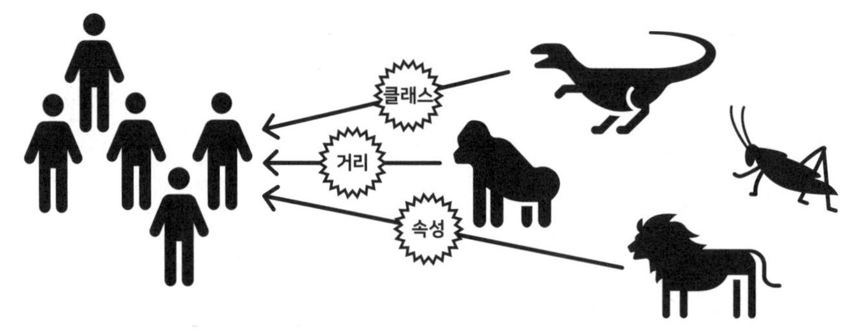

그림 25-1 몬스터의 대상 선택

대상을 공격 대상으로 선택하는 것에 대해 다음의 고려 사항이 있다.

표 25-1 몬스터가 유저를 타기팅(targeting)할 때의 근거들

거리	대상과의 거리가 얼마나 가까운가에 따라 선택. 보통은 가까운 쪽이 타기팅될 가능성이 높다.
클래스	공격형, 방어형, 회복형 등의 클래스에 따른 선택
속성	수, 화, 목, 광, 암 속성에 따른 선택. 우위에 서거나 상극일 때

(표 계속)

표 25-1 몬스터가 유저를 타기팅(targeting)할 때의 근거들

스테이터스	HP나 ATK, DEF 등 스테이터스 값을 보고 선택. HP가 낮은 순서 등
스킬	아군을 보호하거나 적군을 위협하는 스킬을 발동하는 대상
큰 피해	현재 누구를 공격할 때 가장 큰 피해를 줄 수 있는지에 따라 선택
상태 이상	어떤 상태 이상에 걸렸는지에 따라 선택. 대미지를 많이 받는 상태 이상에 걸린 상대가 있다면 그쪽을 먼저 선택

25.1 타기팅 우선순위 방법

타기팅되는 요소들을 정리했지만 실제 타기팅은 저렇게 한 가지 이유만으로 되는 경우는 많지 않다. 간단한 게임은 우선순위가 있으며, 확률에 의해 다른 선택을 가끔 하기도 한다. 예를 들면 다음과 같다.

표 25-2 타기팅 근거 우선순위

우선순위	1순위	2순위	3순위
공격 내용	거리	클래스	속성
확률	80%	10%	10%

위 내용대로라면 거리가 가까운 적을 공격할 확률이 가장 높고, 나머지 클래스나 속성에 의한 공격이 적은 확률로 발생한다는 것이다. 위의 내용을 바탕으로 본다면 적군이 나를 공격할 때 10번 중 8번은 가장 앞에 서 있는 전사를 공격하겠지만, 한두 번은 뒤에 있는 힐러healer나 적이 우위에 서 있는 속성을 공격한다는 것이다*.

25.2 타기팅 점수 관리 방법

MMORPG처럼 복잡한 게임은 점수에 의해 타기팅 근거가 마련된다. 여러 유저가 실시간으로 모여 전투하므로 적에게 누가 타기팅되는지가 매우 중요하기 때문에 세밀할 필요가 있다. 예를 들면, 다음과 같다.

---

* 2, 3순위를 적은 확률로라도 넣은 이유는 유저가 타기팅을 파악하여 악용하는 것을 막기 위함이다.

표 25-3 타기팅 점수

거리	클래스	속성	스테이터스	스킬	큰 피해	상태 이상
10점	15점	20점	7점	22점	19점	25점

위와 같이 항목에 따라 점수가 부여되면 대상을 좀 더 체계적인 타기팅 관리를 할 수 있다. 가장 점수가 높은 대상을 최우선으로 공격한다는 가정하에 각 대상을 점수로 계산하면 된다.

표 25-4 타기팅된 캐릭터들의 점수

캐릭터	A	B	C	D	E
점수	73	56	39	54	64

위와 같은 점수가 나오면 적들은 캐릭터 A를 공격하게 되며, 확률에 의해 다음으로 점수가 높은 E를 공격하게 된다.

25.3 공격자의 우선 대상

위에서 알아본 것은 순전히 타기팅되는 대상만을 바탕으로 계산한 것이다. 여기서 좀 더 확장하면, 공격하는 주체인 본인이 어떤 상태인가를 우선순위에 포함시켜 공격 대상을 선택할 수 있다. 예를 들면, 공격자가 암살자라면 암살자 클래스의 우선순위는 적군의 힐러나 보조형으로 설정하는 것이다. 이를 바탕으로 위에서 알아본 우선순위 혹은 점수 계산으로 타기팅을 더욱 다양하게 할 수 있다.

생생현장

타기팅은 어떻게 만들까?

▶ 어그로의 결과가 타기팅

캐릭터마다 적의 주의를 이끌게 되는 어그로aggro 값이 있는데, 이것이 높을수록 공격당할 가능성이 높다. 즉, 타기팅된다고 볼 수 있다. 타기팅된 상태를 알아보기 쉽게 하기 위해 대상 캐릭터의 머리 위에 화살표로 표시를 하는 등의 UI를 추가하여 캐릭터가 제대로 타기팅된 적을 공격하는지 확인해야 한다.

타기팅의 확장

개발할 때 시작은 진형의 앞줄, 혹은 전사, 혹은 방어형 캐릭터에게 타기팅되도록 유도하는 것이다. 이들이 타기팅된 상태에서 전투를 진행해 보고 너무 일방적으로 흘러간다 싶을 때 타기팅이 중간 혹은 뒷열까지 확장되도록 하거나 다른 클래스에 타기팅이 되도록 조절하는 것이다. 이렇게 변수가 생겨서 전투가 재밌어지면 그때의 어그로 값을 산정하여 게임 전체에 적용한다.

유저는 전투에서 승리하면 다음에는 더욱 강한 상대와 싸우기를 원한다. 그러기 위해서는 캐릭터가 성장해야 하는데, 모바일 게임의 성장은 비교적 복잡한 편이다. 왜냐하면 캐릭터 획득을 가챠로 손쉽게 얻을 수 있기 때문에 성장이 복잡하지 않으면 성장 속도를 버티기 힘들기 때문이다.

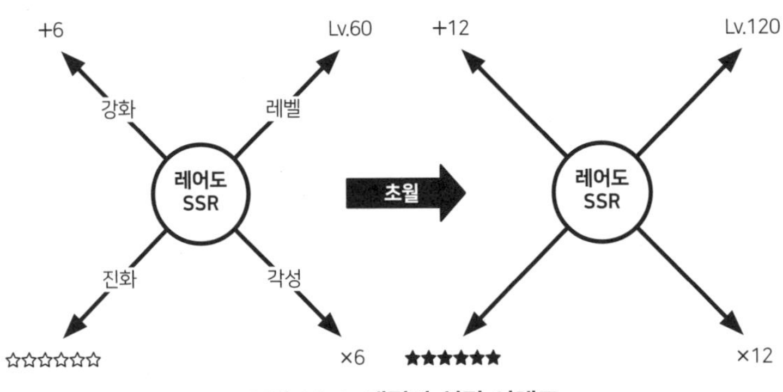

그림 26-1 캐릭터 성장 이해도

콘셉트 캐릭터 성장

1. 캐릭터의 성장을 전투에서 확실히 알 수 있도록 하여 성장을 계속하도록 유도한다.
2. 소환에서 캐릭터를 빨리 획득하는 것을 고려하여 성장 단계를 여러 개로 나눈다.
3. 성장할 때 피드백을 반드시 준다(스킬 해금 등).
4. 꾸준히 플레이하면 모든 성장이 가능하도록 오픈한다.

가장 많이 채용된 성장 시스템은 다음과 같다.

표 26-1 캐릭터 성장 요소

레어도	캐릭터가 얼마나 희귀한지를 보여주는 등급이다. 희귀할수록 캐릭터의 능력이 좋다. 보통은 'SSR > SS > SR > S > R > N'의 6단계로 나뉜다.
레벨	전투 등에서 경험치를 획득, 일정량이 되면 레벨이 오르면서 전체적인 스테이터스가 상승하여 강해진다.
강화	캐릭터가 강해지는 단계를 숫자로 표시한 것이다. (예 +1, +2…)
진화	레어도가 캐릭터의 희귀함을 나타낸다면, 태성*은 캐릭터가 몇 개의 별을 기본으로 가졌는지를 보여준다. 별은 캐릭터의 강함을 표시하며, 개수가 많을수록 좋다. 진화는 태성으로 결정된 별의 개수를 늘려나가는 성장을 말한다. (예 ☆☆☆☆☆☆ > ☆☆☆☆☆ > ☆☆☆☆ > ☆☆☆ > ☆☆ > ☆)
각성	캐릭터의 스토리가 별도로 있다면 각성을 통해 숨겨진 이야기를 끌어낼 수 있다. 캐릭터 아이콘에 별도의 성장 단계 표시가 없으며, 캐릭터 스토리 모드에 들어가면 진행된 단계로 알 수 있다.
초월	모든 성장이 끝나면 특정 조건을 통해 현재의 수준을 초월한 최고의 성장을 할 수 있게 된다. 진화의 별에 색상이 하나씩 칠해진다. (예 ★☆☆☆☆☆ ➡ ★★☆☆☆☆ ➡ ★★★☆☆☆ ➡ ★★★★☆☆ ➡ ★★★★★☆ ➡ ★★★★★★)

26.1 레어도

캐릭터마다 얼마나 희귀한지는 처음부터 정해져 있으며, 이것을 레어rare도**라고 부른다. 레어도를 지정하는 이유는 캐릭터 확률과 관계가 있다. 유저가 소환하는 이유는 좋은 캐릭터를 얻기 위함인데, 이것을 쉽게 얻으면 밸런스가 맞지 않으므로 좋은 캐릭터를 적은 확률로 제공해야 한다. 좋은 캐릭터라는 것은 당연히 전투에서 강력한 스킬이나 높은 스테이터스를 갖고 있어야 하는데, 다른 캐릭터에 비해 좋아지려면 어느 정도 이미 성장이 완료된 상태이어야 한다. 하지만 이렇게 해서는 캐릭터 성장 과정을 몇 단계나 스킵한 게 되므로 개발사 입장에서는 콘텐츠도, 돈도 안 된다. 그래서 레어도를 지정해서 '좋은 캐릭터이기 때문에 희귀하다'라는 콘셉트가 된 것이다. 이는 마치 금이나 다이아몬드가 희귀하여 비싼 것과 같은 개념이다.

---

* '태'어나면서 갖고 있는 '성(별)'의 개수

** SSR, SR의 R은 희귀(rare)에서 따온 말이다.

레어도 성장

레어도는 처음부터 희귀한 정도에 따라 정해진 것이므로 성장한다고 해서 단계를 올리거나 할 수는 없다. 단, 몇몇 게임은 주인공급만 스토리 이벤트 등으로 올리는 경우는 있다.

26.2 레벨

캐릭터 성장이 복잡하다고 느껴지면 일단 전투를 한다. 그러면 당연히 경험치를 받게 되고, 그것이 일정량 모이면 레벨이 오르면서 전체적인 스테이터스가 증가하여 강해지게 된다. 레벨은 매우 기본적인 성장이며 별다른 노력이 없어도 오르게 되어 있다. 그래서 요즘처럼 성장이 복잡할 때는 레벨부터 올리면 된다. 만렙을 만들면 다음 성장의 1차 준비가 완료된다.

표 26-2 레벨업 정보

레벨업 방법	• 경험치 획득
올려서 좋은 것	• 스테이터스 증가로 강해짐 • 최대치로 올리면 진화하기 위한 조건 충족
레벨업 기타	• 진화도에 따라 만렙이 제한되어 있음(예 진화 3성이면 Lv.30까지가 만렙)

로직 레벨업 방법

1 캐릭터가 만렙인 경우

  1.1 경험치가 더 이상 획득되지 않음

2 캐릭터가 만렙이 아닌 경우

  2.1 경험치가 레벨 오를 만큼 모임

  2.2 다음 레벨로 올라감

  2.3 스테이터스가 정해진 퍼센트만큼 증가함

3 끝

DB Character_Level — 캐릭터 레벨 정보

Level	캐릭터 레벨
Exp	레벨업을 위한 필요 경험치

⊞ 현재 각 스테이터스 + Level × 2

26.3 강화

캐릭터 성장을 위해 레벨을 먼저 올린 후 다른 성장을 순차적으로 해야 한다면 과정이 매우 길게 느껴질 것이다. 그래서 레벨업과 동시에 할 수 있는 성장이 있으면 유저로서는 시간을 효율적으로 쓴 것 같아 뿌듯할 것이다. 그런데 이것은 개발사가 희망하는 것뿐이고, 성장에 조금이라도 더 많은 것을 요구해서 콘텐츠를 확보하고 싶은 것이 실제 생각이다.

강화는 레벨업이나 기타 성장과는 관계없이 캐릭터나 아이템을 재료로 성장하는 시스템이다. 여기서 소환과 관련된 것이 나오는데, 소환할 때 이미 소유한 캐릭터가 나왔을 때 이것을 그대로 인벤토리로 보내는지, 아니면 재화(캐릭터 코인)로 변환시키는지에 따라 강화 콘셉트가 바뀌기 때문이다. 만약 전자라면 강화할 때 캐릭터를, 후자라면 아이템을 강화 재료로 요구하기 때문이다. 여기서는 후자(이미 소지한 캐릭터는 캐릭터 코인으로 변환)하는 쪽으로 하겠다*.

강화를 최대치까지 올리면 만렙과 함께 진화할 수 있는 조건이 충족된다.

표 26-3 강화 방법

강화 방법	• 아이템을 재료로 사용
올려서 좋은 것	• 스테이터스 증가로 강해짐 • 최대치로 올리면 진화하기 위한 조건 충족
강화 기타	• 진화도에 따라 강화 최고치가 제한되어 있음(예 진화 3성이면 +3까지가 만렙) • 스킬 레벨업 가능

강화에 스킬 레벨업이 걸린 이유는, 사실 만렙 후 재료만 있으면 개념적으로 진화를 하는 데 문제가 없기 때문이다. 강화가 들어간 것은 콘텐츠 확장을 위해서인데,

★ 이렇게 하면 강화 아이템을 구하기 위해 던전을 추가로 돌아야 하는 콘텐츠가 발생한다.

오직 진화의 조건을 만족시키기 위해서라면 억지로 보일 수 있다. 그래서 중요한 성장인 스킬 레벨업의 자격을 걸어 유저가 기꺼이 강화하도록 한 것이다.

로직 강화 방법

1. 캐릭터가 강화 최고인 경우
   - 1.1 강화되지 않음
2. 캐릭터가 강화 최고가 아닌 경우
   - 2.1 아이템을 소모하여 강화 성공
   - 2.2 스테이터스가 정해진 퍼센트만큼 증가함
3. 끝

DB Character_Enhancement — 캐릭터 강화 정보

Enhancement	캐릭터 강화도
Attribute_Type	캐릭터 속성에 따라 필요로 하는 강화 재료 종류를 다르게 함
Need_Item_1_Id	강화에 필요한 아이템 번호
Need_Item_1_Count	강화에 필요한 아이템 수량

강화 — 스테이터스 증가

+ 현재 각 스테이터스 + 강화 단계 × 2

26.4 진화

앞에서 레벨, 강화를 알아볼 때 이들의 성장은 진화도에 영향을 받는다. 또한 진화를 위해서는 이들이 최고 수준으로 성장해야 한다고 다뤘었다. 이처럼 진화는 캐릭터 성장의 핵심이며, 사실상 모든 성장이 진화에 묶여 있다고도 볼 수 있다. 레어도를 제외하고 이렇게 된 이유는 캐릭터 성장의 중심이 있어야 다른 성장을 제어할 수 있기 때문이다. 가장 중요한 성장이기 때문에 다른 성장이 숫자나 알파벳으로 표시되는 것에 비해 진화는 별(☆) 이미지로 표시되는 것도 그런 차이를 강조하기 위해서다.

표 26-4 진화 정보

진화 방법	• 캐릭터 코인을 재료로 사용
올려서 좋은 것	• 스테이터스 증가로 대폭 강해짐 • 최대치로 올리면 초월하기 위한 조건 충족
진화 기타	• 레벨, 강화 최댓값이 증가함 • 진화 최대치(6성)가 되면 초월 준비가 됨

중요한 성장인 만큼 성장했을 때 스테이터스가 대폭 증가한다.

로직 진화 방법

1 캐릭터가 진화 최고인 경우
- 1.1 진화하지 않음

2 캐릭터가 진화 최고가 아닌 경우
- 2.1 캐릭터 코인을 소모하여 진화
- 2.2 스테이터스가 정해진 퍼센트만큼 증가함

3 끝

DB Character_Grade — 캐릭터 진화 정보

Grade	캐릭터 진화도
Need_Character_Coin	진화를 위해 얼마의 캐릭터 코인이 필요한지

진화 — 스테이터스 증가

+ 현재 각 스테이터스 × 진화 단계

26.5 각성

레벨, 강화, 진화는 서로 성장이 매우 밀접하게 연계되어 있으므로 유저가 답답할 수 있다. 그래서 이들과는 관계가 없는 성장도 필요하다. 캐릭터의 매력을 돋보이게 하는 것 중 하나는 캐릭터 고유의 스토리가 있는데, 이것을 그냥 모두 오픈하기에는 재미가 없으므로 캐릭터 성장, 그것도 다른 것과 연계되어 빡빡한 것이 아닌 자유로운 성장에 연결한다면 좋은 콘텐츠가 된다.

표 26-5 각성 정보

각성 방법	• 각성 재료를 소비해 획득
올려서 좋은 것	• 스테이터스 증가로 강해짐 • 스토리 오픈
각성 기타	• 없음

스토리는 캐릭터 강함과 관계없이 누구에게나 보여주고 싶으므로 각성만 계속하면 모든 스토리를 볼 수 있게 해준다.

로직 각성 방법

1. 캐릭터가 최고 각성인 경우
   - 1.1 더 이상 각성하지 못함
2. 캐릭터가 최고 각성이 아닌 경우
   - 2.1 각성 재료를 소비해 각성함
   - 2.2 해당 각성 단계의 스토리가 오픈됨
   - 2.3 스테이터스가 정해진 퍼센트만큼 증가함
3. 끝

DB Character_Awaken – 캐릭터 각성 정보

Awaken	캐릭터 각성도
Attribute_Type	캐릭터 속성에 따라 필요로 하는 각성 재료 종류를 다르게 함
Need_Item_1_Id	각성에 필요한 아이템 번호
Need_Item_1_Count	각성에 필요한 아이템 수량

각성 – 스테이터스 증가

+ 현재 각 스테이터스 + Awaken × 2

26.6 초월

초월은 지금의 성장을 완전히 뛰어넘은, 새로운 세계로의 진입이다. 캐릭터를 성장시키다 보면 한계가 금방 오는데, 그도 그럴 것이 게임의 거의 모든 보상이 캐릭터 성장과 연결되기 때문이다. 그렇다고 성장을 무작정 길게 늘이면 지겨우므로 단계마다 변화를 줘야 한다. 이를 효과적으로 풀어낸 것이 성장을 1차와 2차로 나눈 것이다. 1차 성장은 우리가 지금까지 얘기해왔던 진화이고, 2차 성장은 한 단계 더 올라간 진화, 즉 초월이다. 초월하게 되면 기존의 흰색 별이 색이 칠해진 별로 변화하면서 2차 성장이 진행된다.

그림 26-2 초월

표 26-6 초월 정보

초월 방법	• 초월 대상(만렙, 6성, +6강) • 초월 재료
올려서 좋은 것	• 스테이터스 대폭 증가로 강해짐 • 초월 장비 장착 • 초월 스킬 획득
초월 기타	• 없음

초월의 가장 큰 특징은 초월 전용 장비와 초월 스킬을 획득한다는 것이다. 유저는 이를 위해서라도 기꺼이 초월하려 할 것이다.

로직 초월 방법

1 캐릭터가 초월을 끝까지 한 경우
- 1.1 더 이상 초월하지 못함

2 캐릭터가 초월이 아닌 경우
- 2.1 초월 대상을 체크: 6성, 만렙, +6강
- 2.2 초월 재료 체크

3 초월 성공
- 3.1 스테이터스가 정해진 퍼센트만큼 증가함
- 3.2 초월 장비 장착 슬롯이 해제되며 장착 가능
- 3.3 초월 스킬이 해제되며 사용 가능

4 끝

DB Character_Overlimit – 캐릭터 초월 정보

Overlimit	캐릭터 초월도
Attribute_Type	캐릭터 속성에 따라 필요로 하는 초월 재료 종류를 다르게 함
Need_Item_1_Id	초월에 필요한 아이템 번호
Need_Item_1_Count	초월에 필요한 아이템 수량

초월 – 스테이터스 증가

⊞ 현재 각 스테이터스 + Overlimit × 2

26.7 캐릭터 성장 요소의 상관관계

캐릭터 성장이 복잡하므로 두 가지가 필요하다. 첫째는 아무거나 해도 성장이 되는 것이 필요하다. 이것이 레벨이다. 레벨은 올려두기만 해도 어느 정도 캐릭터가 강해지고 다른 성장의 밑거름이 된다. 둘째는 성장의 중심이다. 이것이 진화다. 스토리를 보기 위한 각성을 제외한다면 다른 성장들은 모두 진화에 걸려 있다. 개발사는 유저가 진화를 얼마의 속도로 할 수 있는가를 기준으로 보상 밸런스를 잡는다.

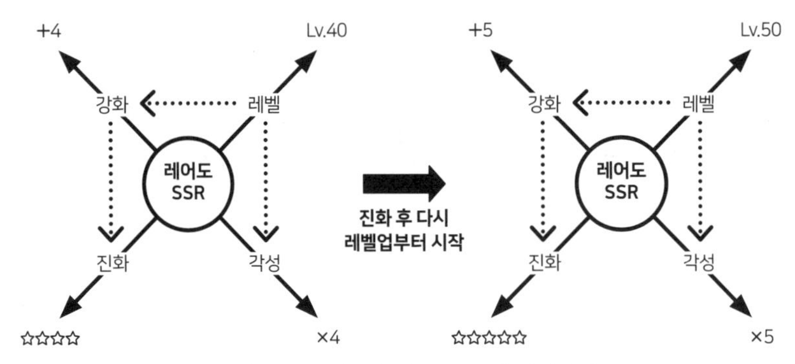

그림 26-3 캐릭터 성장 요소의 상관관계

26.8 캐릭터 성장 밸런스

유저가 하루에 몇 시간을 플레이하는가를 기준으로 하며, 게임을 종료할 때 반드시 무언가 얻어서 나가도록 한다. 그래야 유저는 얻은 것을 바탕으로 다음 접속 때 기대를 할 수 있기 때문이다. 유저에 대한 예측을 다음과 같이 해보자.

표 26-7 캐릭터 성장 밸런스

1	대부분의 유저는 하루 20분씩 3회, 총 1시간을 플레이한다.
2	유저가 가장 많이 획득하는 캐릭터는 3성이다.

이제 위의 정보를 바탕으로 성장 밸런스를 잡아보자. 유저가 한 번 플레이하면 20분이고, 플레이를 종료할 때마다 뭔가를 얻게 하고 싶다면 성장 중 가장 빠르면서도 큰 부담이 없는 것으로 보상을 주면 된다. 그것은 바로 레벨업이다. 20분 플레이로 Lv.30 만렙을 찍게 하면 금세 콘텐츠가 바닥날 테니 하루 1시간 기준으로 만렙을 찍을 수 있게 해준다. 물론, 이것은 진화를 위한 과정이므로 강화 재료도 도중에 모두 모을 수 있고, 각성도 1단계 정도는 오픈되어 스토리도 볼 수 있게 해준다. 표로 정리하면 다음과 같다.

표 26-8 플레이타임에 따른 각 성장 정도

구분	레벨	강화	각성
하루 1시간 플레이	Lv.30 만렙	+1 성공	1단계 완료

이제 유저는 하루 플레이를 통해 3성 만렙 캐릭터를 획득할 수 있다. 이런 식으로 만렙과 강화, 각성을 조절하면 3일, 일주일, 한 달 기준 캐릭터 성장의 밸런스를 잡을 수 있다.

표 26-9 날짜에 따른 캐릭터 획득 수준

구분	3일	일주일	한 달
캐릭터 성장	4성 획득	5성 획득	6성 획득

생생현장

캐릭터 성장은 어떻게 만들까?

레벨부터 시작

레벨, 강화, 진화, 각성, 초월, 한계돌파 등 캐릭터 성장에는 다양한 요소가 있다. 이들을 모두 구현할 것인지, 한다면 어떤 순서로 성장시킬지가 앞으로 게임이 얼마나 오래갈지를 결정하는 요소 중 하나다. 많아서 결정하기 힘들다면 레벨부터 보면 된다. 경험치를 모아 레벨을 올리는 과정을 먼저 만든다.

성장에는 의미가 있어야 한다

레벨업을 하면서 추가로 성장시킬 것이 있는지 찾아본다. 이때 추가 성장 요소는 의미가 있어야 한다. 그냥 스테이터스 값을 좀 더 증가시키는 것만으로는 성장에 대한 매력이 떨어진다. 없었던 스테이터스가 새로 생기거나, 다른 연관된 콘텐츠를 성장시킬 수 있거나 하는 부분이 있어야 한다. 가장 단순한 방법으로는 레벨업을 제한하는 관문이 되는 것이다.

스킬을 캐릭터 성장의 핵심으로

캐릭터에게 중요한 건 스킬이므로 스킬 성장과 관련된 것을 중점으로 한다. 예를 들어, 진화하면 스킬 레벨을 올릴 수 있는데, 진화를 하기 위해서는 한계돌파를 해야 하고, 그러기 위해서는 레벨업부터 해야 한다는 식으로 엮을 수 있다. 이렇게 하면 성장이 서로 연결되어 유저가 플레이해야 하는 이유가 된다.

성장을 만드는 방법

레벨업을 기준으로 만렙이 될 때까지 걸리는 시간과 재화량을 계산한다. 추가로 캐릭터 획득량도 확인한다. 이를 바탕으로 진화에 필요한 시간과 재화량을 산출, 그것으로 유저가 만렙 풀진화를 이룰 때의 흐름을 계산해 낸다. 이것을 중심 성장으로 설정한 후에 강화나 각성, 한계돌파 같은 성장에 콘텐츠 해금을 걸어서 연결하면 된다.

STAGE 27 소환

게임에서 소환은 크게 두 종류인데, 캐릭터 소환과 장비 소환이 그것이다. 그중에서도 유저가 가장 많이 하는 캐릭터 소환을 알아보고자 한다. 소환은 일정한 재화를 지불하고 캐릭터를 얻는 시스템인데, 좋은 캐릭터일수록 확률이 낮아 여러 번 소환해야 할 필요가 있다. 여기서 재화가 많이 소비되고, 이것이 개발사의 주요 BM이 된다. 소환은 평소의 플레이라면 얻기 힘든 캐릭터를 비교적 적은 노력으로 빨리 얻을 수 있기 때문에 인기가 있지만, 그만큼 콘텐츠 소비 속도를 가속시키는 단점이 있다. 그래서 개발사에서는 확률과 비용으로 이를 보상받으려고 한다.

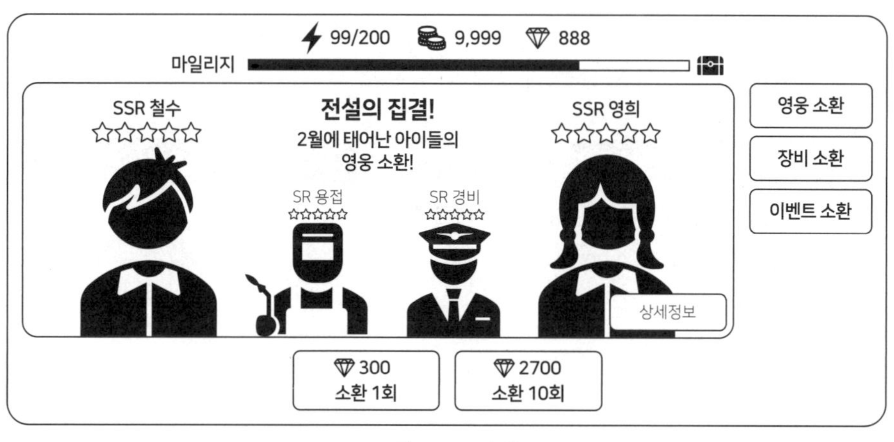

그림 27-1 소환

27.1 소환 확률

모바일 가챠 게임에서 소환 확률은 시작이자 끝이다. 즉, 모든 것에 영향을 주는 요소라고 볼 수 있다. 그중에서도 가장 뛰어난 캐릭터를 얼마의 재화를 들여서 얼마의 확률로 소환할 수 있는가가 핵심이다. 캐릭터가 얼마나 강한지는 레어도와 진화도가 가장 큰 영향을 미치므로 이 두 가지를 기준으로 살펴보자*. 다음과 같이 레어도에 따라 확률이 배정되었다.

표 27-1 등급에 따른 소환 확률

SSR	SS	SR	S	R~N
1%	2%	7%	20%	70%

위와 같은 확률이면 가장 희귀한 SSR을 뽑을 확률이 1%다. 즉, 100번 소환하면 1번 소환된다는 뜻이다. 여기까지는 단순해서 알기 쉽다. 일단, 이것은 이대로 두고 다음에는 진화도의 확률을 가정해 보자.

표 27-2 성급별 확률

5성	4성	3성	1~2성
3%	9%	18%	70%

위 확률에 의하면 5성은 3%의 확률로 소환된다. 하지만 캐릭터를 소환할 경우 레어도, 진화도를 같이 갖고 있다. 그럼, 여기서 SSR이면서 5성인 경우는 얼마의 확률이 될까? 둘을 각각 뽑아서 확률을 계산해 보면 된다.

공식 소환 — SSR이면서 5성인 캐릭터 뽑을 확률

- SSR을 뽑을 확률 = 1%, 5성을 뽑을 확률 = 3%
- 0.01 × 0.03 = 0.0003
- 0.03%

* 예를 들어 SSR(레어도) 3성(진화도)으로 강함을 판정하며, 여기에는 레벨, 강화, 각성, 초월은 포함되지 않는다.

계산 결과는 0.03%가 된다. 이것은 10,000명을 소환하면 3명이 SSR의 5성 캐릭터라는 뜻이다. 만약 캐릭터 1명을 뽑을 때 현금 100원의 가치가 들어간다고 하면, 약 33만 원을 들여 가장 좋은 캐릭터 1명을 뽑는 것이다. 이렇게 되면 캐릭터를 얻기가 매우 힘들어진다. 따라서 개발사에서는 좀 더 좋은 확률로 캐릭터를 얻을 수 있도록 여러 방법을 사용한다.

표 27-3 캐릭터 획득을 돕는 이벤트 및 시스템

재화 뿌리기	각종 이벤트 및 보상을 통해 소환에 사용되는 재화, 특히 크리스털을 뿌려서 자주 소환할 수 있도록 한다.
레어도와 진화도 범위 확장	SSR은 3~5성 등 레어도와 진화도 범위를 확장하여 확률을 내려준다. 혹은 SSR은 무조건 3성 이상 등으로 고정하는 방법도 있다.
진화도만 지원	레어도를 빼고 진화도만 넣는다.
소환권 보상	크리스털을 쓰지 않고도 소환권 등으로 소환할 수 있게 해준다. 그중에는 직업별, 속성별, 진화도별 소환권도 있어서 뽑는 범위를 좁혀 상대적으로 확률을 올려주는 방법도 있다.
픽업 소환	이벤트 기간에 따라 특정 조건을 만족하는 캐릭터의 확률이 증가하도록 하여 확률 범위를 좁혀 원하는 캐릭터를 더 잘 얻을 수 있도록 해준다.

27.2 픽업 소환

그림 27-2 픽업 소환

픽업pick up 소환은 캐릭터 혹은 속성이나 직업군 등 특정 영역을 지정하여 소환될 확률을 올려주는 이벤트다. 이것을 하는 이유는 이벤트를 오픈했거나 특정 캐릭터의 일러스트가 새로 업데이트되어 유저에게 선보이고 싶을 때, 혹은 신규 캐릭터가 추가되었을 때 푸시해 주기 위해서다.

DB Character_Summon_Group — 캐릭터 소환 그룹 정보

Group_Id	캐릭터 소환 그룹 번호
Character_Id	그룹에 속할 캐릭터 번호
Pct	그룹 내의 캐릭터가 소환될 확률

DB Character_Summon_Group_Pct — 캐릭터 소환 그룹 확률 정보

Group_Id	캐릭터 소환 그룹 번호
Pct	각 그룹이 소환될 확률

소환 대상을 먼저 그룹으로 만든 것은 캐릭터가 많을 경우를 대비하기 위해서다. 예를 들어, 캐릭터가 200명이라고 한다면 캐릭터를 일일이 소환 DB에 기입할 수도 있겠지만, 이렇게 되면 픽업 소환이나 확률에 문제가 생겼을 때 바로 대처하기 힘들다.

로직 픽업 소환 — 픽업 확률 계산

1. 픽업 대상인 그룹을 먼저 뽑는다
   - 1.1 식목일이라 목 속성 캐릭터가 픽업이 되었다고 가정
2. 목 속성 캐릭터들이 소속된 그룹을 소환 확률에 의해 뽑는다.
   - 2.1 안 뽑힌 경우
     - 그냥 소환 진행
   - 2.2 뽑힌 경우
     - 그룹 내에서 각 목 속성 캐릭터가 뽑힐 확률을 계산
     - 목 속성 캐릭터를 소환
3. 끝

27.3 스텝업 소환

유저에게 소환을 시키기 위해서 다양한 소환 방법을 준비하는데, 그중 하나가 바로 스텝업step up 소환이다. 스텝업의 뜻은 '단계적으로 증가하다'라는 의미이며, 여기서는 원하는 대상이 소환될 확률이 점차 증가한다는 것이다. 스텝업 소환은 처음에는 싼 가격으로 유저를 유도하며, 앞으로 계속 소환을 한다면 특정 보상을 획득할 가능성이 올라간다며 유혹하는 것이다. 예를 들면 다음과 같다.

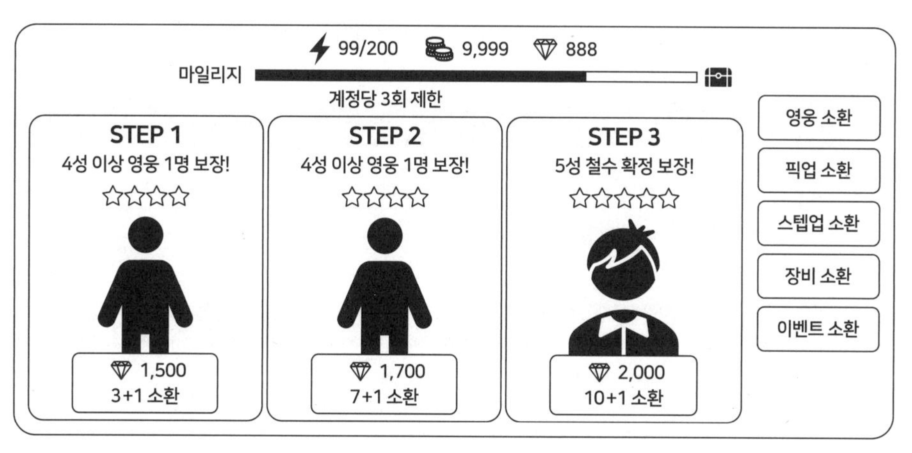

그림 27-3 스텝업 소환

표 27-4 스텝에 따른 소환 가격과 획득 캐릭터

STEP	크리스털 가격	보상
STEP 1	1,500	3 + 1 소환. 4성 이상 영웅 1명 보장
STEP 2	1,700	7 + 1 소환. 4성 이상 영웅 1명 보장
STEP 3	2,000	10 + 1 소환. 5성 철수 확정 보장

단, 확률이 좋다 보니 계정당 소환할 수 있는 횟수가 정해져 있다. 일정 기간이 지나면 소환은 교체된다.

27.4 소환 마일리지

좋은 캐릭터를 쉽게 얻을 수 있도록 개발사가 여러 편의를 제공하고 있지만, 유저에 따라 운이 없으면 원하는 캐릭터를 얻기 힘들 수도 있다. 이를 방지하기 위해 소환할 때마다 마일리지를 쌓게 해주고, 그것이 가득 차면 최소 5성급 이상의 캐릭터들 중 한 명을 랜덤으로 소환할 수 있도록 해주는 것이다*. 룰은 간단하다.

마일리지

그림 27-4 소환 마일리지

DB Config – 소환 마일리지 값

Summon_Mileage	소환 마일리지 최댓값
Summon_Mileage_Point	소환할 때마다 획득하는 포인트

로직 소환 마일리지 획득 및 리셋

1 소환 진행

2 소환 마일리지 적립

3 소환 마일리지가 가득 찬 경우

 3.1 [소환] 버튼을 눌러 5성 소환권 획득

 3.2 소환 마일리지 리셋

4 끝

27.5 레이드 및 월드 보스 소환

이벤트 콘텐츠가 오픈되는 시기에 맞춰 소환도 새롭게 업데이트할 필요가 있다. 특히, 레이드와 월드 보스는 유저가 많이 즐기는 콘텐츠인 데다가 보스가 어려워 해당 콘텐츠를 쉽게 클리어할 수 있는 주인공이 등장하는 소환에 많은 재화가 몰리게 된다. 주인공은 픽업 소환으로 진행되며, 시기에 따라 다음과 같이 지정된다.

* 이것을 '천장'이라고도 부른다. 못 얻어서 고생하는 게 하늘을 뚫고 올라가지 못하게 천장으로 막아준다는 의미다.

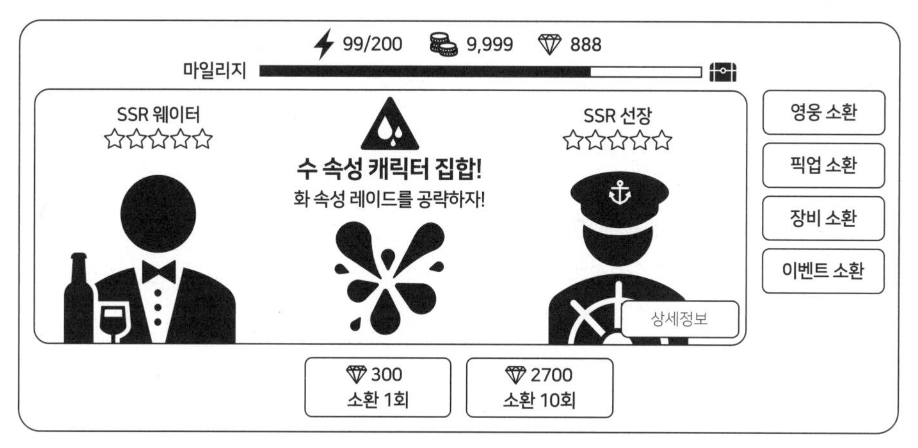

그림 27-5 **콘텐츠 관련 소환**

표 27-5 시간에 따른 콘텐츠 소환의 변경

첫째 주	둘째 주
주인공 캐릭터	(주인공 캐릭터 스킨 판매) 보스 캐릭터

콘텐츠가 오픈되는 첫째 주에는 당연히 주인공 캐릭터를 소환하도록 유도한다. 가장 수익이 많이 발생하는 시기이지만, 콘텐츠가 재미없거나 주인공이 약하면 수익도 떨어진다. 둘째 주는 이미 주인공을 가진 유저가 많을 것이므로 주인공의 스킨을 판매한다. 그것만으로는 부족할 수 있으니 보스 캐릭터도 소환에 추가*하여 유저의 흥미를 유발한다.

27.6 잉여 캐릭터의 처리

소환하는 이유는 자기가 원하는 고급 캐릭터를 얻기 위함이다. 원하는 목적을 이루지 못하면 소환할 때 얻었던 다른 캐릭터들은 불필요하게 된다. 물론, 남은 캐릭터를 팔아서 골드로 바꾸거나 다른 캐릭터를 강화할 때 재료로 쓸 수는 있지만, 그런 방법은 굳이 소환에서 얻은 캐릭터를 이용하지 않아도 얼마든지 가능하다. 만약

* 물론, 보스 캐릭터도 유저가 사용할 수 있을 때의 이야기다. 게임에 따라 아군과 적군의 캐릭터가 다를 때는 소환에 추가할 수 없다.

소환 후 남은 캐릭터도 매우 요긴하게 쓰인다면, 유저는 원하는 캐릭터가 나오지 않아도 기쁜 마음으로 소환할 것이다. 그래서 게임들은 다음의 두 가지 방법으로 소환에서 얻은 잉여 캐릭터의 재활용을 꾀하고 있다.

진화할 때 재료로 사용하기

캐릭터 성장에서 진화는 매우 중요한 요소이므로 잉여 캐릭터를 진화의 필수 재료로 사용하도록 한다. 유저가 원하는 캐릭터도 어쨌든 진화 성장을 해야 하므로 재료 캐릭터들이 반드시 필요하다. 이렇게 캐릭터를 재료로 쓸 때는 보통 다음과 같은 방법으로 하게 된다. 다음의 표는 그 예시다.

표 27-6 진화로 캐릭터 소비하기

진화하고자 하는 캐릭터	3성 만렙 최고 강화 상태
재료 캐릭터	3성 캐릭터 3명
재료 아이템	대상 캐릭터와 같은 속성의 진화 아이템

3성이 4성으로 진화하기 위해 3성 캐릭터 3명, 4성이 진화할 때는 4명, 5성이 진화할 때는 5명이 필요하다. 이렇게 높은 진화를 할수록 그만큼의 고급 캐릭터들을 요구하며, 유저는 비록 자기가 필요한 캐릭터가 아니더라도 소환에서 높은 진화도의 캐릭터를 얻으면 만족하게 된다.

이미 소지한 캐릭터를 캐릭터 코인으로 변환하기

이 방법은 진화 시에 캐릭터를 재료로 쓰는 것을 좀 더 간편하게 변환한 것으로, 소환 시에 이미 소유한 캐릭터가 나오면 캐릭터 코인으로 자동으로 변환시킨다. 그러면 캐릭터가 재화가 되는 것인데, 이것을 이용해 고급 상점에서 유저가 원하는 캐릭터 조각을 사게 해주거나, 아니면 직접 진화에 사용할 수 있도록 해준다. 캐릭터 조각은 일정량 모이면 캐릭터로 변환할 수 있는 일종의 쿠폰이므로, 유저가 원하는 조각을 살 수 있다는 것은 수량만 맞는다면 사실상 그 캐릭터를 획득할 수 있다는 것과 마찬가지다.

표 27-7 코인으로 캐릭터 소비하기

캐릭터 코인으로 변환	고급 상점에서 캐릭터 조각 혹은 고급 재료를 살 수 있음
캐릭터 진화에 사용	진화 게이지를 채우기 위해 캐릭터 코인을 소모함

당연하게도 캐릭터가 코인으로 변환될 때 진화도에 따라 변환율*이 다르다.

표 27-8 캐릭터 재료 변환율

5성	4성	3성	1~2성
200	30	5	1~2

27.7 소환권

소환을 항상 소환 메뉴로만 한다면 보상의 다양성이 떨어진다. 매우 중요한 콘텐츠를 클리어해 줘서 보상을 주고 싶은데, 크리스털을 주기에는 애매하고 그렇다고 골드를 주기에는 부족한 상황에서 소환권이 채택된다. 소환권은 소환할 수 있는 권리를 크리스털이 아닌 아이템화** 했다는 것에 의미가 있으며, 보상으로 광범위하게 사용된다.

표 27-9 소환권 종류

진화도에 따른 소환권	1~3성, 4성, 5성 소환권. 해당 진화도의 캐릭터가 등장한다. 주로 레이드 보상으로 많이 준다.
속성 소환권	속성별로 뽑을 수 있는 소환권. 예를 들면, 5성 화 속성 소환권 등이다. 5성 중에서도 속성을 제한했으므로 원하는 캐릭터를 얻을 가능성이 높다. 고급 상점에서 판매한다.
직업 소환권	직업별로 뽑을 수 있는 소환권. 공격형, 방어형 등 직업으로 구분되어 있어 편리하지만 속성 소환권보다는 인기가 떨어진다.
연속 소환권	10연차가 가능한 소환권. 그냥 10연차 한 번 돌릴 수 있는 것으로, 복귀 유저 이벤트 등에서 많이 뿌린다.

---

* 혹은 등장 확률에 따라 변환율을 계산해도 좋다. 이 경우에는 공식으로 치환될 수 있지만, 확률이 변하면서 코인 수량이 변하면 경제에 문제가 발생할 수 있으므로 잘 쓰는 방법은 아니다.

** 백화점 전용 상품권과 개념이 동일하다.

생생현장

소환은 어떻게 만들까?

5성 확률부터 정하기

1성부터 5성까지 있을 때 가장 희귀한 5성의 확률부터 정해야 한다. 예를 들어, 3%라고 가정한다면 왜 그런 숫자가 나왔는지 유저 플레이 타임과 획득 재화를 기준으로 계산할 수 있어야 한다. 그렇게 5성 소환 확률이 정해졌다면 나머지도 그에 맞춰 확률을 정하면 된다.

소환 메뉴는 다양하게

다양한 소환을 만들어야 유저가 취향에 맞게 선택할 수 있다. 가장 기본적인 소환 이외에도 이벤트에 맞춰서, 혹은 레이드나 월드 보스 같은 모드에 맞춰서 전용 소환을 열어주면 좋다. 이렇게 여러 가지의 소환을 만들려면 소환 테이블 역시 확장이 가능해야 한다.

확률 테스트하기

소환 확률은 매출과 직결되므로 절대로 실수가 있어서는 안 된다. 그래서 확률 시뮬레이션을 비롯한 가능한 테스트는 모두 동원해야 한다. 프로그램의 도움을 받는다면 시뮬레이터를 만들어 밤새 테스트를 걸어 놓을 수도 있을 것이다. 그렇게 모수를 많이 뽑아서 해당 확률이 정확히 나오는지 반드시 확인해야 한다.

게임을 하다 보면 다른 만화나 영화, 심지어 다른 게임의 캐릭터가 한정적으로 등장하는 경우가 있다. 이를 콜라보collaboration(공동 작업)라고 하며, 다른 콘텐츠의 인기 있는 캐릭터를 협의하에 차용하여 양쪽의 인기를 올리려는 데 목적이 있다. 콜라보는 플랫폼이나 콘텐츠와 관계없이 넓게 이뤄지고 있지만, 게임은 주로 같은 부류의 게임이나 드라마, 영화를 소재로 하는 경우가 많다.

28.1 콜라보 과정

표 28-1 콜라보 단계

단계	내용
1단계	• 퍼블리셔가 콜라보 대상을 물색한다. • 저작권자와 콜라보 가능 여부를 타진한다
2단계	• 퍼블리셔와 개발사가 게임에 넣을 수 있는지, 넣으면 어떤 효과를 얻을 수 있는지를 확인한다. • 가능한 경우 저작권자와 세부 내용을 협의한다. • 불가능할 경우 없었던 일이 된다.
3단계	• 개발사는 콜라보 리소스를 제작한다. • 중간중간 저작권자의 컨펌을 받는다.
4단계	• 리소스가 완성되면 저작권자와 최종 확인 후 게임에 적용된다.

28.2 콜라보 조건

당연하게도 양측이 콜라보를 하기 위해서는 서로 도움이 되어야 한다. 콜라보 요청을 받은 저작권자는 게임이 그만큼 유명한지, 수익이 되는지를 검토하여 서로 이득이 될 거라고 판단되면 그제야 콜라보 얘기가 시작된다. 보통은 다음의 조건들이 논의된다.

표 28-2 콜라보 조건

사용료	콜라보 계약 시 퍼블리셔(혹은 개발사)가 저작권자에게 사용료를 지불한다. 최초 한 번만 지급하는 경우도 있고, 게임에서 판매한 수익을 퍼센티지로 가져가는 경우도 있다.
기간	콜라보를 언제부터 언제까지 할지를 정한다. 한 번 콜라보를 했다고 계속 사용해서는 안 되기 때문이다. 대개 2개월 정도로 얘기된다. 그 이상이 되면 이미 올라가 있는 리소스를 재가공하는 것은 금지된다.
가이드 라인	저작권자가 리소스 제작에 대한 가이드를 준다. 캐릭터성을 지키기 위함인데, 주로 외모와 관련 스토리에 대한 것이다. 이것을 어기게 되면 컨펌이 나지 않아 콜라보가 어려워진다.

28.3 콜라보 시기

게임을 서비스한 지 얼마 되지 않았는데도 충분히 인기가 있다면 퍼블리셔나 개발사 입장에서는 굳이 콜라보를 할 필요가 없다. 콜라보를 하려면 추가 작업을 해야 하고, 컨펌도 받아야 하며, 수익도 나눠 줘야 하기 때문이다. 그래서 내부적으로 게임의 인기가 떨어진다고 생각되는 시기에 콜라보가 시작된다.

28.4 콜라보 개발

콜라보가 순조롭게 되려면 리소스의 협력이 정말 중요하다. 대개 다음의 과정을 거친다.

표 28-3 콜라보 과정

자료 요청	개발사가 저작권자에게 콜라보 자료를 요청한다. 자료가 많을수록 최대한 원작에 가까운 캐릭터를 만들어 낼 수 있기 때문이다. 저작권자는 보통 PSD 파일로 된 그림 원본이나 그에 준하는 자료를 보내준다.
자료 해석	개발사(그래픽팀)가 자료를 해석하여 자체적으로 제작한다. 혹은 콜라보 종류에 따라 원작의 그림을 그대로 이용하는 경우도 있다.

(표 계속)

표 28-3 콜라보 과정

리소스 컨펌	리소스를 만들면서 수시로 원작자에게 보내 확인받는다. 게임마다 다르겠지만, 이런 과정을 최소 3회에서 많게는 수십 회에 이를 정도로 반복한다. 콜라보가 손이 많이 가는 이유가 바로 여기에 있다.
그 외	기획팀에서는 콜라보 캐릭터의 강함을 설정하는데, 아무래도 단기간에 큰 매출을 올려야 하므로 강하게 설정되게 된다.

생생현장

콜라보는 어떻게 진행될까?

게임이 어느 정도 성공하기

콜라보를 위해 가장 먼저 해야 하는 건 게임을 어느 정도 성공시켜서 콜라보 대상이 우리 게임에 대해 그래도 조금은 알고 있어야 한다. 실패한 게임에 콜라보를 해주려는 곳은 없기 때문이다. 콜라보를 해도 될 준비가 되었다면 대상을 찾는다. 물론, 양쪽에 윈윈할 수 있는 곳이어야 한다.

콜라보 제안하기

콜라보를 제안할 때는 어떤 캐릭터를, 어떤 용도로, 언제부터 언제까지, 어떻게, 어떤 스토리로 사용할지를 명확하게 밝힌 제안서를 작성하는 것에서 시작한다. 해당 캐릭터의 러프 스케치를 이쪽에서 그려서 첨부할 수 있다면 더욱 좋다. 이와 같은 내용을 담은 PT를 10여 페이지 정도로 준비하여 보내면 된다.

콜라보 조율

콜라보 제안을 받은 쪽에서 관심이 있다면 좀 더 구체적인 내용을 주고받게 될 것이다. 그러면 앞서 보낸 PT가 있으므로 그것을 기준으로 세부 내용을 채우면 된다. 되도록 게임에 실제 등장한다는 가정하에 스크린 캡처를 만들어도 좋다. 콜라보 제안을 받은 쪽에서 이를 바탕으로 콜라보 캐릭터가 하면 안 되는 금기 사항을 알려줄 것이며, 이를 개발사에서 받아들이면 최종적으로 수익 비율을 조절하는 선에서 완료된다.

STAGE 29 장비

장비는 무기, 방어구, 장신구 등 캐릭터가 장착하여 전투에 도움을 받는 아이템을 말한다. 장비가 존재하는 이유는 유저에게 보상으로 줄 것이 늘어나 다양한 플레이를 하도록 유도하는 것이 있고, 캐릭터 성장만으로는 단순한 콘텐츠를 장비까지 확장시키는 장점이 있다. 장비는 캐릭터와 같은 취급을 받으므로 스테이터스, 스킬, 심지어 소환까지 캐릭터 구현에 쓰인 로직을 거의 그대로 사용한다*.

그림 29-1 **장비**

각 장비에는 다음과 같은 특징이 있다.

* 개발사는 캐릭터보다 장비를 만드는 것이 리소스 면에서 훨씬 부담이 적으므로 가급적 장비에서 수익이 발생하기를 원한다. 하지만 유저는 여전히 캐릭터를 원하므로 캐릭터와 장비의 수익률이 8:2만 되어도 성공적인 유료화라고 볼 정도다.

표 29-1 장비 종류

무기	캐릭터가 적을 공격하는 도구. RPG에서 무기가 차지하는 비중은 매우 높아서 제2의 캐릭터로 취급받는다.
방어구	캐릭터의 몸을 보호하는 도구. 머리, 상의, 하의, 신발 등 종류도 다양하다.
장신구	무기와 방어구의 추가 효과를 돕는 장비. 특수한 능력을 갖추고 있으며, 장비 중에서 가장 희귀하다.

29.1 장비 요소

장비도 기본적으로는 캐릭터와 같은 개념이라 캐릭터의 구성과 거의 동일하다고 볼 수 있다. 유일하게 다른 게 있다면, 성장할 때 무엇을 필요로 하는가와 옵션 정도다.

그림 29-2 장비 아이콘

표 29-2 장비의 구성 요소

스테이터스	캐릭터와 동일하다.
등급	캐릭터와 동일하다.
레벨	캐릭터는 전투 후 경험치로 레벨을 올리는 것에 비해 장비는 경험치 재료 혹은 다른 장비를 재료로 합성하여 레벨을 올린다.
강화	강화 아이템 혹은 다른 장비를 재료로 쓴다.
진화	진화 아이템 혹은 같은 장비를 재료로 쓴다.
옵션	옵션 슬롯에 옵션 아이템을 장착하여 스킬을 발동시킨다.
초월	초월 아이템을 재료로 사용한다.

29.2 세트 장비

방어구가 머리, 상의, 하의, 신발, 장갑 등 종류가 다양하면 유저는 각자 효과가 좋은 것을 선택하여 장착할 것이다. 물론, 이렇게 해도 플레이에 아무런 문제가 없지만, 만약 현실에서 '깔맞춤'을 하는 것처럼 방어구를 일정 콘셉트로 통일시켜 장착하면 어떻게 될까? 같은 종류로 모으는 게 쉽지 않겠지만 재미는 있을 것이다. 이것을 '세트 장비'라고 한다. 게임마다 다르지만 세트 장비에 무기가 포함되지 않는 경우도 있는데, 무기는 공격력과 스킬을 가장 많이 담당하고 있어서 세트로 맞추기는 어려울 수 있기 때문이다.

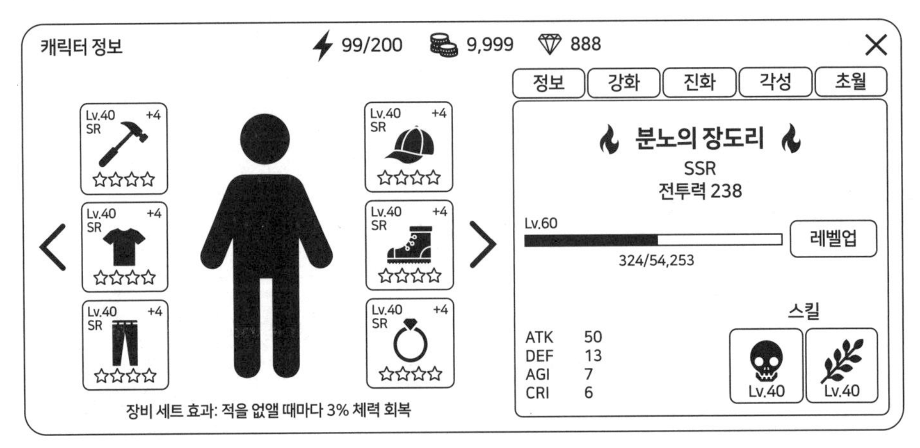

그림 29-3 세트 장비

세트 장비 효과

어려운 세트를 맞췄으면 보상을 줘야 하는데, 가장 대표적인 것은 스테이터스 증가와 스킬의 발동이다. 세팅되는 방어구의 등급이 높을수록 효과는 더욱 커진다. 만약 장착한 장비가 눈에 보이는 게임이라면 매력적인 비주얼도 보상 중 하나라고 볼 수 있다.

DB **Item_Set**

Item_Id_1	세트를 구성하는 장비 번호
HP/ATK/DEF/AGI/CRI	스테이터스 값
Skill_Id_1	발동되는 스킬 번호

29.3 장비 성장

장비 성장 역시 캐릭터 성장과 매우 비슷하게 구성되는데, 이유는 두 가지다. 첫째, 캐릭터 성장은 콘텐츠를 확보하기 위해 최대한 고민해서 늘린 것이며, 가뜩이나 콘텐츠가 부족할 것이 걱정되니 이것을 장비 성장에 그대로 적용한다. 둘째, 그렇게 해서 캐릭터만큼 돈이 되는 콘텐츠가 되길 바란다. 하지만 현실적으로는 캐릭터와 장비에 지출하는 비용이 9대1에 달하는 것이 현실이다.

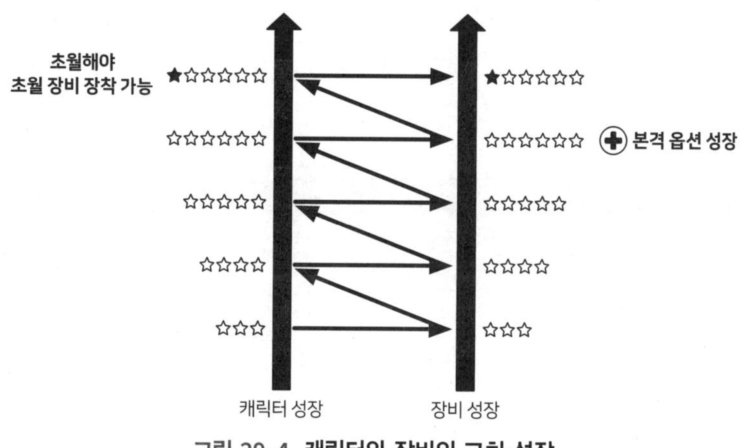

그림 29-4 캐릭터와 장비의 교차 성장

개발사 입장에서는 유저가 캐릭터와 장비를 끊임없이 계속 키워나가는 걸 원하겠지만, 그렇게 하면 매우 지루해진다. 그래서 가장 이상적인 것은 캐릭터와 장비를 서로 교차해 가며 성장시키는 것이다. 이를 위해서는 '장착 제한'과 그에 따른 '콘텐츠 제공'이 뒷받침되어야 한다.

29.4 장착 제한

캐릭터가 자격이 갖춰지지 않으면 장비를 장착할 수 없는 것을 말한다. 판타지 소설을 보면 레벨이 낮은 용사가 자신보다 급이 높은 전설의 검을 다루기 힘든 것과 같다. 예를 들어, '초월한 무기를 들기 위해서는 캐릭터도 초월해야 한다'라는 조건을 생각해 볼 수 있다. 유저는 좋은 장비를 원하므로 이를 위해서라도 캐릭터 성장을 진행하게 될 것이다. 가장 대표적인 제한은 다음과 같다.

표 29-3 캐릭터의 장비 장착 조건

진화도	캐릭터의 진화도가 장비의 진화도보다 높거나 같아야 함
초월	캐릭터가 초월해야 초월 장비를 장착할 수 있음

29.5 콘텐츠 제공

아무리 캐릭터와 장비를 성장시키기로 했다고 해도 그것을 키울 재료와 재화를 공급받지 못하면 의욕이 꺾이기 마련이다. 그래서 해당 자원을 공급해 주는 던전이나 모드를 유저 성장 예측을 통해 적절한 시기에 오픈 및 활성화하는 것이 중요하다.

표 29-4 콘텐츠에 따른 주요 성장

콘텐츠	캐릭터 성장	장비 성장
스토리 던전	1~3성 기본 캐릭터	1~3성 기본적인 장비
요일 던전	요일별 1~5성 성장 재료	요일별 1~5성 성장 재료
무한 던전	-	장비 성장 메인
탐험	캐릭터 성장 메인(경험치)	-
PvP	(PvP 캐릭터 소환 획득)	장비 성장 메인
레이드	레이드 캐릭터 성장 메인	레이드용 장비로 효과 보기
월드 보스	월드 보스 캐릭터 성장 메인	월드 보스용 장비로 효과 보기
이벤트	캐릭터가 메인일 때	장비가 메인일 때

29.6 장비 옵션

장비에 옵션을 달아 장비 효과를 극대화하는 콘텐츠다. 유저는 최고의 장비를 갖춘 후 여기에 맞는 최고의 옵션을 장착하기 위해 노력한다. 옵션은 종류에 따라 단순히 스테이터스를 증가시켜 주는 것부터 부활 같은 훌륭한 스킬을 갖고 있는 것까지 다양하다. 옵션은 장비 성장의 마지막이자 사실상 모든 콘텐츠의 마지막이기도 하다.

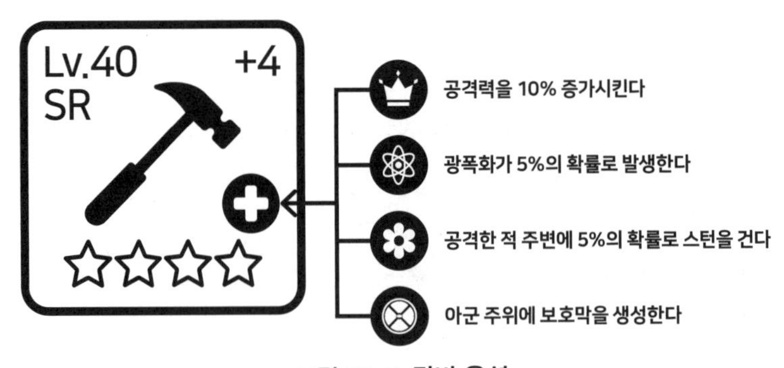

그림 29-5 **장비 옵션**

옵션 획득 방법

옵션도 아이템의 일종이므로 요일 던전에서 구할 수 있다.

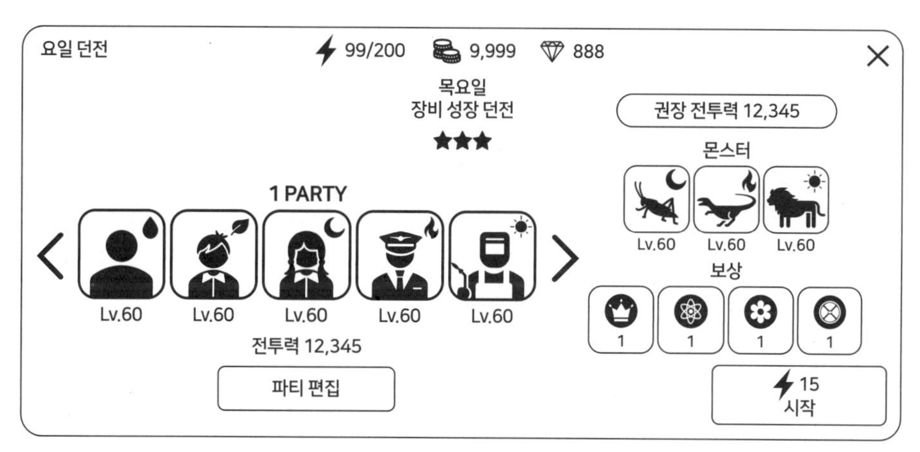

그림 29-6 **장비 옵션 획득 던전**

옵션 장착 방법

옵션을 장착하기 위해서는 대상 장비에 옵션을 달 수 있는 슬롯이 미리 준비되어 있어야 한다.

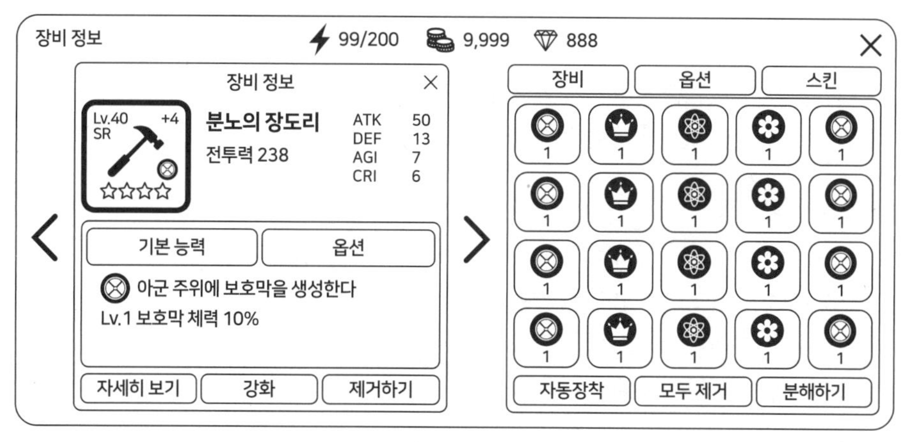

그림 29-7 **옵션 장착하기**

생생현장

장비는 어떻게 만들까?

▶ 장비의 위치

먼저 얘기해 두자면, 장비는 반드시 있어야 하는 콘텐츠는 아니다. 캐릭터만으로도 성공한 게임이 얼마든지 있기 때문이다. 그런데도 대부분의 게임에 장비가 있는 이유는 그만큼 장비 획득 및 성장을 위해 플레이 분량이 나오기 때문이다. 캐릭터가 여러 명 있는 가챠 수집형 게임은 장비로 큰 수익을 벌기는 힘들지만, 캐릭터만으로는 콘텐츠를 많이 만들기 어려워 대부분 장비가 준비되어 있다.

▶ 캐릭터 기반으로 설정

장비라고 해서 새로운 스테이터스나 스킬, 성장 방법이 필요하지는 않다. 캐릭터를 만들기 위해 준비했던 시스템을 장비에 맞게 약간만 변형하면 훌륭한 장비 콘텐츠가 만들어진다. 가장 흔하게 차용하는 것은 스테이터스와 레벨, 강화, 진화, 초월 개념이고, 스킬은 매우 중요한 장비에 한해 부여한다. 이렇게 하는 이유는 스킬이 많아지면 밸런스가 무척 어려워지기 때문이다.

▶ 캐릭터와 장비의 교차 성장

장비의 성장 밸런스는 캐릭터에 귀속되어야 한다. 즉, 유저가 게임을 하다 보면 반드시 캐릭터의 성장이 멈추는 구간이 오게 되는데, 이것이 장기화되면 유저 이탈이 발생한다. 이때에는 장비라도 성장시킬 수 있게 하여 그것으로 강해진 상태에서 벽을 넘을 수 있게 해줘야 한다. 장비에 여러 성장 단계가 있는 것은 그런 이유다.

▶ 장비 개발하기

우선, 캐릭터에 어떤 장비를 장착시킬지부터 정한다. 모자, 무기, 방어구, 장갑, 신발, 장신구 등 종류는 늘리려면 얼마든지 늘릴 수 있다. 스테이터스나 성장은 캐릭터의 것을 참고하면 된다. 장비를 장착했을 때 실제로 외형에서 보일지에 대한 것도 정해야 한다. 이후 세트 장비를 넣을 것인지 등을 확인하면 완료된다.

아이템은 유저가 게임을 진행할 때 도움을 받기 위한 물건으로, 그 종류와 쓰임새가 매우 다양하다. 모바일 게임에서 가장 대표적으로 인정받는 아이템은 다음과 같다.

표 30-1 아이템 종류

티켓	소환권(캐릭터나 장비를 소환시킬 수 있는 티켓)
성장 재료	레벨업, 강화, 진화 등 캐릭터 혹은 장비 성장에 필요한 재료
캐릭터 조각	모으면 캐릭터를 소환할 수 있는 조각
보물상자	브론즈, 실버, 골드 등 오픈하면 각종 보상이 나오는 상자
기타	호감도 재료로 쓰이는 선물이나 기타 잡템

로직 아이템 사용

1. 인벤토리에서 사용하고자 하는 아이템을 선택
2. 사용하겠냐는 확인 팝업
   - 2.1 YES ➡ 아이템 사용. 끝
   - 2.2 NO ➡ 취소. 끝

DB Item — 아이템 정보

Id	아이템 번호
Type	아이템 종류
Level	아이템 레벨
Grade	아이템 진화도
Enhancement	아이템 강화도
Overlimit	아이템 초월
Stock	인벤토리에 중복해서 저장할 수 있는지(0 = 불가, 1 = 가능)
Price_Type	구매할 때 필요한 재화 종류
Price	구매 가격
Resale	되팔 때 가격(0 = 되팔기 안 됨, 0 이상 = 무조건 골드로 되팔기)

30.1 인벤토리

인벤토리는 캐릭터 혹은 장비, 아이템 등을 보관하는 장소다. 캐릭터를 보관하면 '캐릭터 인벤토리', 장비나 아이템은 그냥 '인벤토리'라고 한다. 이때는 속칭, '가방'이라고도 하며, 인벤토리는 어떤 경우라도 크면 클수록 좋지만 실제로는 한계가 있을 수밖에 없으므로 인벤토리를 관리하는 것도 플레이 요소 중 하나가 될 수 있다.

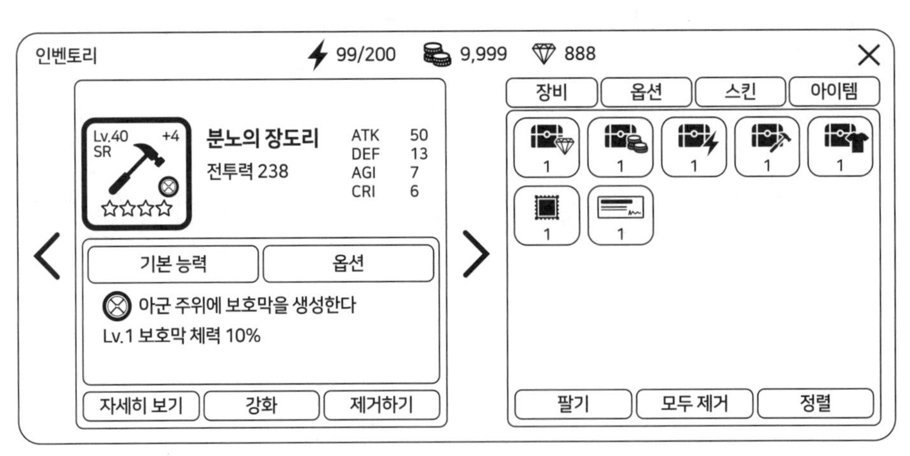

그림 30-1 인벤토리

표 30-2 인벤토리 기능

획득물 저장	인벤토리에서 가장 중요한 기능. 재화를 제외한 보상을 저장하며, 유저가 필요할 때 꺼내 쓸 수 있어야 한다.
정렬	아이템이 많아지면 정렬해서 편하게 볼 수 있어야 하므로 정렬 기능을 지원한다.
판매	불필요한 아이템을 골라 판매하거나 강화 재료로 사용한다.
확장	인벤토리 크기가 제한되어 있을 경우 재화를 지불하여 공간을 늘린다.

DB Inventory_Buy_Slot — 인벤토리 구매 정보

Slot	인벤토리 슬롯 수량
Price_Type	인벤토리 가격 종류
Price_Count	가격

DB Config — 인벤토리 옵션

Inventory_Character_Base	캐릭터 인벤토리 기본 수량
Inventory_Item_Base	아이템 인벤토리 기본 수량

30.2 인벤토리가 가득 찬 경우

캐릭터나 장비, 아이템을 인벤토리 소지량보다 초과해서 받을 때 처리하는 방법에는 다음의 세 가지가 있다.

표 30-3 인벤토리가 가득 찬 경우

번호	상황	내용
1	더 이상 받지 않음	인벤토리가 가득 차면 무조건 받지 않음
2	메일로 보냄	일단 보상을 받아서 메일로 보냄
3	일부만 메일로 보냄	인벤토리를 차지하지 않는 재화류의 보상, 스톡이 가능해서 기존 아이템에 쌓아 둘 수 있는 보상은 받고, 새로 인벤토리를 차지하는 것은 메일로 보내 둠

1번의 경우는 가장 상식적이지만 두 가지 문제가 있다. 첫째, 받지 못한 아이템은 어떻게 되느냐는 것이다. 가령, 스테이지를 클리어해서 보상을 받으려고 하는데 인

벤토리가 가득 차서 못 받는다면 보상을 없었던 것으로 할 수는 없을 것이다. 또 하나는 유저에게 부정적인 이미지를 심어준다는 것이다. 물론, 인벤토리가 가득 차도록 방치한 것은 유저이지만, 어쨌거나 보상을 받지 못한다는 것은 유쾌한 경험은 아니다. 그래서 다음의 두 번째 방법을 많이 쓰는데, 일단 보상이 들어오면 무조건 받아서 그걸 메일로 임시로 보내 두는 것이다. 유저는 인벤토리가 정리되면 그때 메일을 열어서 미처 못 받은 보상을 받으면 된다. 하지만 보상이 메일로도 온다는 걸 모를 경우 메일 저장 기간이 지나면 삭제되어 보상을 못 받을 수도 있는 단점이 있다.

로직 인벤토리에 저장

1 캐릭터, 장비, 아이템을 획득한 경우

1.1 인벤토리 상태 체크

- 새로 획득한 대상이 이미 인벤토리에 있는 경우
  - 스톡(stock)이 가능한 경우
    - 저장하고 종료. 끝
  - 스톡이 불가능한 경우
    - 인벤토리에 빈 공간이 있는 경우
      - 저장하고 종료. 끝
    - 빈 공간이 없는 경우
      - 메일로 보내고 종료
      - 메일에서 대상을 저장. 끝

2 재화를 획득한 경우

2.1 저장하고 종료. 끝

생생현장

아이템은 어떻게 만들까?

아이템의 필요성

아이템 역시 반드시 있어야 하는 콘텐츠는 아니지만 있으면 게임을 풍부하게 만들어 주는 감초 역할을 한다. 물론, 불필요한 아이템은 버려질 뿐이므로 게임에 아이템이 정말 필요한지 잘 생각해 봐야 한다.

아이템 종류

아이템은 사용처에 따라 전투 보조, 성장 재료, 티켓으로 나눌 수 있다. 전투 보조는 전투에 도움이 되는 HP 회복, MP 회복 등이며, 주로 MMORPG에서 중요하게 사용된다. 성장 재료는 경험치 물약이나 장비 강화 재료같이 전투 밖에서 캐릭터나 장비 성장을 위해 사용된다. 티켓은 대표적인 소환권이며, 매우 중요한 아이템 중 하나다.

스테이터스 기반으로 설정

장비가 캐릭터의 대부분을 참고한다면 소환권 같은 티켓을 제외하고 아이템은 주로 캐릭터의 스테이터스를 기반으로 한다고 보면 된다. 위에서 얘기한 전투 보조와 성장 재료가 스테이터스 기반이므로 그것에 맞게 설정하면 된다.

아이템 만들기

사용처를 명확히 하여 카테고리별로 분류한다. 어떤 아이템이 스테이터스를 기반으로 하는지, 소환권처럼 사용되는지 등을 나누고 인벤토리에 저장되는 방식도 결정한다. 저장될 때 중복해서 쌓이는지(stock), 각자 저장되는지 서버에서 알아야 한다. 또한 메일로 받을 수 있는지, 사용은 어디서 어떻게 하는지도 결정되어야 한다. 이런 것들이 어느 정도 정해지면 아이콘 작업을 요청한다.

퀘스트는 유저에게 플레이할 목적을 과제처럼 제공하여 게임에서 뭘 해야 할지 몰라 헤매는 일을 방지한다.

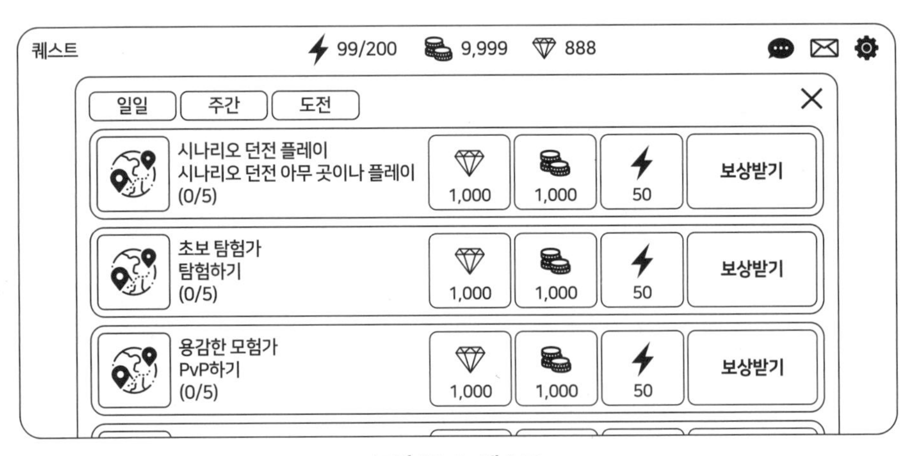

그림 31-1 퀘스트

일종의 게임의 가이드라인이며, 다음과 같이 4가지로 구성된다.

표 31-1 퀘스트 구성

제목	퀘스트의 제목이다. 제목만 봐도 퀘스트가 어떤 내용인지 바로 알 수 있어야 유저가 할지 말지를 바로 정할 수 있다.
퀘스트 내용	왜 이런 퀘스트가 발생했는지에 대한 내용을 알려줘서 몰입도를 올린다. 주로 에픽 퀘스트에서 사용하며, 스토리 진행의 일부를 담당하기도 한다.
달성 목표	퀘스트를 어떻게 하면 클리어할 수 있는지 명확하게 목표를 알려줘야 한다. 대부분의 게임에서는 중요한 내용을 별도의 색으로 표시해서 강조한다.
보상	유저는 보상이 없으면 퀘스트를 하지 않는다. 퀘스트 난이도와 중요도에 맞춰 보상을 부여한다.

퀘스트는 유저에게 플레이되어야 의미가 있으므로 되도록 유저가 편리하게 플레이할 수 있도록 종류가 다양하다. 퀘스트의 시간, 목적에 따라 보통 다음과 같이 나뉜다.

표 31-2 퀘스트 종류

에픽 퀘스트	스토리 진행상 반드시 플레이해야 하는 중요 퀘스트. 스토리 모드를 플레이하면서 클리어된다. (예 스토리 던전 1-3 클리어하기)
일일 퀘스트	매일 접속해서 간단히 플레이할 수 있는 퀘스트 모음. 하루 단위로 리셋된다. 뭘 해야 할지 모르겠다면 일일 퀘스트만 해도 충분한 보상을 얻을 수 있다. (예 스토리 던전 5회 플레이하기, PvP 3회 하기, 캐릭터 소환 1회 하기)
주간 퀘스트	일주일 동안 플레이해서 달성할 수 있는 퀘스트다. 일주일 단위로 퀘스트 클리어 여부를 체크하기 때문에 비교적 여유롭게 플레이할 수 있다. (예 스토리 던전 20회 플레이하기, PvP 10회 하기)
도전 퀘스트	게임하면서 한번 도전해 볼 만한 플레이를 퀘스트로 만든 것이다. (예 캐릭터 합성 20회 하기, 상점 20회 이용하기)
모드별 퀘스트	레이드, 월드 보스, PvP 등 독립된 콘텐츠에는 별도의 퀘스트가 있어서 해당 모드 플레이를 유도한다.

로직 퀘스트 진행

1. 퀘스트를 받을 수 있는 상태인지 체크
2. 퀘스트 시작
3. 퀘스트의 조건을 만족했는지 체크
4. 퀘스트 종료
5. 보상 획득

DB Quest — 퀘스트 정보

Id	퀘스트 번호
Type	퀘스트 종류(에픽, 일일, 주간, 도전, 모드별)
Open_Level	유저 레벨 몇에 퀘스트가 열리는지
Need_Quest_Id	퀘스트가 오픈되기 위해 선행 클리어되어야 하는 퀘스트
Start_Time	퀘스트가 시작되는 시간
End_Time	퀘스트가 종료되는 시간
Quest_Trigger_Id	캐릭터 성장시키기, 특정 아이템 얻기, 상점 이용하기 등 퀘스트의 목표를 번호로 설정한다. (예 1 = 캐릭터 성장시키기)
Value_1	퀘스트 목표를 구체적으로 정의 (예 캐릭터를 성장시키기로 했다면 Value_1 = 3이면 3성을 성장시킴)
Value_2	(예 Value_2 = 30이면 30레벨까지 성장시켜라.)
Need_Count	퀘스트 목표를 얼마나 달성해야 하는지 (예 2 = 2명을 성장시켜라.)
Reward_1_Type	보상 종류
Reward_1_Id	보상 번호
Reward_1_Count	보상 수량

31.1 퀘스트 바로가기

퀘스트를 읽고 모든 내용을 이해한 후에 퀘스트를 수행하러 가는 것은 꽤 번거로운 일이다. 그래서 대부분의 게임이 퀘스트 내용에 바로 가기 버튼을 넣어서 유저가 쉽게 퀘스트를 플레이하러 갈 수 있도록 하고 있다.

DB Quest_Goto — 퀘스트 바로 가기

Quest_Trigger_Id	퀘스트 목표
Goto	목표에 따른 퀘스트 발생 위치 번호(클라이언트와 논의하여 발생 위치를 지정하고 고유 번호를 기입한다. 퀘스트 바로 가기를 누르면 해당 번호로 보낸다.)

생생현장

퀘스트는 어떻게 만들까?

퀘스트 설정

퀘스트의 종류는 앞에서 나눈 바와 같이 에픽, 일일, 주간, 도전, 그리고 모드별로 나뉜다. 콘텐츠에 따라 각각 설정되었지만 DB 테이블은 같은 것을 써야 하므로 최대한 확장성 있게 설정한다. 기본을 잡았다면 퀘스트의 목표와 보상을 결정하면 된다.

퀘스트의 이름과 내용

퀘스트의 작동도 중요하지만 이름과 내용 역시 매우 중요하다. 특히, 에픽 퀘스트라면 스토리를 다루기 때문에 내용으로 자연스러운 흐름이 되도록 해야 한다. 다른 퀘스트는 이름만 봐도 어떤 퀘스트인지, 무엇을 해야 완료할 수 있는지 명확히 알 수 있어야 한다.

시간 확인

퀘스트에서 가장 사고가 자주 일어나는 곳은 클리어 조건이나 보상 지급이 아닌, 시간에 의한 오픈과 리셋, 클로징이다. 시간 설정을 잘못해 두면 열려야 할 퀘스트, 예를 들어 기간 한정 모드별 퀘스트 등이 열리지 않아 플레이에 큰 문제를 일으킬 수 있다. 반대로, 닫히는 시간이 틀리면 퀘스트가 계속 남아 있게 된다. 퀘스트 시간을 확인하는 방법은 게임 시간을 임의로 조절하는 것인데, 이를 놓치고 넘어가는 경우가 종종 있어 자주 발생하는 문제 중 하나가 된다.

상점은 유저의 플레이에 도움이 되는 캐릭터, 아이템, 재화 등을 판매하는 곳이다. 그 중에는 유료로 판매되는 것도 있어서 개발사에서는 소환 다음으로 중요한 곳이기도 하다.

그림 32-1 **상점**

가장 대표적인 상점은 다음과 같다.

표 32-1 모드별 상점

던전 상점	스토리 던전에서 획득한 던전 코인으로 구매할 수 있는 상품을 판매하는 곳이다. 플레이에 반드시 필요한 핵심 상품을 팔지만 특수성은 가장 떨어진다.
PvP 상점	PvP를 플레이해서 받은 PvP 코인으로 구매한다.
모드 상점	레이드, 월드 보스 등 특수 모드에 한하여 전용으로 열리는 상점이다.
유료 상점	유저가 현금을 지불하여 구매할 수 있는 크리스털이나 성능 좋은 캐릭터, 장비를 구매하는 곳이다.

상점이 자주 이용되기 위해서는 다른 데서 얻기 힘든 특수 재화로 고유 상품을 구매할 수 있어야 한다. 그래서 상점별로 구분하여 물품이 최대한 겹치지 않게 한다.

표 32-2 상점에서 주로 판매하는 것

구분	캐릭터	장비	아이템
던전 상점	1~3성	1~3성 무기, 방어구	1~3성 캐릭터, 장비 성장 재료
PvP 상점	3~4성	3~4성 장신구	3~4성 캐릭터, 장비 성장 재료
모드 상점	해당 모드에 좋은 4~5성	해당 모드에 좋은 4~5성	해당 모드 플레이에 필요한 티켓류
유료 상점	5성	5성	크리스털 등의 고급 재화, 다량의 기타 재화

표 32-2에서 모드, 유료 상점을 제외하고는 5성 캐릭터나 장비, 성장에 필요한 재료를 판매하지 않는다. 5성은 매우 고급이기 때문에 획득처를 줄여 희귀성을 보존하기 위함이다.

로직 상점 – 아이템 구매 방법

1. 상품 선택
2. 상품 가격 체크
3. 인벤토리 잔량 체크
4. 구매

로직 상점 – 아이템 갱신 방법

1 [갱신 버튼] 터치

2 상태 체크

3 쿨타임 중이었던 경우

3.1 크리스털을 지불하여 갱신하겠냐고 물어봄

- YES ➡ 크리스털 차감, 갱신 완료
  – 끝
- NO ➡ 진행 안 함
  – 끝

4 쿨타임 종료되었던 경우

4.1 리스트 갱신

4.2 쿨타임 표시

DB Shop – 상점 정보

Id	상점 번호
Type	상점 종류
Open_Level	상점이 오픈되는 유저 레벨
Start_Time	상점 오픈 시간
End_Time	상점 닫는 시간
Item_Id	판매하는 아이템들
Sell_Pct	판매하는 아이템이 상점에 노출될 확률
Count_Max	판매하는 아이템의 최대 수량. 단, 아이템은 스톡이 가능해야 함
Count_Min	판매하는 아이템의 최소 수량. 단, 아이템은 스톡이 가능해야 함

DB Config – 상점 옵션

Shop_Refresh_Time	상점 갱신이 되었을 때 공짜로 몇 분 후에 다시 갱신할 수 있는지
Shop_Reset_Gem	상점 갱신 시 얼마가 필요한지

생생현장

상점은 어떻게 만들까?

▶ 일반 상점 설정

상점은 유저에게 필요한 캐릭터, 장비, 아이템 등 모든 것을 판매하는 곳이지만 어디까지나 서비스 차원에서 존재하는 것이며, 다른 데서 못 얻는 것을 상점에서만 판매하는 것은 일반 상점으로는 적합하지 않다. 왜냐하면 게임에서 획득한 재화를 유저가 원할 때 원하는 물건을 능동적으로 구매하는 느낌을 줘야 하는데, 상점에서밖에 안 파는데 돈이 없어 못 사면 매우 제한된 느낌을 받기 때문이다. 즉, 상점을 이용하지 않아도 플레이에는 문제가 없도록 하며, 이용한다면 더 편하게 플레이할 수 있게 해줘야 한다.

▶ 유료 상점 설정

반대로, 유료 상점은 유저가 꼭 사고 싶은 상품으로 채워 놔야 한다. 고급 소환권 티켓은 당연하고, 희귀한 캐릭터나 장비를 최신 사양에 맞춰 구비해 놔야 한다. 이렇게 한다면 유저는 상점을 자주 방문할 것이고, 그때마다 구매 욕구가 생겨 매출로 연결될 것이다.

▶ 상품 정하기

상점에 맞는 상품을 정하는 것은 어렵지 않지만, 문제는 그것을 얼마에, 얼마나 팔 것인가를 정하는 것이다. 너무 많이 팔면 밸런스를 해치고, 적게 팔면 유저가 적게 방문할 것이다. 일단, 자주 방문하게 만드는 것이 중요하기 때문에 요즘 게임들은 공짜 상품을 배치해 둬서 그걸 구매하는 김에 다른 상품을 확인하도록 만들고 있다.

길드는 게임을 즐기는 유저들끼리 친목을 다지기 위한 커뮤니티다. 이런 거라면 이미 친구 시스템이 있지 않나 싶겠지만 친구는 단편적인 플레이, 예를 들어 스토리 던전이나 레이드에서 전투 시 한 번 도와주는 것에 반해 길드는 단체로 모여서 같이 플레이한다는 것이 다르다.

그림 33-1 길드

길드 콘텐츠가 있으면 다음과 같은 점들이 좋다.

표 33-1 길드 콘텐츠

길드 콘텐츠 추가	길드 던전, 길드 레이드, 길드전 등 길드와 관련된 콘텐츠로 플레이 요소가 늘어나 재미를 느낄 수 있다.
추가 성장	길드 콘텐츠 보상 및 길드 전용 상점을 통해 길드에 가입하지 않은 유저보다 더욱 성장할 수 있다.

(표 계속)

표 33-1 길드 콘텐츠

커뮤니티	길드원끼리 친목을 다질 수 있어 게임을 접속할 때의 즐거움이 늘어난다.
명예	길드 랭킹에서 최고의 길드를 확인할 수 있는데, 이것은 길드원들에게 명예로운 일이다.

이처럼 길드는 친구들과 결성하여 함께 플레이하는 커뮤니티이며, 길드 출석, 길드 던전 및 레이드, 길드 퀘스트, 길드 스킬, 길드전 등의 콘텐츠가 있다.

33.1 길드 만들기

길드는 처음부터 만들어져 있어서 유저에게 가입을 권유하거나, 아니면 일정 조건을 만족한 유저 개인이 절차를 걸쳐 창설하기도 한다. 어느 쪽이든 길드에 가입해야 길드원으로서 활동을 할 수 있다. 참고로, 길드를 만든 유저를 '길드장'이라고 한다.

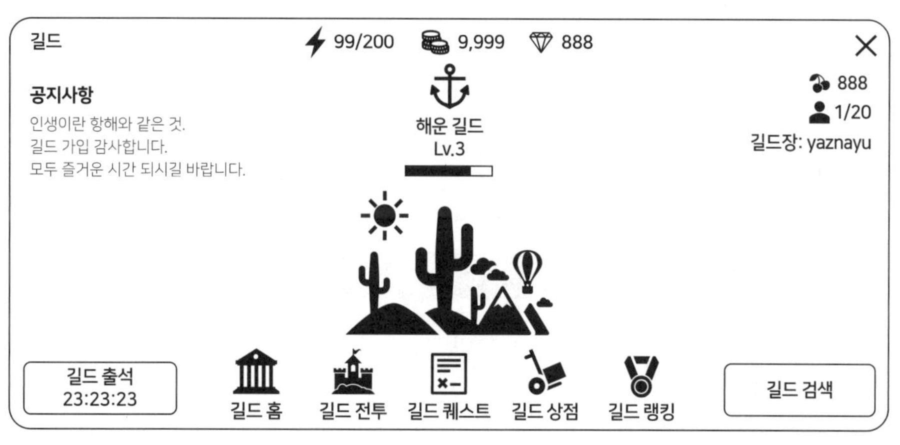

그림 33-2 길드 방

로직 길드 – 창설

1. 유저 레벨 20이 됨
2. 길드 창설 권한이 생김
3. 길드 이름, 가입 조건, 문장 등을 정한 후 길드를 창설
4. 길드원이 가입하면 수락 여부 결정

33.2 길드장의 역할

길드장은 길드를 창설 혹은 기존 길드장에게 길드 운영에 관해 위임받은 유저를 말한다. 길드장이 하는 일은 다음과 같다.

표 33-2 길드장의 역할

길드원 관리	길드원의 가입 및 강퇴를 정할 수 있다. 길드원들에게 알리는 공지를 작성하는 것도 길드장의 일
길드전 기획	다른 길드와 싸우는 길드전에서 상대 길드를 선택하거나 도전할 수 있다. 길드원들 중 누구를 어떤 순서로 참전시킬지도 정한다.
스킬 선택	길드 레벨이 오르면 길드 스킬을 선택하여 길드원들에게 줄 수 있다. 어떤 스킬을 먼저 선택할지, 얼마나 키울지는 길드장에게 달렸다.

33.3 길드 레벨

길드 자체도 레벨을 갖고 있어 성장한다. 길드 레벨은 길드원들이 길드에 꼬박꼬박 참석하여 길드 플레이를 할 때마다 경험치를 얻어 올릴 수 있다. 길드 레벨이 올라가면 길드 스킬의 선택권이 넓어지고 스킬도 성장시켜 길드 던전을 돌거나 길드전을 할 때 유리하다.

DB Guild_Level — 길드 레벨

Level	길드 레벨
Exp	필요 경험치
Open_Guild_Skill_Id_1	오픈되는 스킬 번호
Open_Contents_Id	오픈되는 콘텐츠 번호

DB Guild_Level_Point — 길드 경험치 획득량

Type	경험치 획득 종류 (1 = 출석, 2 = 길드 스토리 던전, 3 = 길드전, 4 = 길드 레이드, 5 = 길드 탐험)
Exp	경험치 양

33.4 길드 출석

길드 출석은 유저가 매일 길드에 방문하는 것을 말한다. 게임 출석과 같은 개념이지만, 길드 출석이 중요한 건 유저 선택에 의한 출석이라는 것이다. 게임 출석은 게임을 켜면 자동으로 이뤄지지만, 길드는 유저가 방문하지 않으면 출석으로 처리되지 않는다. 콘텐츠는 유저가 찾아줘야 비로소 의미가 있으므로 강제하지 않는 콘텐츠에서의 방문은 중요한 의미가 있다. 많은 개발사가 오픈할 때 길드가 아직 구현이 안 되었음에도 길드 출석이라도 하게 만드는 것은, 길드를 자주 찾아오도록 하여 마침내 길드 콘텐츠가 업데이트되었을 때 많이 즐겨주길 바라기 때문이다.

로직 길드 – 출석

1. 길드원이 길드 로비에 입장한다.
2. 길드 출석이 자동으로 체크되면서 보상을 획득한다.
3. 길드 출석은 매일 새벽 4시에 갱신된다.

33.5 길드 던전 및 레이드

길드 던전은 길드 전용 일반 던전으로, 기본적인 구조는 스토리 던전과 매우 유사하다. 스토리 던전을 매우 어렵게, 그리고 스테이지는 좀 더 간단하게 만든 것으로, 차이점은 길드원만 참가할 수 있다는 것이다.

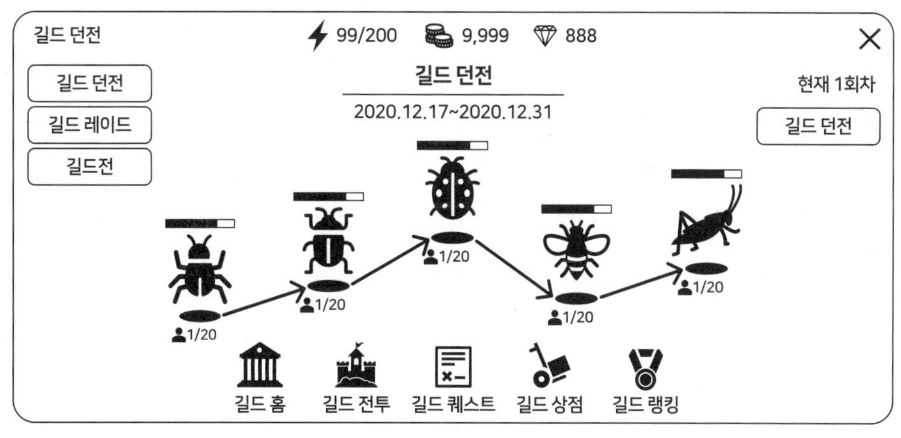

그림 33-3 길드 던전

이들 던전은 난이도가 매우 높아서 한 번에 클리어하기 어려워서 길드원들이 같이 공략해 줘야 한다.

33.6 길드 스킬

길드 스킬은 길드가 일정 레벨이 될 때마다 길드 점수를 이용해 획득 및 레벨업을 할 수 있다. 길드 전용 스킬이므로 길드에 가입해야만 획득이 가능하며, 획득하면 게임 플레이에 매우 유용하게 쓰인다. 대표적인 길드 스킬은 골드 획득량 증가, 경험치 획득량 증가, 캐릭터 및 아이템 획득률 증가 등이다. 길드 스킬은 3일 동안 유지되며, 기간이 지나면 다시 적용해야 한다.

그림 33-4 길드 스킬

33.7 길드 퀘스트

길드에서 의뢰하는 것으로, 주로 토벌이나 획득 등이 대부분이다. 앞에서 말했듯이, 길드 콘텐츠는 난이도가 있어 길드원들과 같이해야 하는 것들이 많아서 길드 퀘스트 클리어를 위해서는 협동이 필요하다.

33.8 길드 상점과 전용 캐릭터

길드 플레이를 통해 얻은 길드 코인으로 길드 상점에서 다른 데서는 사기 힘든 상품을 살 수 있다. 특히, 길드 상점에서만 파는 캐릭터는 길드원이 아니면 얻기 힘들기 때문에 희소가치가 있다. 길드 캐릭터를 얻으면 길드 플레이 시에 추가 효과를 얻게 되어 던전이나 레이드를 좀 더 쉽게 공략할 수 있다.

33.9 길드전

길드전은 보통 우리 길드가 다른 길드의 요새를 공격하고, 다른 길드는 우리 요새를 공격하는 콘텐츠다. 우리 길드가 상대의 요새를 빼앗으면서도 우리 요새를 잘 방어한다면 높은 점수를 얻어 랭킹을 올릴 수 있다. 길드전은 시즌 단위로 진행되며 하나의 시즌은 2주다.

요새 설정

유저는 자신의 요새를 설정하게 된다. 요새에는 몇 개의 구역이 있으며, 유저는 자신이 키운 캐릭터를 적절히 배치한다. 배치된 구역과 캐릭터는 방어 전투에 동원된다.

출전 관리

유저의 요새 배치가 끝나면 길드장은 요새 중 방어 전투에 출전할 요새를 최대 8개까지 선택할 수 있다. 8개 미만이 되면 빈 만큼 요새가 비게 되어 상대를 더욱더 쉽게 함락할 수 있다. 또한, 길드전에 참가하려면 최소 4개 이상의 요새는 준비해야 한다.

전투 진행

길드전은 정해진 시간 동안 구역별 최대 5명의 캐릭터를 편성하여 공격 측과 방어 측이 싸우게 된다. 각 구역의 전투를 시작하기 전 파티원 교체가 가능하지만, 한번 출전한 캐릭터는 재출전할 수 없다*. 전투 시간이 흐를수록 스테이터스 증감 효과를 통해 전투가 빨리 진행되도록 한다.

---

* 그래서 캐릭터를 여러 개 키워 놓은 유저가 유리하다.

표 33-3 시간에 따른 길드 전투 진행

구분	10초 경과	20초 경과	30초 경과	40초 경과
공격력	+5%	+10%	+15%	+20%
방어력	−5%	−10%	−15%	−20%
치명타	+5%	+10%	+15%	+20%

상대 요새 공격

우리 길드 요새 방어에서 구역을 정하는 건 길드장이 선택했지만, 공격은 누구나 할 수 있다. 우리 길드와 매칭된 상대 길드가 표시되면 길드원당 3회의 도전 기회가 주어진다. 전투에서 승리하면 다음 구역으로 이동하며, 그 사이에 파티원 재배치가 가능하다.

전투 종료

다음과 같은 경우 전투가 종료된다.

표 33-4 전투 종료

구역 돌파	지정된 모든 구역을 돌파한다.
캐릭터 모두 사망	아군의 캐릭터가 모두 사망한다.
시간 종료	전투 시간이 종료된다.
전투 포기	전투를 포기한다.

길드 점수 획득

기본 점수 외에 돌파한 구역 수, 처치한 캐릭터 수, 돌파 시간에 따라 점수를 획득한다. 이에 따라 길드 랭킹이 정해지며, 랭킹 보상이 추가로 지급된다.

DB Guild_Point – 길드 점수

Basic	기본 점수
Area	돌파한 구역 점수
Defeat_Character	처치한 캐릭터 점수
Defeat_Time	돌파 시간 점수

생생 현장

길드는 어떻게 만들까?

길드 구현 단계

최근에는 많은 게임이 길드까지 구현하여 론칭하고 있지만, 불과 몇 년 전만 해도 길드 없이 라이브 서비스를 시작한 게임이 많았다. 이유는 길드 가입과 탈퇴, 길드전, 길드 스킬, 길드 던전 등 구현해야 할 것이 매우 많기 때문이다. 그래서 일단 길드 출석을 먼저 구현한 후에 개발자를 충원하여 나중을 기약하는 경우가 많았다.

길드는 필수 요소

하지만 최근에는 유저들이 게임에 금방 익숙해지면서 콘텐츠 소비 속도가 매우 빨라져 론칭할 때 길드가 반드시 필요하게 됐다. 이제부터 '게임의 성공과 실패는 길드를 어떻게 만들어 유저를 남게 만드는가'로 정해진다고 봐도 될 것이다.

길드 기획하기

시작은 길드 출석부터 한다. 길드 출석이 가능하려면 길드 창설, 가입, 탈퇴 기능 및 로비가 있어야 한다. 거기에 출석부를 둬서 출석하게 만든다. 이 정도가 길드의 기본이고, 조금 더 발전하면 길드 상점까지 생각해 볼 수 있다. 이 다음은 모험 던전을 길드 버전으로 만든 길드 던전, 길드 스킬이 있으며, 최종적으로는 길드 레이드를 거쳐 길드 PvP인 길드전으로 종료된다. 이후부터는 길드끼리 랭킹을 겨룰 수 있도록 길드전의 메타를 조절하면 된다.

점심 뭐
먹을까요?

게임을 만들다 보면 어려운 점들이 많지만 매일 하루도 빠짐없이, 그리고 분야와 직군과도 관계없이 어려운 것은 다름 아닌 점심 메뉴를 고르는 것입니다. 점심을 잘 먹어야 좋은 컨디션을 유지하면서 일할 수 있으니까요. 하지만 생각보다 선택의 폭은 넓지 않습니다. 당장 우리 회사만 해도 근처에 백반집, 중국집, 돈가스, 순댓국, 햄버거, 라멘, 횟집, 쌀국수… 생각보다 많군요. 하지만 그래도 적습니다! 그렇다면 좀 더 멀리 가볼까 싶지만, 10m 이상부터는 마치 중독된 것처럼 HP가 감소하는 개발자들이 있으니까요. 매우 조심스럽다고 할까? 그렇다면 배달은? 안 됩니다. 점심시간은 유일하게 밖으로 나가 광합성을 할 수 있는 소중한 기회인데, 가뜩이나 답답한 회의실에서 밥까지 먹고 싶진 않거든요.

"그럼, 뭐 먹을까요?"

팀원들은 서로 곁눈질만 합니다. 뭐든 'OK'라고는 하지만, 막상 메뉴가 나오면 "에이, 그건 좀…" 하면서 뒤로 한 발 빼기 일쑤이거든요. 그래서 요즘은 아침 혹은 전날 저녁에 먹은 게 무엇인지, 그것과 중복만 안 되면 되지 않을까 해서 "바로 전에 먹었던 음식이 뭔가요?"라고 물어봅니다. 정말 좋은 아이디어라고 생각합니다. 스스로 매우 감탄했죠. 이렇게 소거법으로 하면 누구나 만족할 만한 메뉴가 정해지지 않을까 싶었으니까요. 그런데…

"제가… 어제 먹은 게 뭐였죠?"

기억을 못 하는 팀원들이 많습니다. 회사에서 기획서만, 그림만, 코드만 짜다 보니 나머지 일들에 대해서는 기억이 가물가물한 걸까요? 아니, 설마 어제 일을 기억하지 못할까요? 네. 기억을 못 합니다. 그래서 결국은 가위바위보를 해서 이긴 사람이 마음대로 정하게 하고 있습니다. 승자독식의 치열함은 개발사의 점심에도 마수를 뻗치고 있었습니다. 그래도 맛있는 점심 먹고 열심히 개발하겠습니다. 감사합니다!

• • •

얼마 전에 기획자 한 분과 면접을 진행했습니다. 저는 팀 내 기획자들을 모두 면접관으로 참석시키는 것을 좋아하는데, 그렇게 하면 기획자들이 자기 입장, 예를 들어 경력 연차나 하고 있는 업무, 최근에 생긴 고민 등을 바탕으로 질문하게 되므로 제가 미처 보지 못한 부분을 발견할 가능성이 커지기 때문입니다. 하지만 단점도 있는데, 많은 면접관이 있어서인지 면접자가 지나치게 긴장한다는 것입니다. 그래서 저는 면접자가 충분히 자신을 어필할 수 있도록 분위기를 만듭니다. 예를 들어, 이런 질문을 합니다. "가장 좋아하는 게임은 무엇인가요?", "어떤 계기로 기획자가 되어야겠다고 생각하셨나요?", "어떤 경우에 이 일을 하기 잘했다고 생각하시나요?" 여기에 대답하다 보면 면접자는 어느새 긴장이 풀리며 자신 있는 분야에 대해 열심히 말하기 시작합니다. 저를 포함한 기획자들은 짧은 시간에 최대한 면접자의 장단점을 분석하기 위해 귀를 쫑긋 세웁니다. 그렇게 여러 번 면접을 진행하다 보면 좋은 인재는 공통점을 갖고 있음을 알게 됩니다. 이 책을 보시는 분 중에는 기획 지망생도 제법 계시리라 생각하여 기획 면접에 대한 팁을 적어보고자 합니다.

첫째, 포트폴리오를 준비하세요. 경력자는 예전 회사 혹은 프로젝트에서 수행한 것을 보여주면 되지만, 신입은 어떻게 해야 할까요? 가장 좋은 것은 아무리 작아도 좋으니 게임 하나를 완성하는 것입니다. 게임이 완성되면 모바일 스토어에 올리거나 영상을 찍어 포트폴리오로 만드는 것이 좋습니다. 이렇게 하면 면접관들은 그 게임에 많은 관심을 두게 됩니다.

둘째, 지원하는 회사나 프로젝트에 대해 미리 알고 가면 좋습니다. 어떤 프로젝트가 진행되어 왔으며, 장단점이 무엇인지에 대한 개인적인 견해를 피력할 수도 있습니다. 특히, 단점에 대해서는 본인 같으면 어떻게 개선해 나가겠다는 계획까지 말할 수 있습니다. 물론, 면접관은 다르게 생각할 수 있지만 그런 의견을 갖고 있다는 것 자체에 호감을 느끼게 만듭니다.

셋째, 자신의 장단점을 명확히 파악해 두면 좋습니다. 기획에도 콘텐츠, 전투, 시스템, 경제, 레벨 디자인 등 다양한 분야가 있습니다. 막연히 기획자를 지망한다고 말하는 것보다 전투 분야를 지원하며, "전투 분야를 지원하며, 특히 자신 있는 것은 스킬 시스템이다." 또는 "포트폴리오로 제출한 게임 중 스킬을 강조한 것이 있다."와 같은 발언이면 실무에 바로 적용할 수 있다는 기대감에 면접관들의 평가가 좋아집니다. 물론, 단점도 솔직하게 말할 수 있어야 하며, 이를 개선하기 위해 어떤 노력을 하는지도 알려줘야 합니다.

제가 느낀 것 중에서 세 가지만 간단하게 말씀드렸는데, 최소한 위의 것들만이라도 지킬 수 있다면 좋은 면접이 될 가능성이 높습니다. 기획 지망생들의 발전을 기원합니다. 좋은 인재가 많아야 게임 업계가 더욱 발전할 수 있습니다.

최주홍 드림

영어

ㅅ

ㅇ

ㅈ

ㅊ

ㅋ

ㅌ

ㅍ

ㅎ